IMÁGENES
de los Estados Unidos

La Histórica Plaza del Mercado de San Antonio

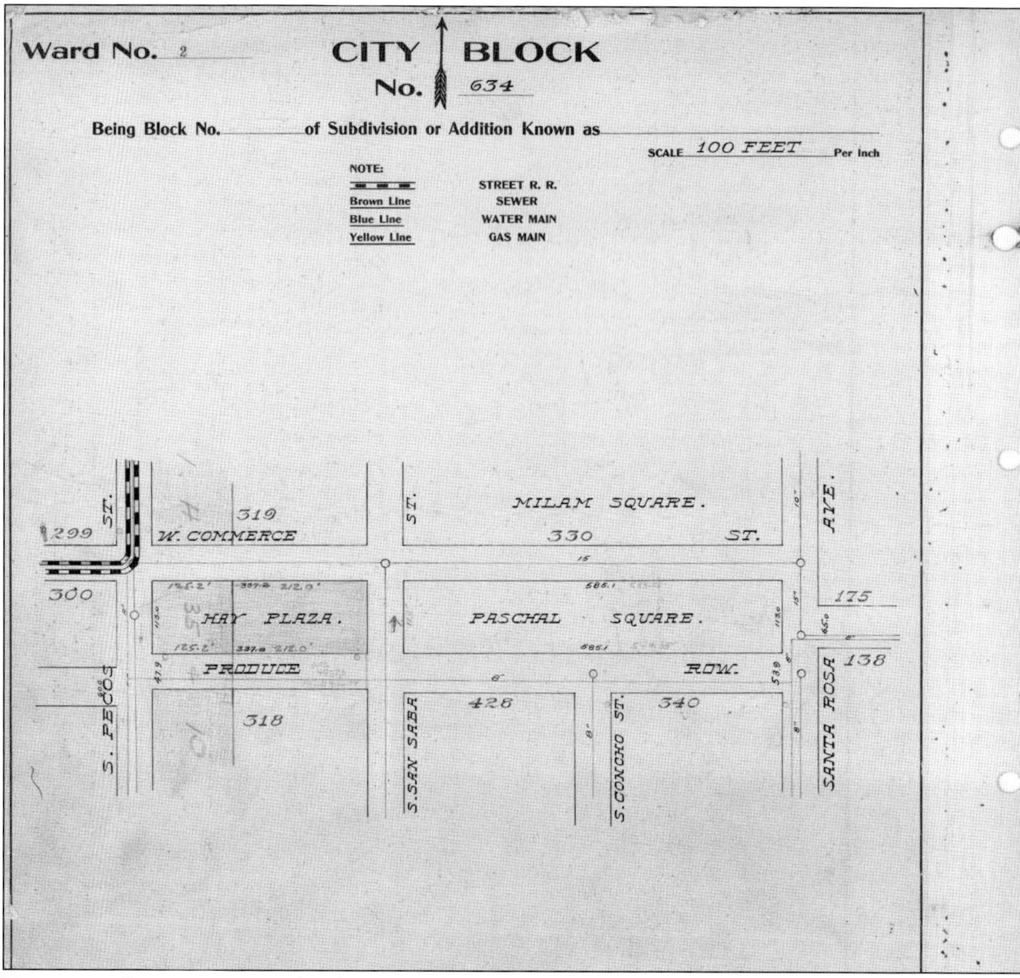

Este mapa de 1908 muestra la ubicación de Plaza Paschal y Plaza del Zacate en la zona conocida como El Mercado. Esta área ha sido un mercado durante más de un siglo. La Plaza del Mercado se compone de El Centro de Artes, El Mercado, El Mercado de Agricultores y negocios a lo largo del centro comercial peatonal de la Plaza de Mariachis, Plaza Madero y Plaza Hidalgo. (Cortesía de la Ciudad de San Antonio, Oficina de la Secretaria Municipal de Archivos y Registros.)

En la portada: En 1946 una vendedora trabaja con su carrito estacionado al cruzar la calle de la casa del mercado en el Parque Milam; al fondo está el Hospital Santa Rosa. En los primeros días, el área del mercado era mucho más grande e incluía el Parque Milam y la Plaza Washington. Los parámetros actuales del mercado fueron establecidos en los 1970s durante la renovación urbana. (Cortesía de UTSA Colecciones Especiales–ITC, fotografía MS389-000027.)

IMÁGENES
de los Estados Unidos

LA HISTÓRICA PLAZA DEL MERCADO DE SAN ANTONIO

Edna Campos Gravenhorst

Traducción de
Cecilia Matilla Murrieta

ARCADIA
PUBLISHING

ISBN 978-1-4671-2736-3

Publicado por Arcadia Publishing
Charleston, Carolina del Sur

Impreso en Estados Unidos

Número de Carnet en la Librería del Congreso: 2017937901

Para más información contactar con Arcadia Publishing a través de:
Número de teléfono: 843-853-2070
Fax: 843-853-0044
E-mail sales@arcadiapublishing.com
Servicio al consumidor y pedidos:
Teléfono gratuito: 1-888-313-2665

Visítanos en www.arcadiapublishing.com

Para la gente de San Antonio y especialmente a los dueños de negocios y empleados de Plaza del Mercado; también para todos los visitantes: "Mi casa es su casa."

Tabla de contenidos

Reconocimientos 6

Introducción 7

1. Antiguas plazas 9
2. La Casa del Mercado Municipal 17
3. Entornos de la Casa del Mercado 29
4. El Mercado 43
5. Plaza del Mercado de Agricultores 57
6. El Centro de Artes 75
7. Dinastía de la familia Cortez 89
8. Renovación urbana 103
9. Festivales y celebraciones 113
10. Plaza del Mercado hoy 121

Comerciantes de Plaza del Mercado 126

RECONOCIMIENTOS

Quisiera agradecer a los comerciantes y dueños de negocios de Plaza del Mercado, muchos de los cuales son tercera y cuarta generación. Todas las personas que tienen negocios hoy en día están contribuyendo a la preservación de San Antonio como una ciudad de mercado. Un agradecimiento especial a La Familia Cortez Restaurantes que ha estado en Plaza del Mercado desde 1941. A través de sus contribuciones de apoyo comunitario, participación política y como empleador, la familia Cortez ha sido un instigador en la preservación de Plaza del Mercado y la historia mexicoamericana. En consonancia con la conservación de San Antonio como ciudad bicultural, un gran agradecimiento a Cecilia Matilla Murrieta por traducir este libro al español.

Ha habido mucha gente que ha contribuido a este libro. Me disculpo de antemano por no haber incluido a todos, la lista era muy larga. Quisiera agradecer a algunos de los mayores contribuidores: Sylvia Reyna, Texana en las Bibliotecas Públicas de San Antonio; Tom Shelton del Instituto de Culturas Texanas; Beth Standifird, Fundación de la Sociedad de Conservación; Elvira Sánchez Kisser, Ciudad de San Antonio, Oficina de la Secretaría Municipal de Archivos y Registros; Ángela Camarillo, Autoridad del Río de San Antonio; Al Rendón, Rendón Photography & Fine Art; Rueben M. Pérez, coautor de *Laredito*; Lionel y Kathy Sosa, Sosa y Sosa; Michael Cortez, Pete Cortez, y Cariño Cortez Haass, La Familia Cortez Restaurantes. También quisiera agradecer a Yolix Luna, Thelma González, Jaime y Connie Herrejón, Joanne Gonzales, Mary Perales Valdez, Alice y Phillip León, Henry Gómez, Francisco Pérez, Beatriz Llamas, Gabriella Albright, Alicia Reyes, Michael Douglas, Víctor y Sandra Domínguez, David Peché, y Melessa Rodríguez por darme información y fotografías.

También deseo agradecer a mi editora en Arcadia Publishing, Liz Gurley, quien me ha apoyado y guiado a lo largo de este proceso con su destreza y paciencia. Agradezco a mis amigas y comadres Carol Hawkins, Nancy Lara y Mary Roland; ellas me ayudaron con entrevistas, citas y me dieron apoyo moral. Esta lista no puede estar completa si no menciono a mis hermanos y a mis padres ya fallecidos: Alejando Campos, Roel Campos, Linda Graves, Andrea Bierstedt, Alejandro Campos (1932–1994), y Consuelo Sendejo Campos (1933–2015).

El mayor agradecimiento es para mi esposo, Ted Gravenhorst Jr., quien ha apoyado mi carrera como escritora.

Introducción

San Antonio celebrará su 300º aniversario en 2018; en ese año también rendiremos homenaje al aniversario 118 de Plaza del Mercado. En 1900, se terminó la Casa del Mercado Municipal. La construcción del edificio y décadas de desarrollo en las áreas circunvecinas marcaron el principio de la zona del mercado en esta parte de la ciudad. Ha habido muchos cambios en el mercado; el más significativo fue la renovación de 1976. El 40º aniversario de la renovación de Plaza del Mercado fue celebrado en 2016. En 1988, Mary Ann Noonan Guerra publicó *La Historia del Mercado de San Antonio* y treinta años después su libro ha sido una gran fuente de información para la historia de Plaza del Mercado de San Antonio.

Las primeras plazas con sus mercados abiertos fueron el centro de la comunidad. Vendedores manejaban sus carretas hacia el mercado llenas de alimentos y artículos de uso doméstico antes del amanecer, cuando el día de mercado terminaba, las *Chili Queens* ponían sus puestos donde alimentaban a los locales y visitantes. Junto a la comida mexicana había música y baile. Ya que San Antonio empezó a crecer, los mercados se alejaron del centro de ciudad.

La Casa del Mercado Municipal y las áreas que rodeaban la Plaza Paschal y el Mercado de la Plaza Zacate se convirtieron en el mercado de la ciudad. En los 1920s los edificios anexos de la Casa del Mercado Municipal fueron construidos para proveer mejores condiciones sanitarias y modernos puestos de venta. En 1938 la vieja Casa del Mercado Municipal fue demolida y en su lugar, una estructura de metal con los lados abiertos fue construida, camiones podían entrar y los comerciantes vendían sus mercancías desde la parte de atrás de éstos. Este edificio proveía muy poca protección contra el clima y eventualmente fue cerrado, pero todavía no tenía aire acondicionado o calefacción; eso vendría después cuando la Plaza del Mercado de Agricultores fue remodelada.

Cuando la construcción de supermercados en la ciudad y sus alrededores incrementó, el tráfico hacia el mercado de la ciudad decreció. En los 1950s y 1960s, entre las drogas y la prostitución el área era peligrosa. Muchas personas se cambiaron a otros trabajos y lugares alrededor de la ciudad, pero otros se quedaron y cambiaron de vender alimentos a vender recuerdos para turistas que venían de todo el mundo.

La familia Cortez se quedó y jugo un papel muy importante en la preservación de Plaza del Mercado; en los 1970s ésta experimento renovaciones y otra vez volvió a ser un mercado popular. En 2016, la familia Cortez celebró el 75º aniversario de Mi Tierra Café & Bakery. Este icónico destino de San Antonio fue fundado por Pedro y Cruz Cortez quienes empezaron su negocio con un café de tres mesas en 1941.

La Plaza del Mercado incluye el Mercado de Agricultores, El Mercado y el Centro de Artes, también incluye negocios, oficinas y estudios a lo largo de Produce Row en las calles Concho y Dolorosa. La personalidad bicultural y bilingüe se siente en la Plaza del Mercado; hay eventos todo el año y durante estos, hay puestos de comida, arte, artesanías y espectáculos en vivo con música, canto y bailes. Algunas de las "Fiestas" en el pasado fueron El Festival del Chocolate, Rodeo Roundup, March Market Madness, Fiesta Primavera/Spring Break, Tejano Music Awards Fan Fair (con más de 100 agrupaciones), Cascarones, Fiesta de los Reyes, Cinco de Mayo, Fin de semana del Día de las Madres, Regreso de the Chili Queens Memorial Day Weekend Celebration,

SA Pride Fest, Fin de semana del Día del Padre, Fiesta de la libertad, Regreso a la escuela, Festival anual en la calle de Salsa Salsa (elaboración de salsas y concurso de baile de salsa), Fin de semana del Día del Trabajo, Fiestas Patrias, Fin de semana de la Herencia Hispana, Exhibición anual de coches, Texas BBQ Tour Event, Día de los Muertos, Tamalada (elaboración y comida de tamales), Feria de Santa Cecilia, Bendición de los Animales, Winter Wonderland, y Fiesta de los fanáticos de Futbol Universitario.

El camino para escribir este libro no ha sido fácil, pero la educación que me ha proporcionado es invaluable, como narradora de la clase trabajadora americana es difícil localizar fotografías de época e información en las instituciones. Para poder contar una historia más completa debo ir con la gente que quiere contarme sus memorias.

Mirando hacia atrás a través de la historia de los estadounidenses; los "viejos tiempos" no fueron tan buenos. El primer obstáculo en localizar fotografías de época de la Plaza del Mercado y de la gente de esa comunidad fue que la mayoría de esta gente era pobre; estaban tan ocupados ganándose la vida para tomar fotografías y éstas costaban dinero que necesitaban para cubrir sus necesidades. El segundo obstáculo fue que la mayoría de los vendedores de Plaza del Mercado fueron, y todavía son, identificados como mexicoamericanos; por décadas, sus antepasados fueron excluidos de la mayoría de la historia registrada en Texas. El movimiento Chicano de los 1960s ocasionó cambios.

Gustavo C. García, abogado de los derechos civiles México-americanos, hizo su parte al lograr cambios antes de 1960. Sirvió como consejero legal de la Liga de Ciudadanos Latinoamericanos Unidos de 1930 a 1940 y fue elegido a la Junta Educativa del Distrito Independiente de San Antonio en 1948; sirvió como asesor legal del Foro Americano GI de 1951 a 1952. A mediados de los 1950s, las luchas personales de García afectaron su carrera y el 3 de junio de 1964 sufrió una convulsión y murió en la vieja oficina del Mercado de Agricultores. Está enterrado en Cementerio Nacional del Fuerte Sam Houston.

Emma Tenayuca también produjo cambios, en 1938, dirigió la huelga para mejorar los salarios y las condiciones de trabajo para los recolectores de nueces de la empresa Southern Shelling Company en la calle East Cevallos 135; en 1927 la compañía se encontraba en la calle West Commerce 1223. Cuando era niña, Tenayuca fue testigo de la lucha de los trabajadores cuando visitó la Plaza del Zacate; ya como adulto, estos recuerdos impulsaron su pasión hacia los derechos de las minorías. A finales de 1938, fue puesta en una lista negra y obligada a dejar San Antonio por un incidente ocurrido en la Casa del Auditorio del Mercado Municipal. Iba a hablar en una pequeña reunión por el Partido Comunista cuando unas 5,000 personas atacaron el auditorio "cazando comunistas." En los 1940s Tenayuca fue a San Francisco para obtener un título universitario y el Sindicato de los Trabajadores de las Nueces número 172 estableció sus oficinas en el área del mercado, avenida South Santa Rosa 109.

A partir de febrero 2017, funcionarios de la Ciudad de San Antonio y Plaza del Mercado son la alcaldesa Ivy Taylor; administradora de la ciudad, Sheryl Sculley; concejal de la ciudad, Distrito 1, Roberto C. Treviño; administrador de la Plaza del Mercado, Mark Jenkins; presidente del Mercado de Agricultores, Ivette Ramírez; y presidente de la Asociación de Comerciantes de El Mercado, Greg Peña.

La sede de La Comisión de Celebración del Tricentenario en San Antonio se localiza en el Centro de Artes. Presidentes de la comisión son: Robert Tharilkill, Dr. Alfonso Chiscano, Fr. David García, Dr. Katie Luber, y Lionel Sosa; miembros de la comisión son: Hon. Tommy Adkisson, Héctor Cárdenas, Joe Linson, Brenda Pacheco, Dr. Cynthia Teniente-Matson, Faith Radle, Jim Landers, Cristina Bazaldua, Blayne Tucker, Frieda Wright, Luke Holland, Dr. Félix D. Almaraz Jr., Tommy Calvert Sr., y Carrie Baker; otros miembros de subcomités y presidentes son: Tim Hedgepeth, Aarón Zimmerman, Rene Barilleaux, Art Ordoqui, Amy Shaw, Angélica Docog, Dan Yoxall, y Vanessa Hurd; presidentes honorarios son: la actual alcaldesa Ivy Taylor, junto con antiguos alcaldes Phil Hardberger, Edward D. Garza, Howard Peak, William Thorton, Nelson Wolff, Henry Cisneros, y Lila Cockrell.

¡Feliz 300º aniversario a la ciudad que abarca el cambio y la diversidad, Viva San Antonio!

Uno

ANTIQUAS PLAZAS

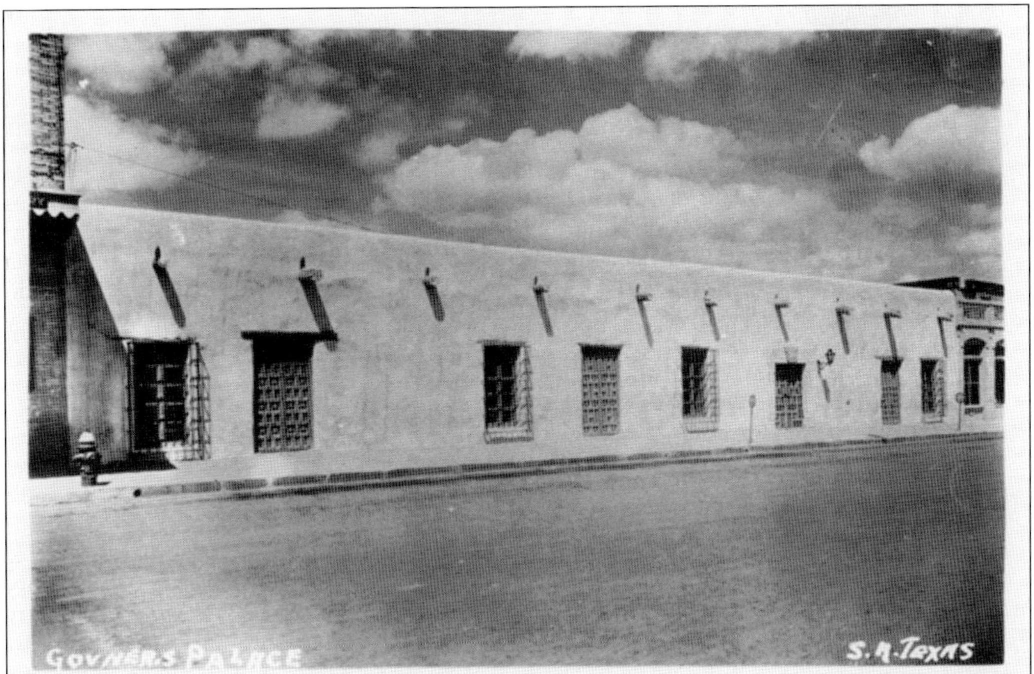

La Plaza de Armas, se estableció en 1722, es la plaza más antigua en San Antonio. El presidio proporcionaba lugar para los desfiles y mercado a los soldados españoles. Su capitán vivía en el Palacio del Gobernador que también era su oficina. El palacio sirvió como oficina y residencia para el capitán de 1722 a principios de 1800s. (Cortesía de la División Texana, Bibliotecas Públicas de San Antonio, colección de postales.)

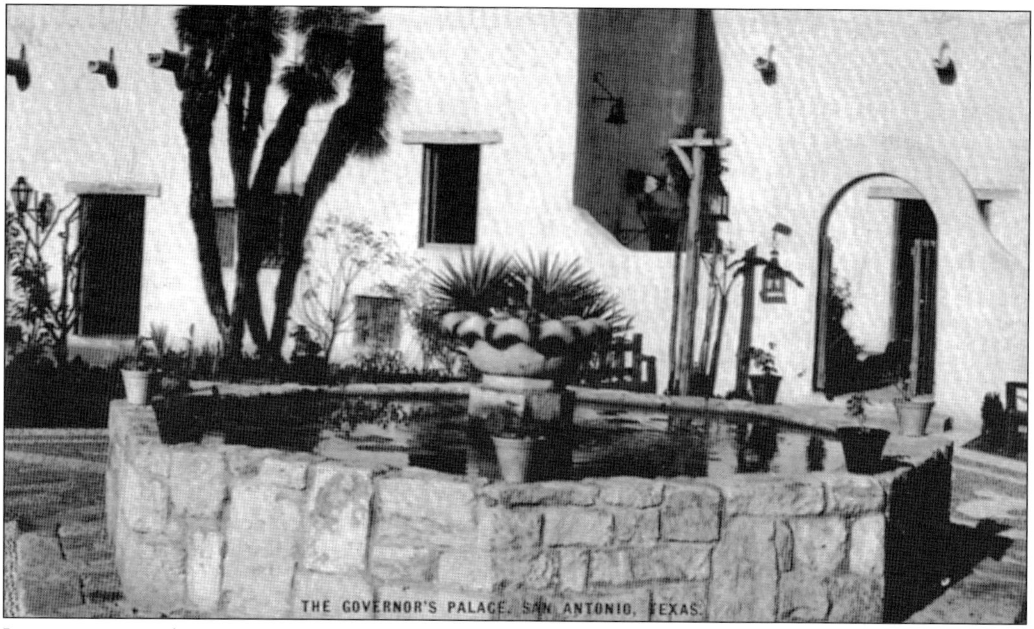

La presencia militar continuó en la Plaza de Armas hasta principios del siglo XIX. Después que Texas obtuvo su independencia, la plaza se convirtió en un punto de descanso para los vaqueros, policía de guardia y transeúntes que querían ponerse al día con las ultimas noticias locales. Después de la Guerra Civil, fue el lugar de un mercado al aire libre muy concurrido donde las Chili Queens alimentaban a hambrientos lugareños y viajeros. (Colección del autor.)

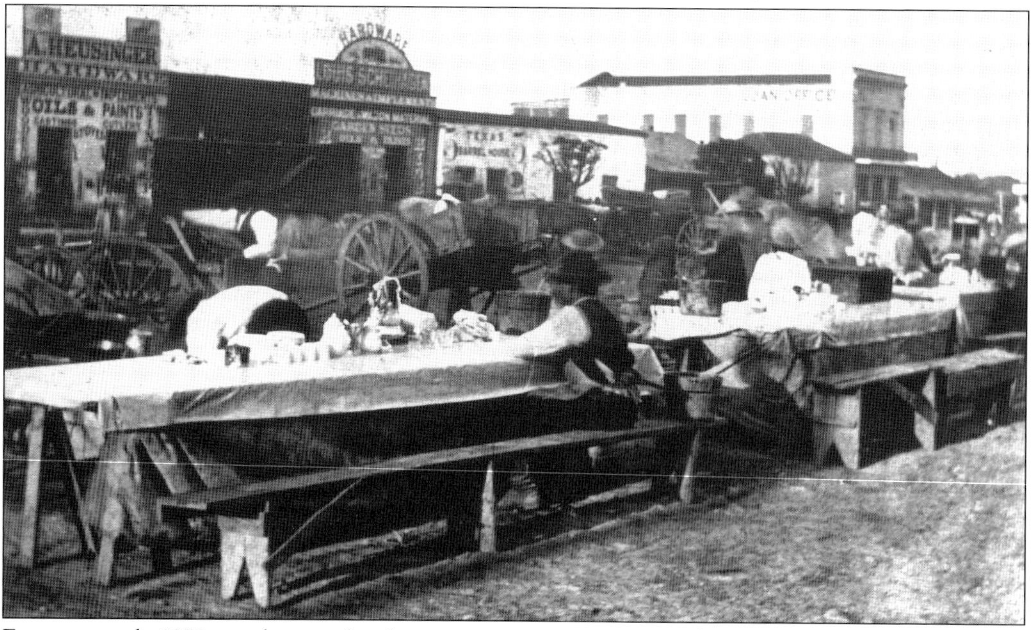

Esta escena de 1872 nos da una idea de asientos para visitantes en los puestos de las Chili Queens en la Plaza militar. Las Chili Queens eran mujeres mexicanas jóvenes que atendían a clientes en mesas del mercado al aire libre. Las mesas y lámparas eran preparadas en la noche y recogidas antes de que los vendedores llegaran a poner sus puestos en la mañana. (Cortesía de la Fundación de la Sociedad de Conservación de San Antonio, Colección Raba.)

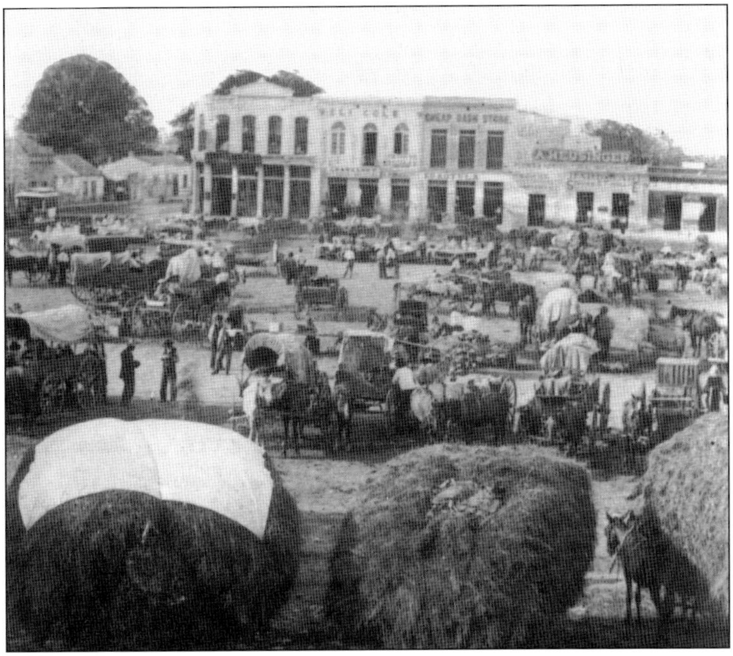

Aparte de alimentos, los comerciantes vendían otros bienes que los residentes necesitaban para la vida diaria. En la fotografía de la Plaza de Armas en 1879, la venta de zacate es evidente. Otras carretas estaban cargadas con pieles de animal, lozas de barro y otras mercancías que se necesitaban en el hogar y en el campo. Era costumbre recibir un "pilón" (algo extra) después de hacer una compra. (Cortesía de la Fundación de la Sociedad de Conservación de San Antonio, Colección Raba.)

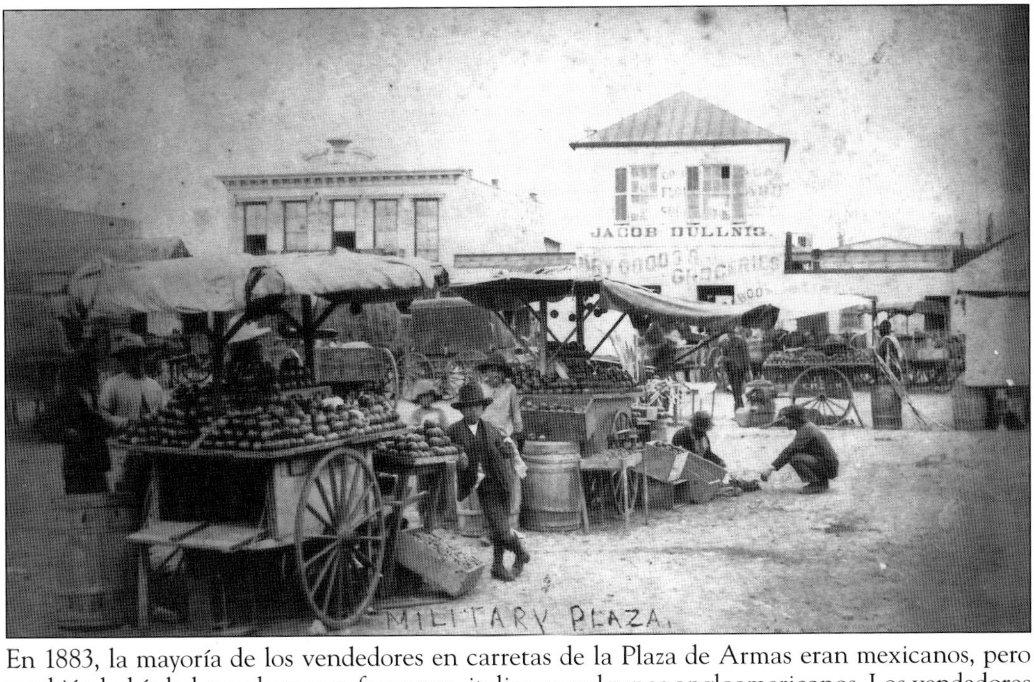

En 1883, la mayoría de los vendedores en carretas de la Plaza de Armas eran mexicanos, pero también había belgas, alemanes, franceses, italianos y algunos angloamericanos. Los vendedores ambulantes empezaban al amanecer y sus clientes venían en turnos; primero eran los proveedores de hoteles que deseaban la mejor comida para sus clientes, después los cocineros de pensiones que regateaban para su negocio y seguidos por las amas de casa. Para las 10:00 a.m. el mercado había terminado. (Cortesía de la Fundación de la Sociedad de Conservación de San Antonio, Colección Raba.)

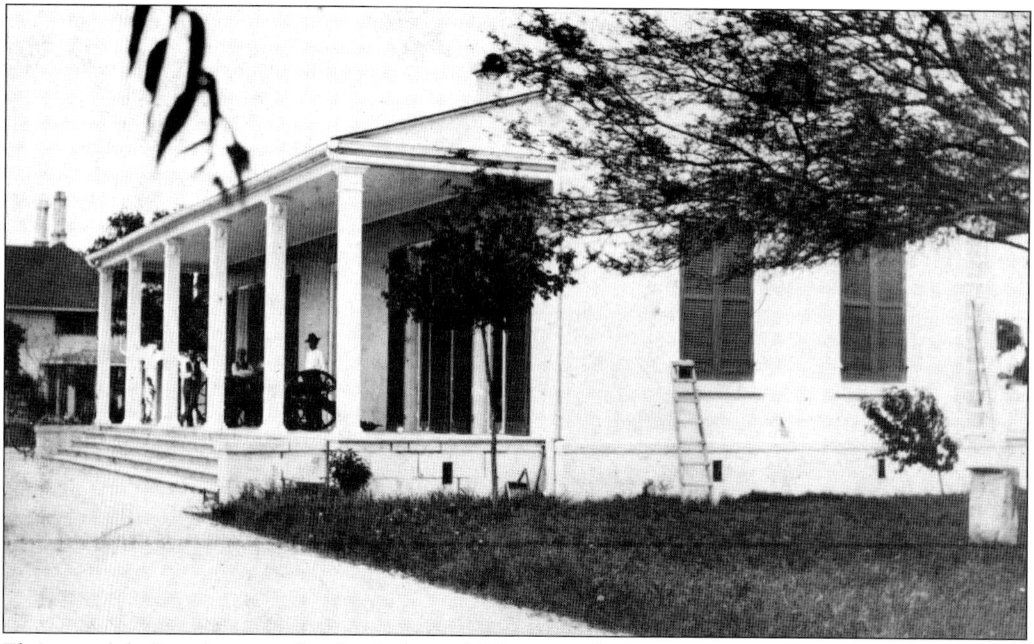

El Arsenal de San Antonio fue fundado en 1859 y cerrado en 1949; esta imagen de 1870s muestra el Edificio de Administración del Arsenal. En 1982, la empresa de comestibles H-E-B compró 10 acres de la propiedad del arsenal para sus oficinas corporativas. En 1985, la remodelación fue terminada y H-E-B se mudó ahí. Hoy, el antiguo Edificio de Administración del Arsenal es el centro de visitantes de H-E-B. (Cortesía de UTSA Colecciones Especiales–ITC, negativo 106-0387.)

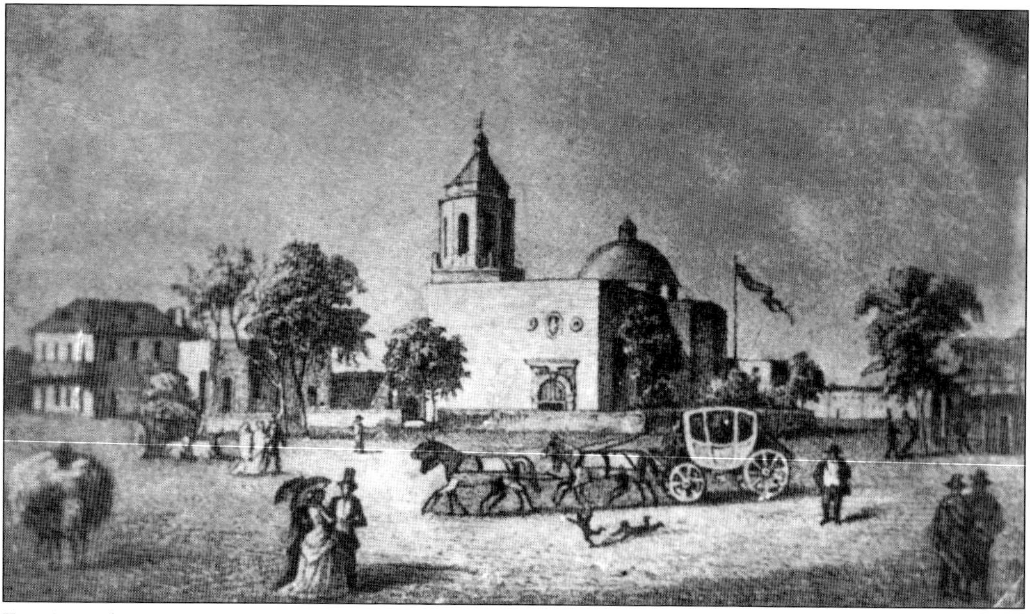

En 1731, el 37º virrey de la Nueva España, Don Juan de Acuña, emitió órdenes para establecer Villa de San Fernando. Acuña suministró mapas y provisiones para los colonos que venían de las Islas Canarias; sus órdenes reservaron terrenos para el entretenimiento y el uso de la gente en forma de plazas y parques. Esta ilustración de la Plaza Principal es de 1854. (Cortesía de la Fundación de la Sociedad de Conservación de San Antonio, Colección Raba.)

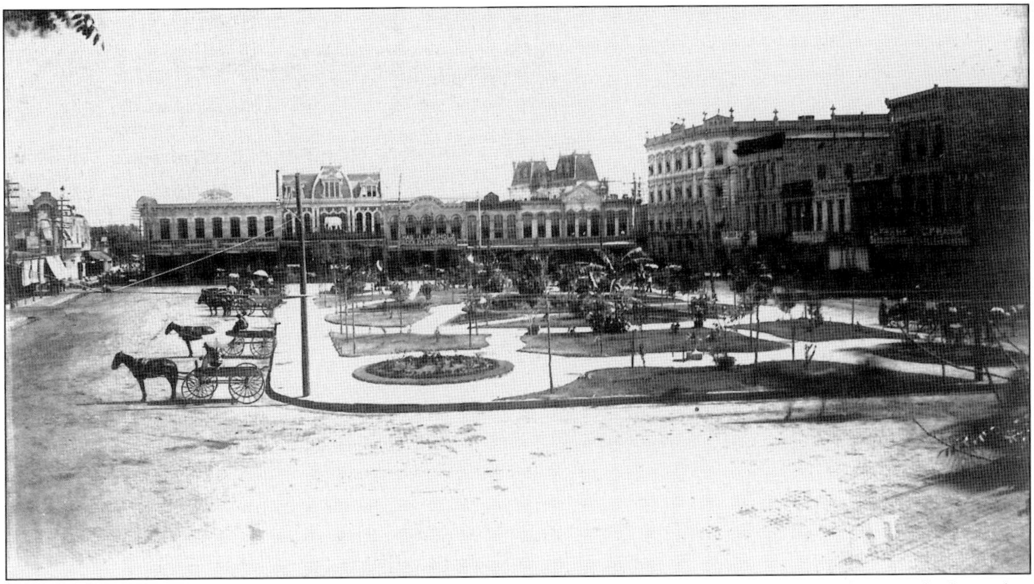

La Plaza Principal oficialmente fue llamada Plaza de las Islas por los colonizadores de las Islas Canarias; después de la independencia de Texas se le conoció como Plaza Principal. De todas las industrias y actividades alrededor de la plaza, el juego fue uno de los más populares. Esta fotografía de 1886 muestra el Salón Elefante Blanco y la Casa de Juego donde se rumoraba que muchos ranchos fueron perdidos por el juego. (Cortesía de la Fundación de la Sociedad de Conservación de San Antonio, Colección Raba.)

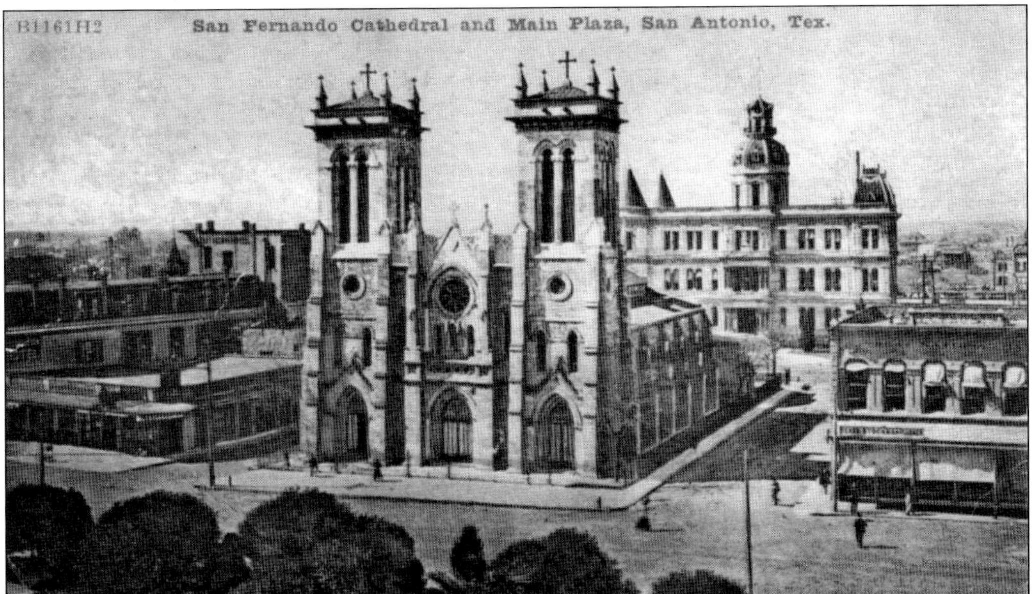

El edificio de la iglesia de San Fernando se empezó en 1738; hoy es la catedral más antigua en Texas. El Rey Felipe V reclutó 16 familias, en total 52 personas de las Islas Canarias para establecerse en el área para la colonización de la Nueva España. Los sobrevivientes establecieron la ciudad desde la iglesia y marcaron las plazas para la colonización de la Nueva España; luego las calles fueron alineadas con edificios de gobierno, tiendas y casas individuales. (Colección del autor.)

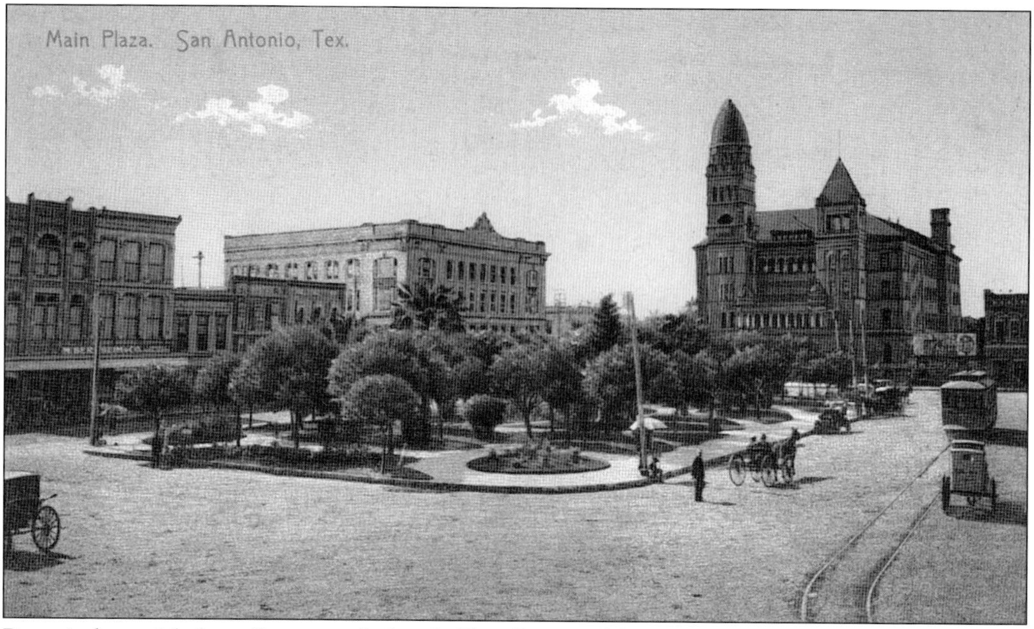

Por más de un siglo las calles que rodeaban la Plaza Principal fueran de tierra y zacate. Eventualmente, se mejoraron con grava graduada y para 1890, las calles estaban pavimentadas con bloques de mezquite. La iluminación también se mejoró de antorchas en los 1870s a lámparas de calcio en los 1880s y lámparas eléctricas en 1890s; con las mejoras, la plaza vibraba de actividad día y noche. (Colección del autor.)

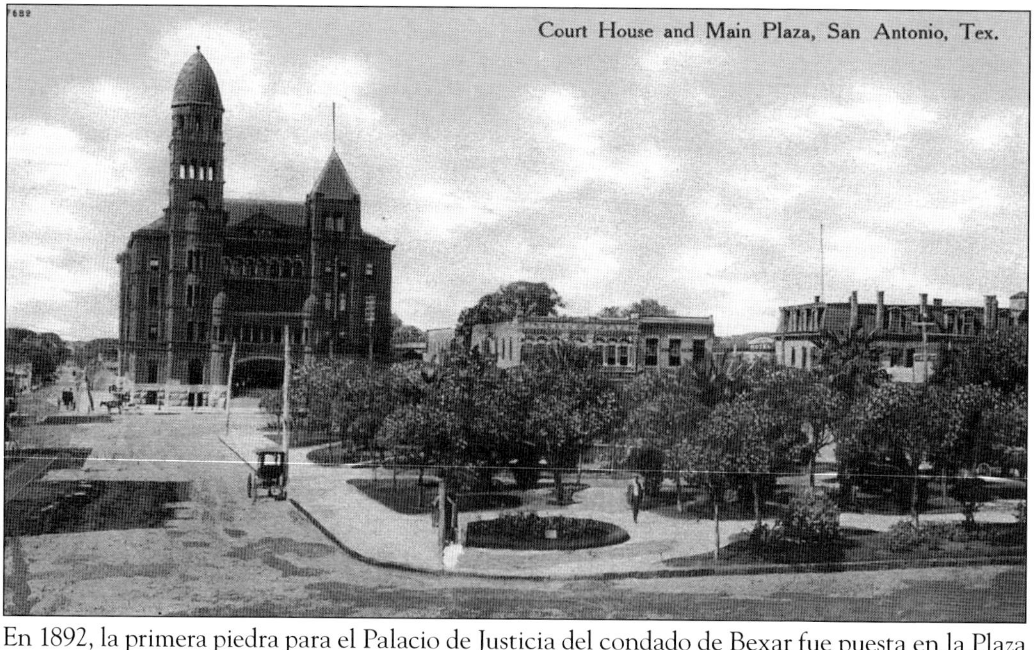

En 1892, la primera piedra para el Palacio de Justicia del condado de Bexar fue puesta en la Plaza Principal. El edificio de granito y piedra arenisca roja del renacimiento romántico fue diseñado por James R. Gordon. Hoy es el Palacio de Justicia más antiguo en uso continuo en Texas; desde que se construyó ha sufrido cuatro expansiones con un total de 300,000 pies cuadrados. Es el Palacio de Justicia más grande en Texas. (Colección del autor.)

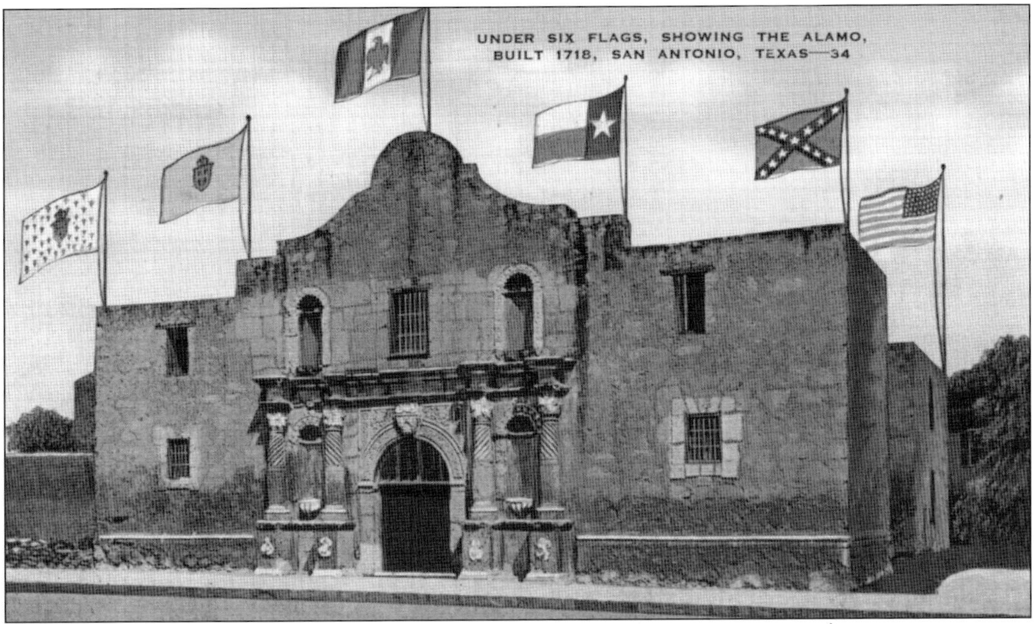

Parte del patio de la Misión San Antonio de Valero es conocida hoy como el Álamo, más tarde se convirtió en Plaza del Álamo. En 1836, de febrero 23 a marzo 6 fue el lugar donde se llevó a cabo la Batalla del Álamo donde los texanos lucharon contra los soldados mexicanos dirigidos por el general Santa Ana. En 2015 el Álamo, parte de las misiones de San Antonio, fue convertido en patrimonio de la humanidad por la UNESCO. (Colección del autor.)

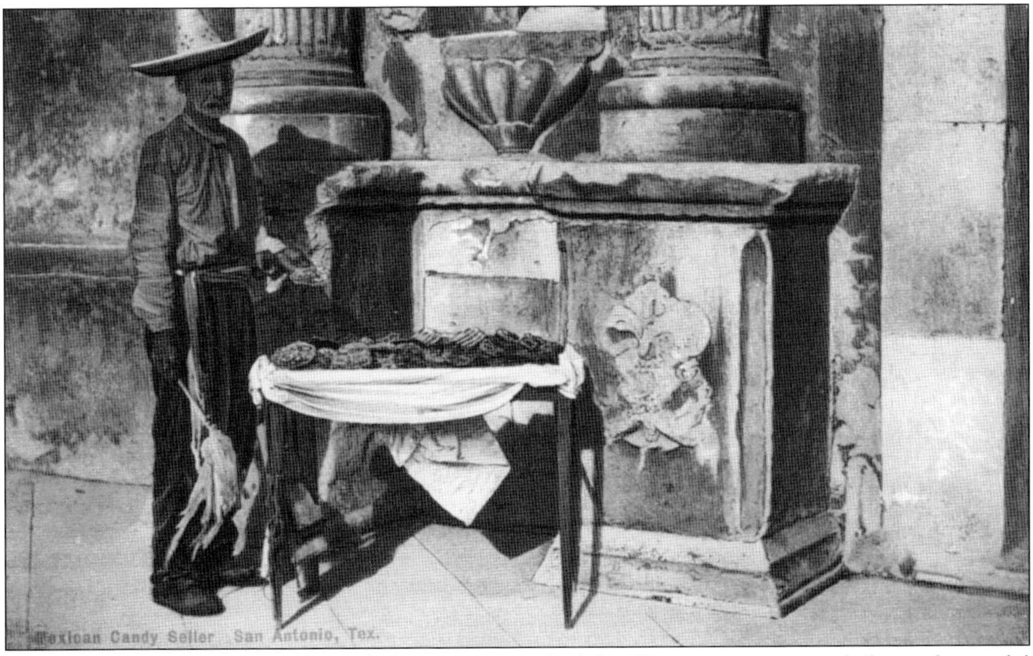

Esta postal de 1909 titulada "Vendedor mexicano de dulces" muestra a un vendedor enfrente del Álamo y la nota en la parte de atrás afirma que es un vendedor de dulces de nuez y comenta: "Es una vista típica en las calles de San Antonio." El vendedor lleva ropa mexicana y dulces de nuez como los que se venden en México. (Colección del autor.)

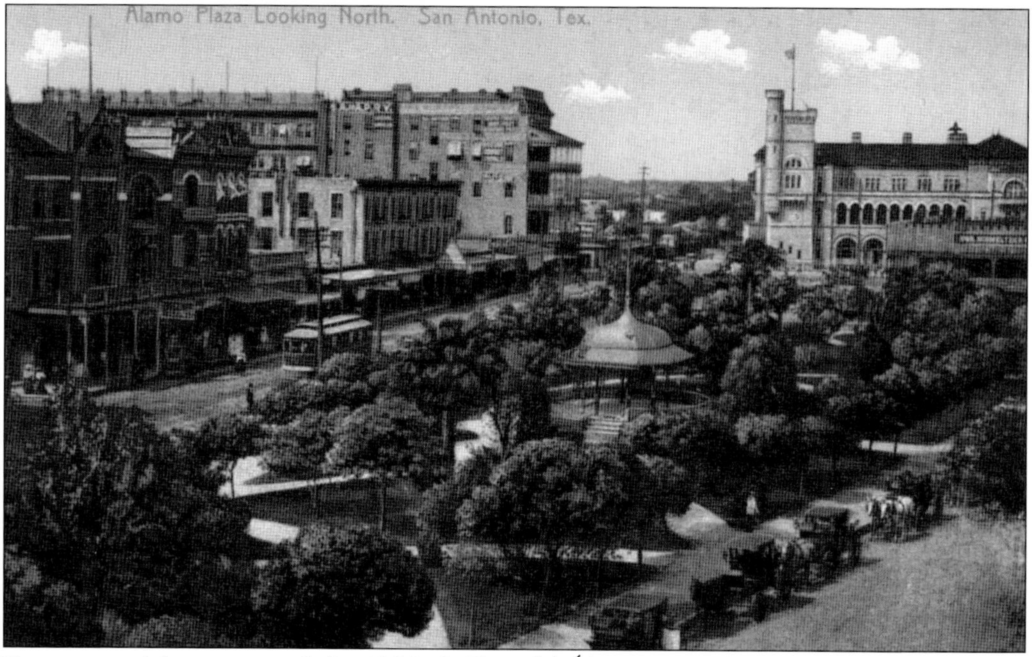

En esta postal de principios de los 1900s, la Plaza del Álamo está rodeada por edificios de finales de los 1800s y principios de los 1900s. Frente a la Plaza está la oficina de correos y la sala de ópera; el Álamo y el Hotel Menger no están visibles. Esta zona comercial central en el centro empezó antes de la Guerra Civil y floreció a finales de los 1800s. Hoy en día, sigue resonando con la actividad empresarial. (Colección del autor.)

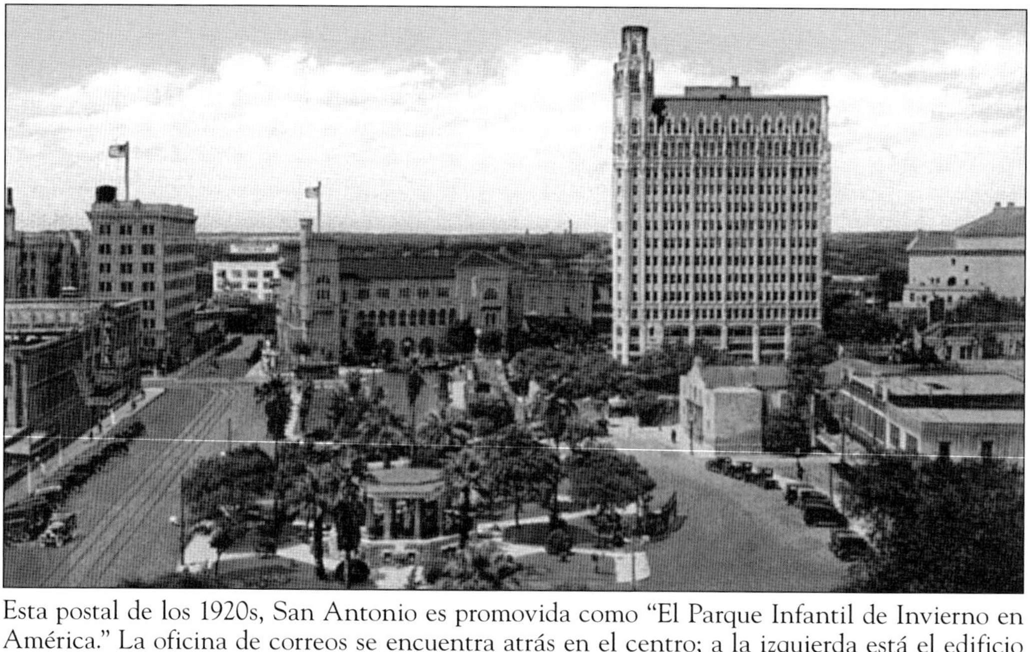

Esta postal de los 1920s, San Antonio es promovida como "El Parque Infantil de Invierno en América." La oficina de correos se encuentra atrás en el centro; a la izquierda está el edificio Gibbs, construido en 1909; a la derecha está el edificio de Artes Médicas, terminado en 1926. Hoy el edificio Gibbs es el Hotel Índigo y el edificio médico es el Hotel Emily Morgan, se rumora que los dos hoteles están embrujados. (Colección del autor.)

Dos

La Casa del Mercado Municipal

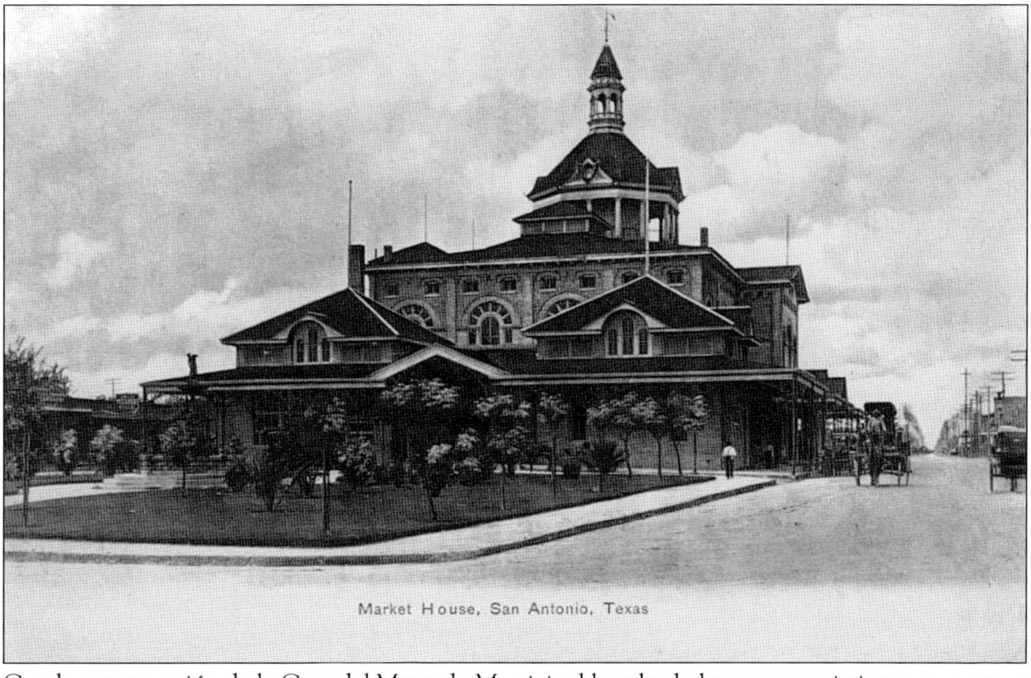

Con la construcción de la Casa del Mercado Municipal los alrededores se convirtieron en centros para comercios. Ésta fue diseñada por Alfred Giles en 1899 y terminada en 1900 con un costo de $55,000. El periódico *Sunday Light* del 7 de mayo de 1899 publicó una nota para los contratistas que quisieran hacer una oferta para la construcción de la casa del mercado y el centro de convenciones en la Plaza Paschal. (Colección del autor.)

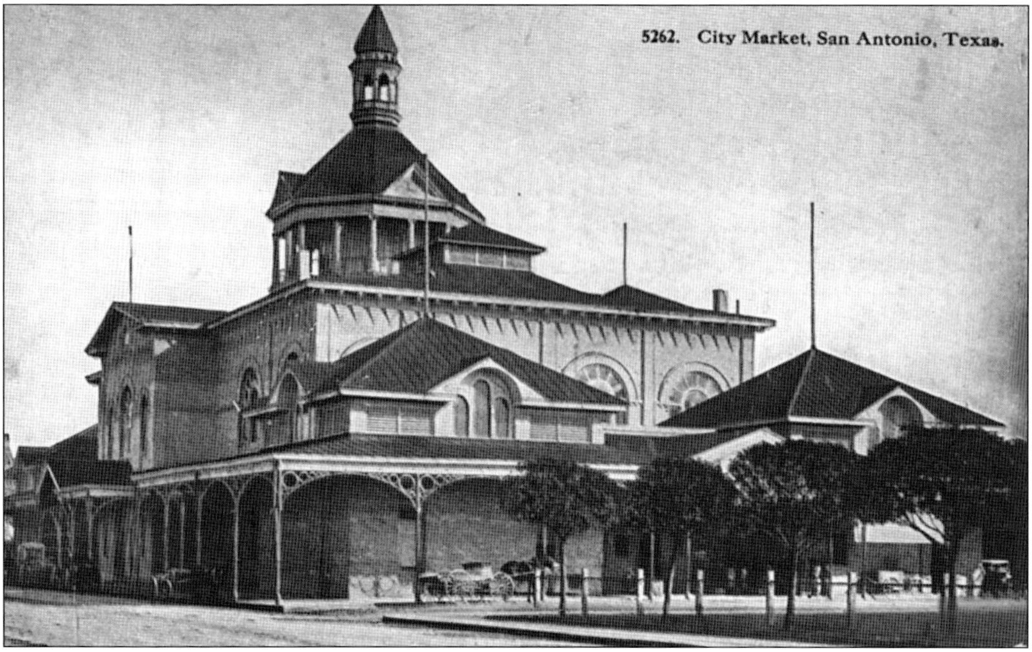

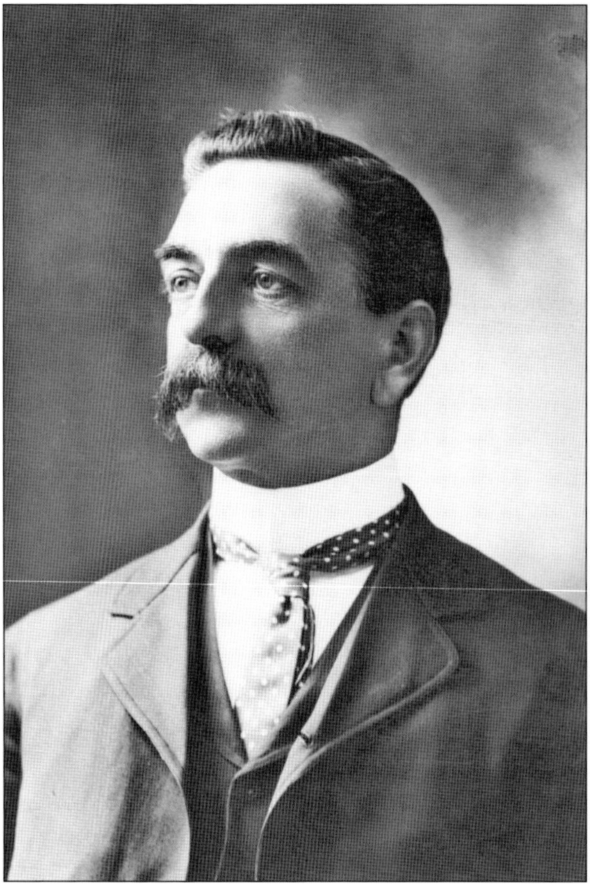

El primer piso del Mercado de la Ciudad fue diseñado para alojar los alimentos del mercado. El segundo piso de la sala de convenciones tenía capacidad para 4,000 personas. El 15 de mayo de 1899 el consejo de la ciudad decretó: "100 pies del extremo oeste de la Plaza Paschal junto y adyacente a la calle S. Pecos como un lugar para todas las carretas, carritos y otros vehículos que ofrecieran cualquier producto para la venta." (Colección del autor.)

El arquitecto del Mercado de la Ciudad, Alfred Giles, nació en Inglaterra en 1853. Recibió su entrenamiento de arquitecto en Londres e inmigró a los Estados Unidos en 1873; llegó a San Antonio en 1874 y fue a trabajar para John H. Kampmann, un contratista local exitoso. Giles estableció su propia firma en 1876 y para 1900 ya había diseñado 40 estructuras ubicadas en el centro de la ciudad. (Cortesía de UTSA Colecciones Especiales–ITC, negativo 071-0549.)

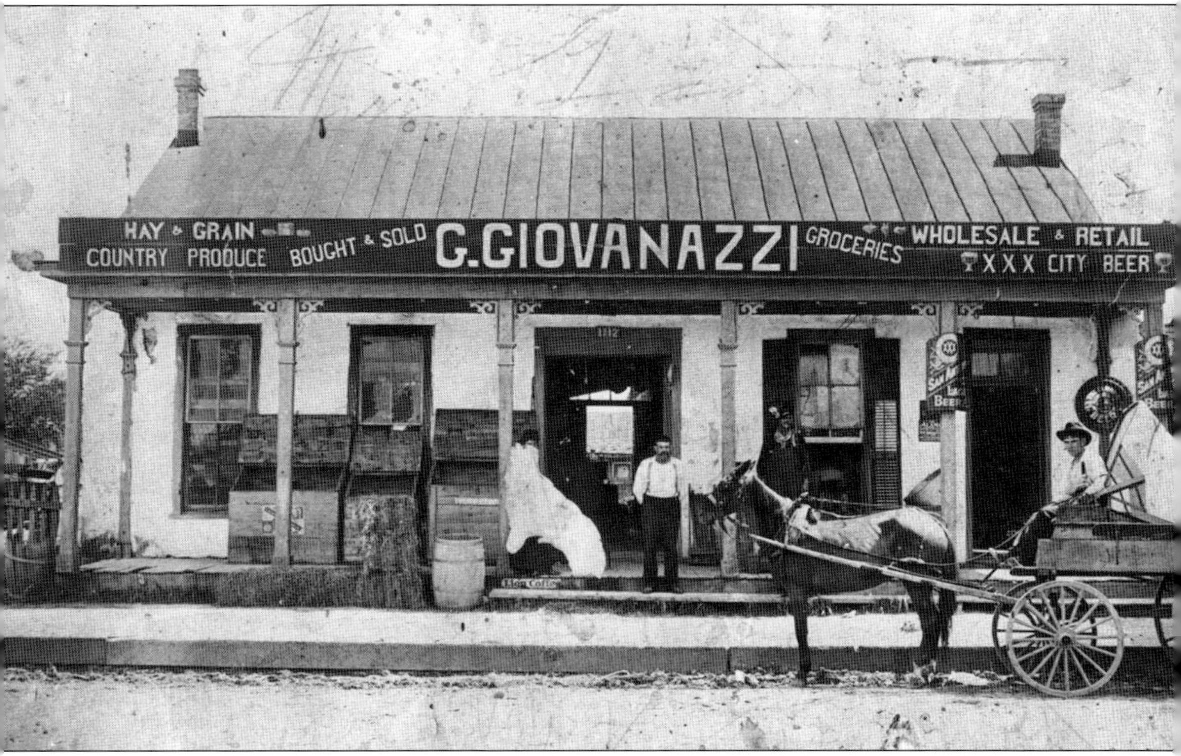

Esta fotografía de la nueva ubicación del supermercado Giovanazzi en la calle West Commerce 1112 en la Plaza del Zacate fue tomada en 1905 o 1906. Giovanni Giovanazzi está parado en los escalones de la entrada. En los registros del censo de 1900, Giovanazzi aparece como un ciudadano naturalizado que vino a los Estados Unidos desde Hungría en 1881 a la edad de 19 años. Su ocupación aparece como abarrotero y residiendo en la calle South Pecos 1025 con su esposa Louise, sus hijas F.A. y Mary e hijos Joe y John (Giovanni Jr.); en el directorio de la ciudad de 1901 Giovanazzi's aparece como tienda de comestibles y salón en la calle South Laredo 1025. A finales de 1920s, Giovanazzi había desaparecido y su dirección ya no aparecía en el directorio de la ciudad. El bloque entero de la calle West Commerce 1100 fue enumerado como Plaza del Mercado. (Cortesía de UTSA Colecciones Especiales–ITC, fotografía 98-285.)

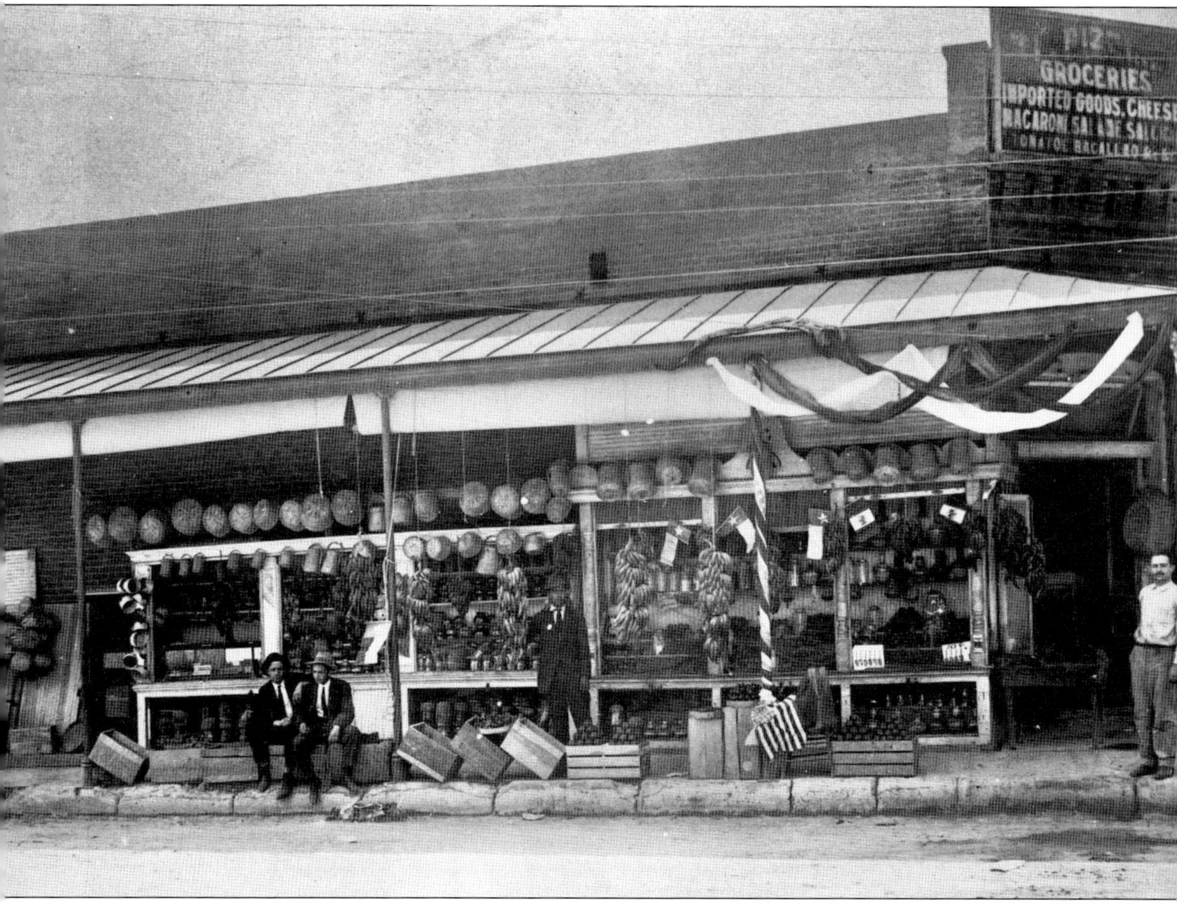

Esta fotografía de principios de 1900s del supermercado de Francisco "Don Pancho" Pizzini en la esquina suroeste de Produce Row y la calle Concho orgullosamente muestra las banderas de Texas y México. Pizzini, un italiano, que vivió en México por 14 años antes de venir a San Antonio a principios de 1870s, trabajó para un comerciante antes de abrir su propia tienda en 1891. Frank Pizzini aparece en 202–204 Produce Row a finales de 1920s. Pizzini aparece como tendero en el 202 Produce Road del directorio de la ciudad en 1948. Jamaica 1 (restaurante), Jamaica 2 (tortillas) y Jamaica 3 (restaurante) aparecen en el 204 Produce Row y Jamaica 5 (restaurante) aparece en el 204 ½ Produce Row. Para 1974, los productos mexicanos Pizzini aparecen en el 202 Produce Row en la revista *Texas Monthly*. La revista mencionó que Pizzini's tenía un surtido de cientos de hierbas y tés y declaró: "Lleva siempre un libro de hierbas para saber que comprar." (Cortesía de UTSA Colecciones Especiales–ITC, fotografía 88-117.)

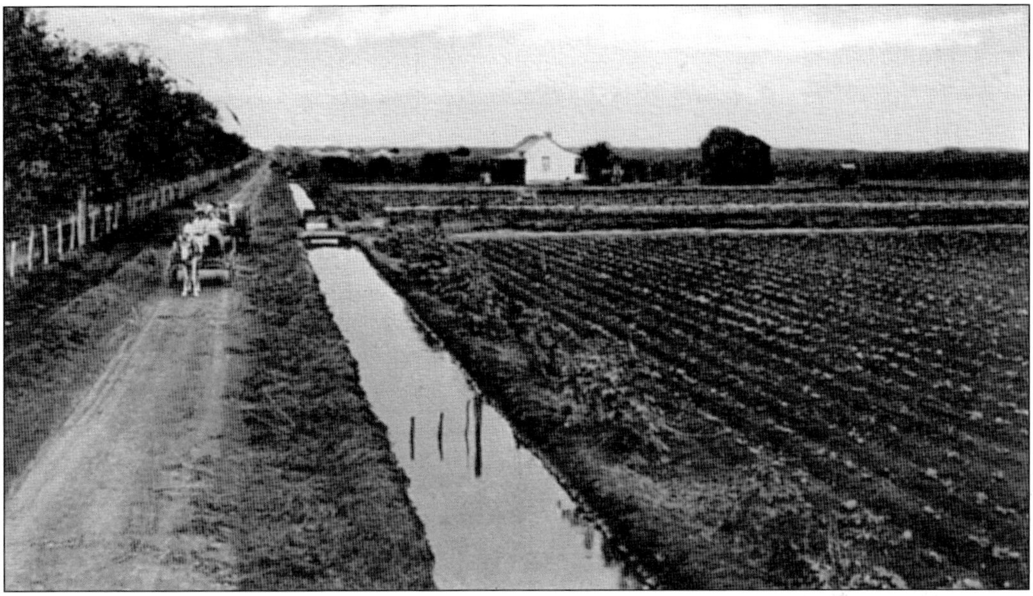

Los belgas que vinieron a San Antonio de 1860s a 1920s contribuyeron al mercado de alimentos frescos del área. Se les acredita la mejora en la irrigación y la introducción de nuevos cultivos a los agricultores del área. Uno de los nuevos cultivos fue la coliflor. Alimentos frescos fueron vendidos en el área por décadas. Después de la renovación urbana de 1970s, se ofrecieron menos y menos alimentos en el Mercado de Agricultores. (Colección del autor.)

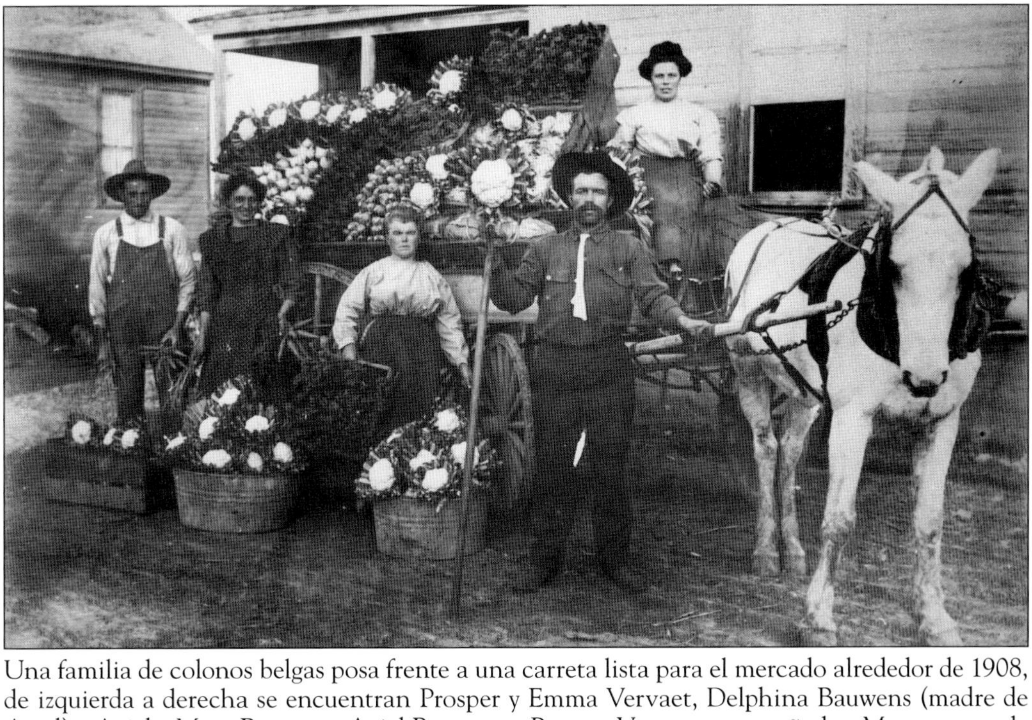

Una familia de colonos belgas posa frente a una carreta lista para el mercado alrededor de 1908, de izquierda a derecha se encuentran Prosper y Emma Vervaet, Delphina Bauwens (madre de Aviel) y Aviel y Mary Bauwens. Aviel Bauwens y Prosper Vervaet eran cuñados. Mary, esposa de Aviel, era hermana de Prosper. Aviel y Prosper fueron jardineros en Steves Gardens en la calle South Flores. (Cortesía de UTSA Colecciones Especiales–ITC, negativo 68-3183.)

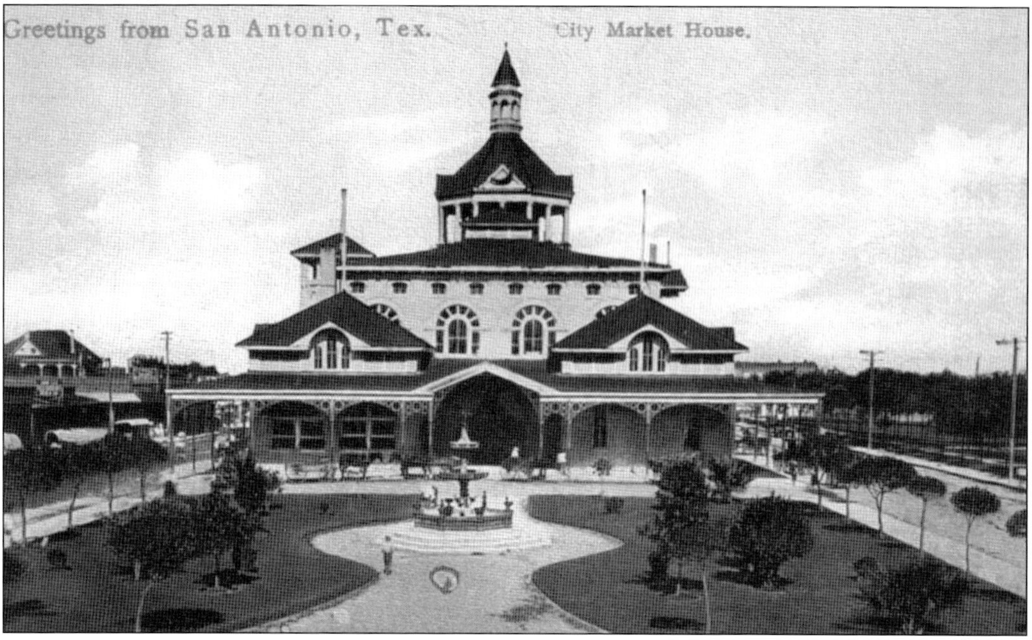

En 1910, esta postal impresa para la compañía Joske Brothers fue enviada por correo a Elgin, Illinois. En esta época la Casa del Mercado Municipal resonaba con la actividad de muchos diferentes grupos étnicos que incluían inmigrantes chinos. El mercado era el lugar donde eran bienvenidos y encontraban trabajo, estableciendo posteriormente sus propios negocios. Muchos vinieron a San Antonio en los 1880s para trabajar en el Southern Pacific Railroad. (Colección del autor.)

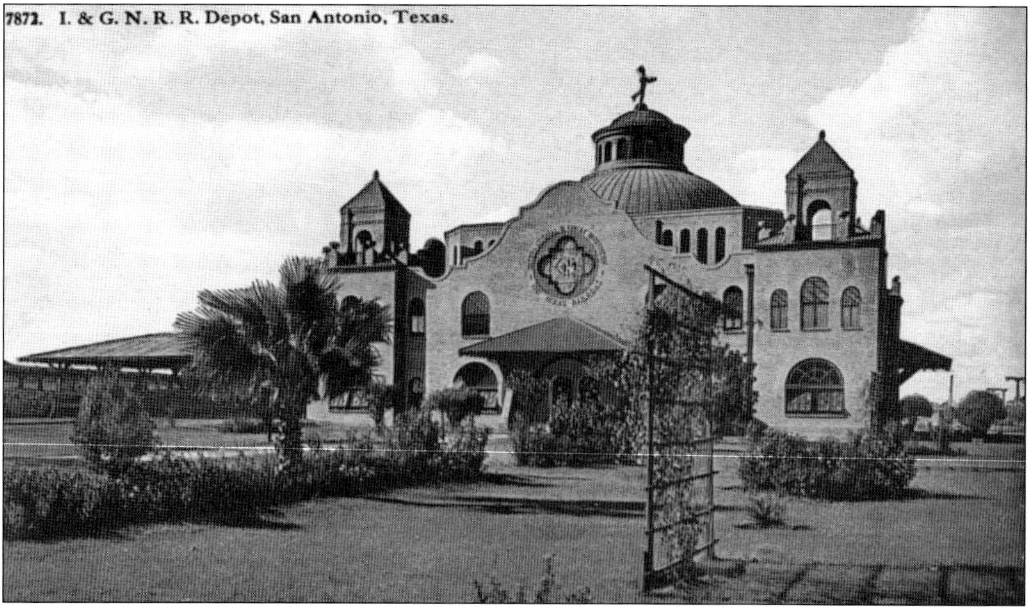

The International & Great Northern/Missouri Pacific Railroad Depot fue construido en 1907 y es un punto de referencia del distrito en Plaza Cattleman. A principios de 1885 el ferrocarril de St. Louis a San Antonio llevaba ganado de los corrales de la ciudad al Medio Oeste. El antiguo Hotel I&GN construido en 1909 está en la calle de enfrente. El hotel después se convirtió en el edificio Heimann. (Colección del autor.)

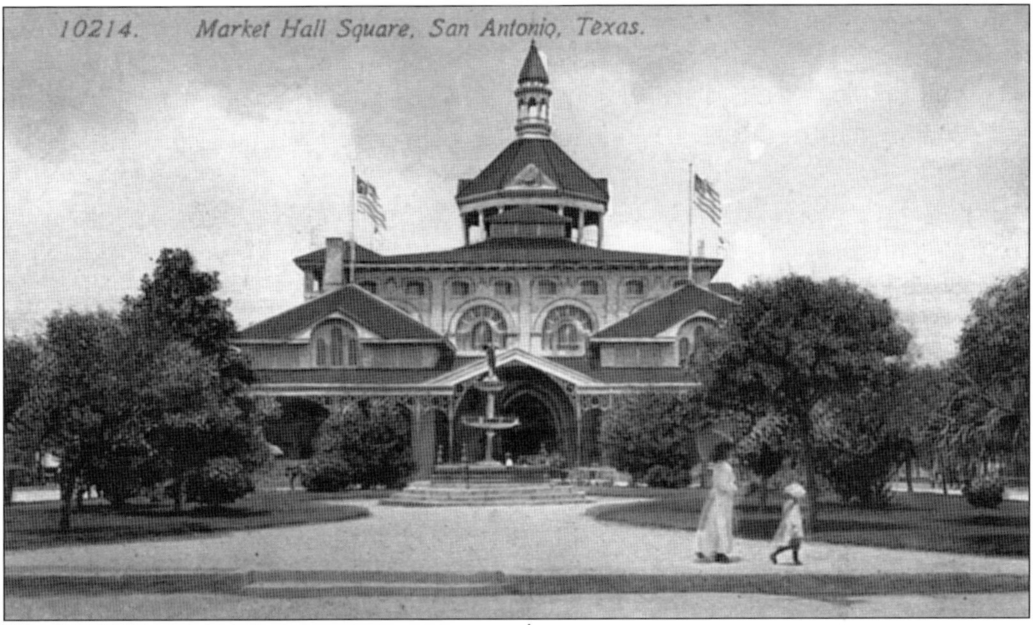

En 1915, esta tarjeta fue impresa y enviada a Los Ángeles, California, por S.H. Kress & Company, una tienda de departamentos de cinco y diez centavos. Cada vez que una tarjeta se imprimía, la Casa del Mercado de la Ciudad era llamada por diferente nombre; esta vez aparece como Plaza Market Hall. Otros nombres usados fueron: Mercado de la Ciudad y Casa del Mercado Municipal. (Colección del autor.)

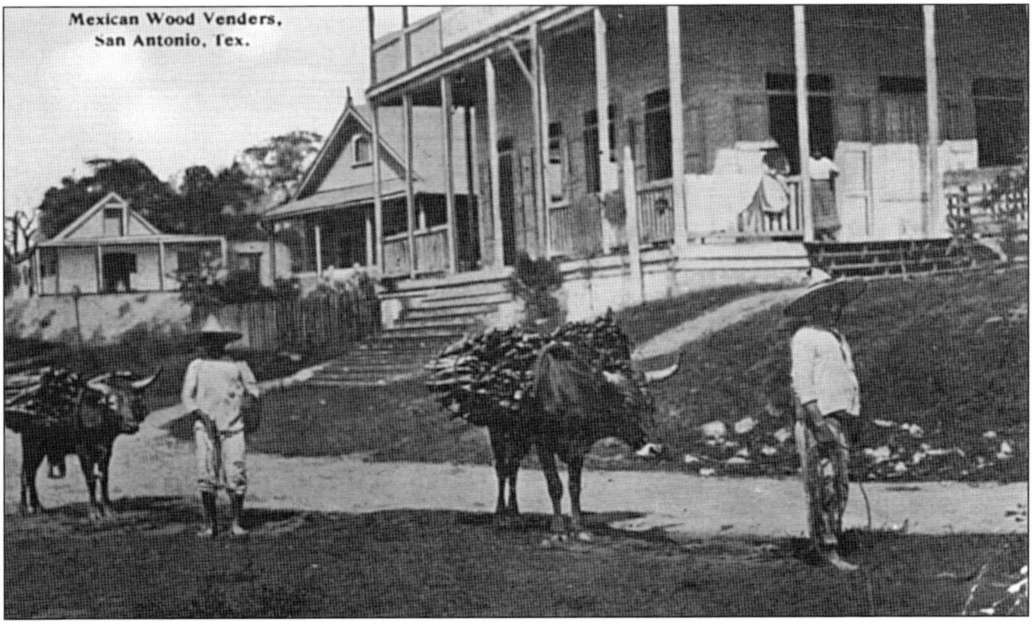

El mercado de zacate se encontraba atrás de la Casa del Mercado Municipal; además de zacate, también vendía leña. Los vendedores de leña la cargaban en bueyes o burros y la vendían de puerta en puerta. De acuerdo con el censo de 1900, San Antonio era la ciudad de mayor crecimiento en Texas. Es difícil imaginar a la gente de la ciudad visualizando San Antonio como progresiva cuando esta tarjeta fue enviada por correo a Nueva York en 1916. (Colección del autor.)

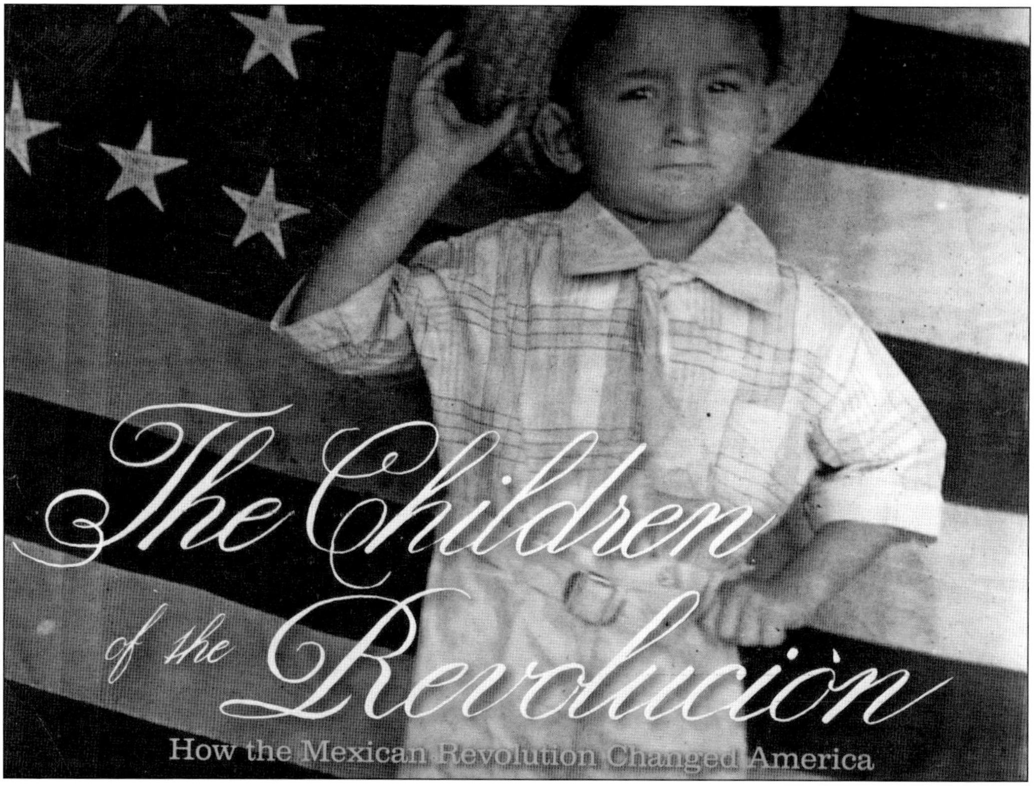

Durante la Revolución Mexicana (1910–1920) cerca de un millón de personas dejaron México. Estas familias vieron oportunidades en los Estados Unidos y trabajaron para crear una mejor vida; el libro *The Children of the Revolución*, editado por Lionel Sosa y con narrativa histórica de Neftalí García, nos cuenta la historia de la migración mexicana a los Estados Unidos. También hay una serie documental de 20 partes en www.childrenoftherevolucion.org. (Cortesía de Lionel Sosa.)

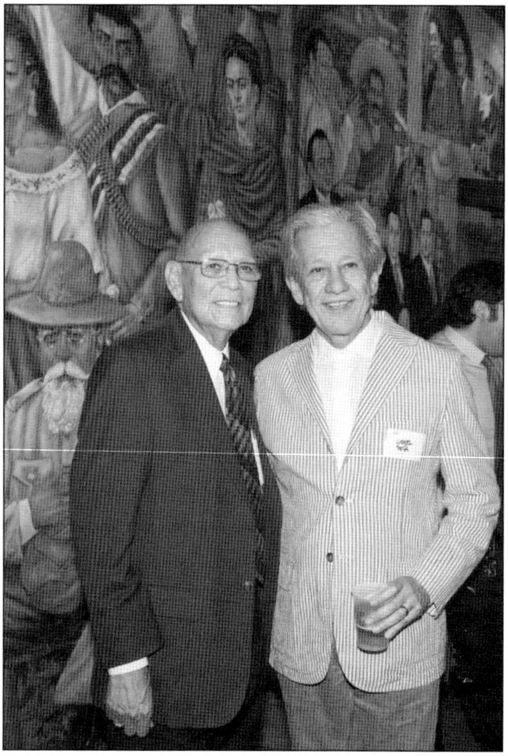

Lionel Sosa, ejecutivo de márquetin y consultor político, y Tino Duran, fundador y publicista del periódico bilingüe *La Prensa*, están parados frente al mural de Mi Tierra Café & Bakery. Sosa y Duran junto con la familia Cortez, dueños de La Familia Cortez Restaurantes, son líderes en la comunidad y abogados en la preservación de la cultura y tradiciones mexicoamericanas. (Fotografía de Al Rendón, cortesía de La Familia Cortez Restaurantes.)

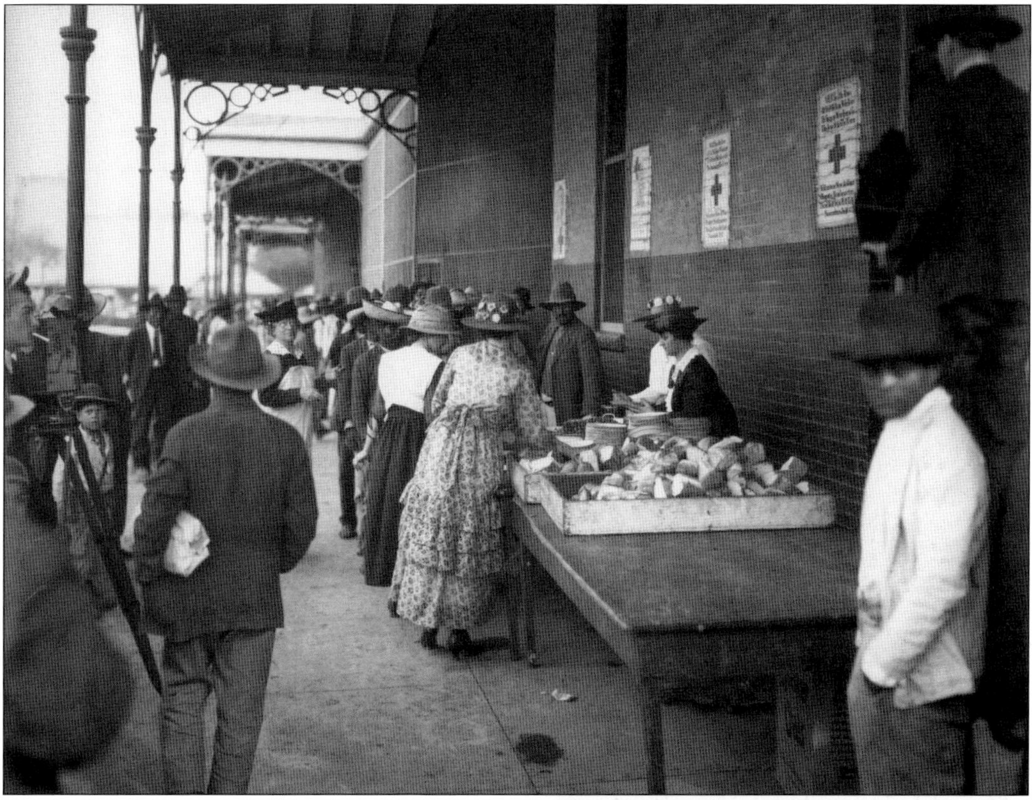

Muchos mexicanos vinieron a San Antonio huyendo de la violencia e inestabilidad política durante la Revolución Mexicana. Ya que San Antonio está a 859 millas de la Ciudad de México y a 156 millas de la ciudad fronteriza de Laredo, Texas, la cuidad era destino para los refugiados. En esta fotografía de la Plaza del Mercado, los voluntarios están distribuyendo comida a los refugiados. (Cortesía de UTSA Colecciones Especiales–ITC, negativo 101-0711.)

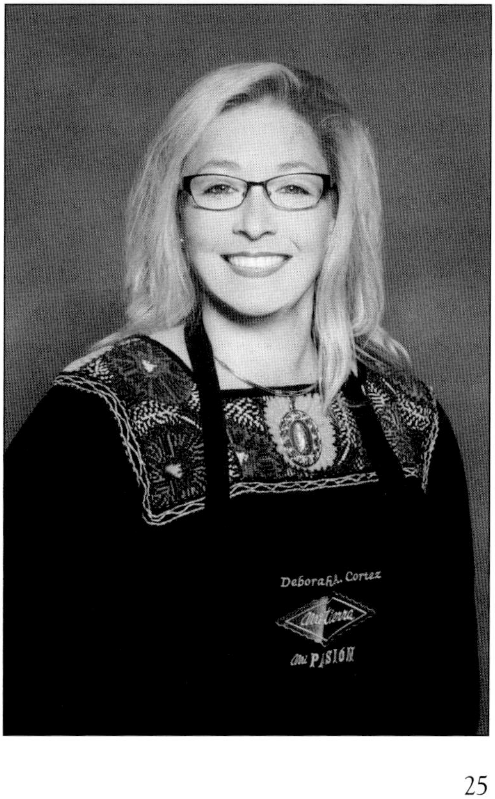

Deborah Cortez y otros miembros de la familia Cortez cuentan su historia en la serie documental *The Children of the Revolución, A Commitment to Mi Tierra*, que se puede encontrar por internet. La familia Cortez, dueña de tres restaurantes en la Plaza del Mercado y otro muy cerca, fue instrumental en salvar la Plaza del Mercado de la destrucción durante el movimiento de renovación urbana en 1960s y a principios de 1970s. (Fotografía de Al Rendón, cortesía de La Familia Cortez Restaurantes.)

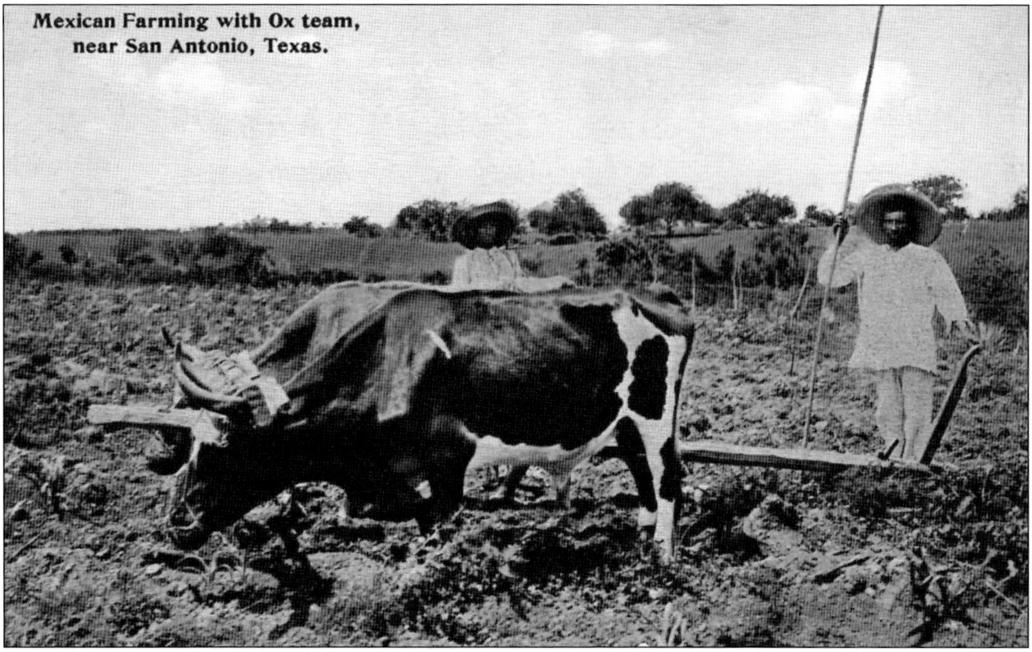

Mientras algunos refugiados mexicanos encontraron trabajo en la ciudad, otros trabajaron en las granjas de los alrededores de San Antonio. Desde los primeros días de establecimiento en el Condado de Bexar hasta la Segunda Guerra Mundial, la agricultora impulsó la economía, proveyendo comida a los granjeros, rancheros y habitantes de la ciudad. Esta tarjeta de principios de 1900s muestra hombres arando un campo con ropa tradicional de trabajo y sombreros. (Colección del autor.)

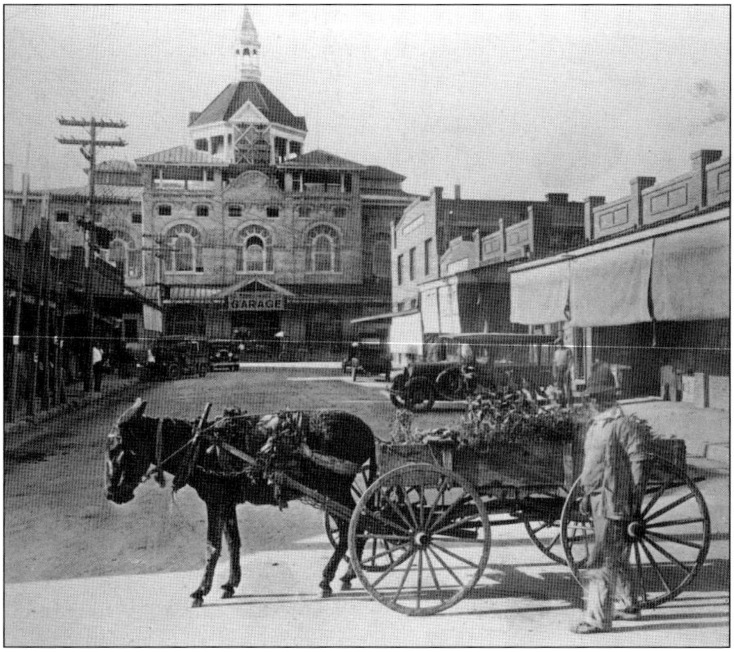

Carretas llenas de alimentos salían de las granjas al amanecer para llegar a tiempo para sus primeros clientes, cocineros de hoteles. En esta fotografía de 1920s de la Casa del Mercado, el Mercado de la Ciudad es visible mirando hacia el norte en la calle South Concho desde la calle Buena Vista. En 1924, el mercado abría hasta las 10:00 p.m. los sábados. Ningún negocio estaba permitido después de las 9:00 a.m. los domingos. (Cortesía de UTSA Colecciones Especiales–ITC, fotografía 89-24.)

Alrededor de 1925, hubo una reunión de jinetes del Pony Express en los terrenos de la Casa del Mercado Municipal; estos jinetes hombres y jóvenes eran contratados por $50 al mes para entregar el correo a caballo. El Pony Express operó muy poco tiempo, de abril 1860 a octubre 1861. El jinete más famoso del Pony Express fue Buffalo Bill. (Cortesía de la Fundación de la Sociedad de Conservación de San Antonio, colección Raba.)

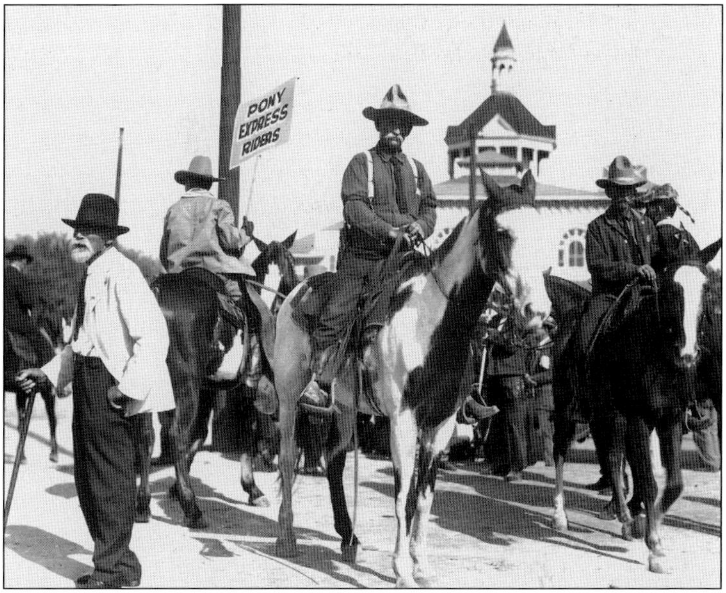

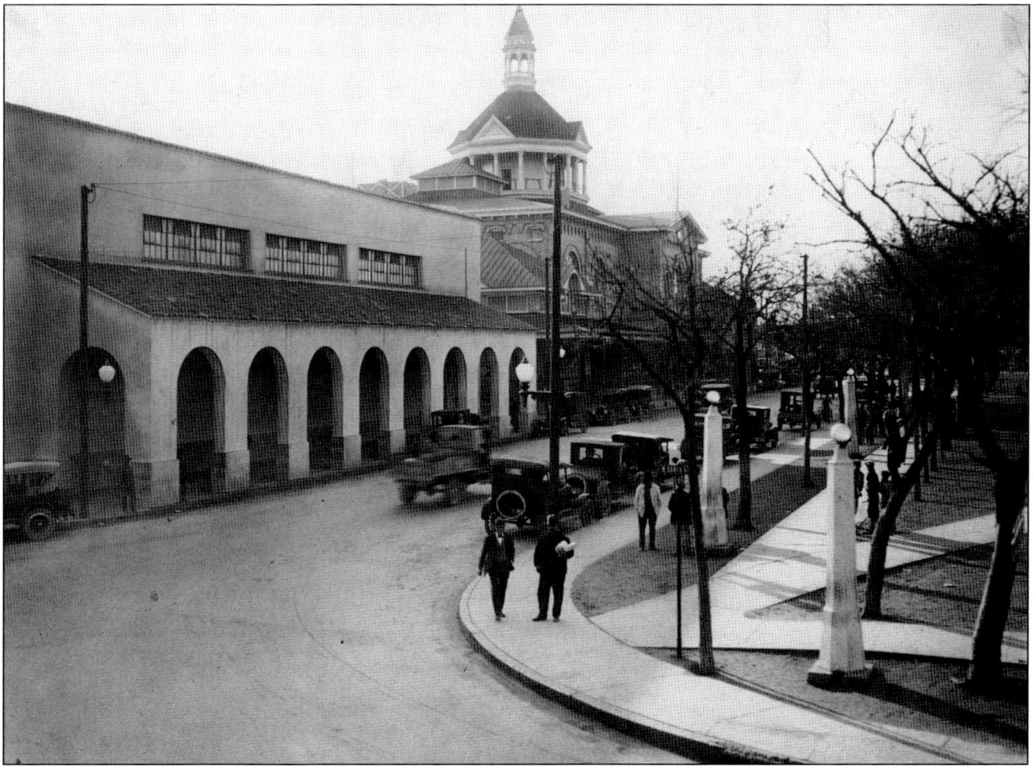

Al cruzar la calle Commerce desde el mercado, a la derecha, se encuentra la Plaza Milam. En el directorio de la ciudad de 1927, el Anexo de la Casa del Mercado Municipal (edificio con arcos) se ubica en la avenida South Santa Rosa y la esquina de la calle West Commerce. El edificio más grande, el Mercado de la Ciudad, fue ubicado en la calle West Commerce y la esquina de Plaza Paschal antes conocida como Plaza Presidio. (Cortesía de la División Texana, Bibliotecas Públicas de San Antonio, colección de fotografías.)

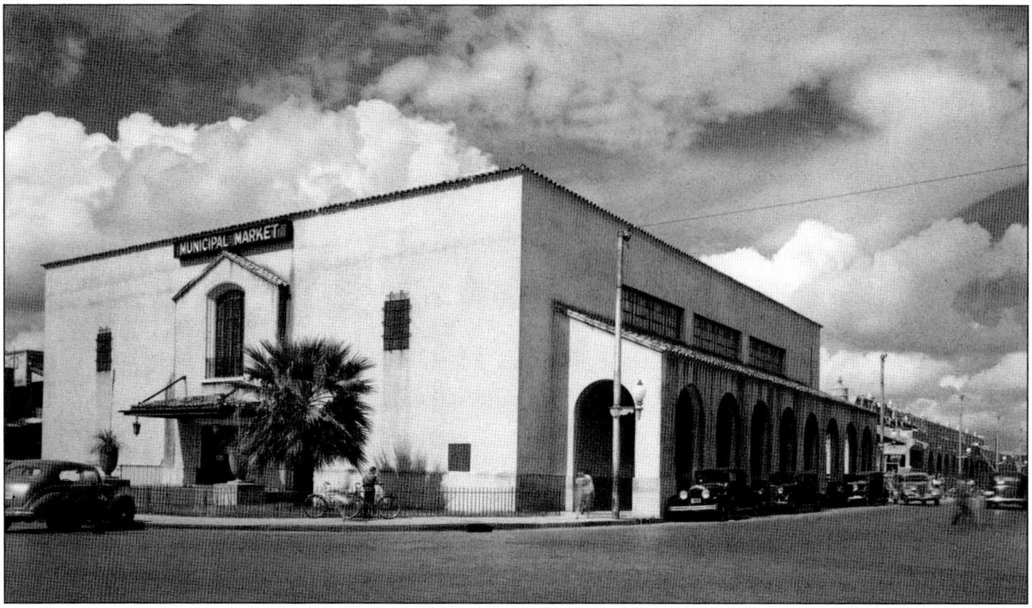

La Casa del Mercado Municipal empezó a declinar en los 1920s y fue demolida en 1938. En esta fotografía del edificio designado como Mercado Municipal de inicios de los 1930s, se encuentra directamente atrás la estructura de lo que era el anexo al mercado construido en los 1920s. La cúpula de la vieja Casa del Mercado Municipal es apenas visible entre los dos edificios. (Cortesía de UTSA Colecciones Especiales–ITC, fotografía Z-2128-A-01.)

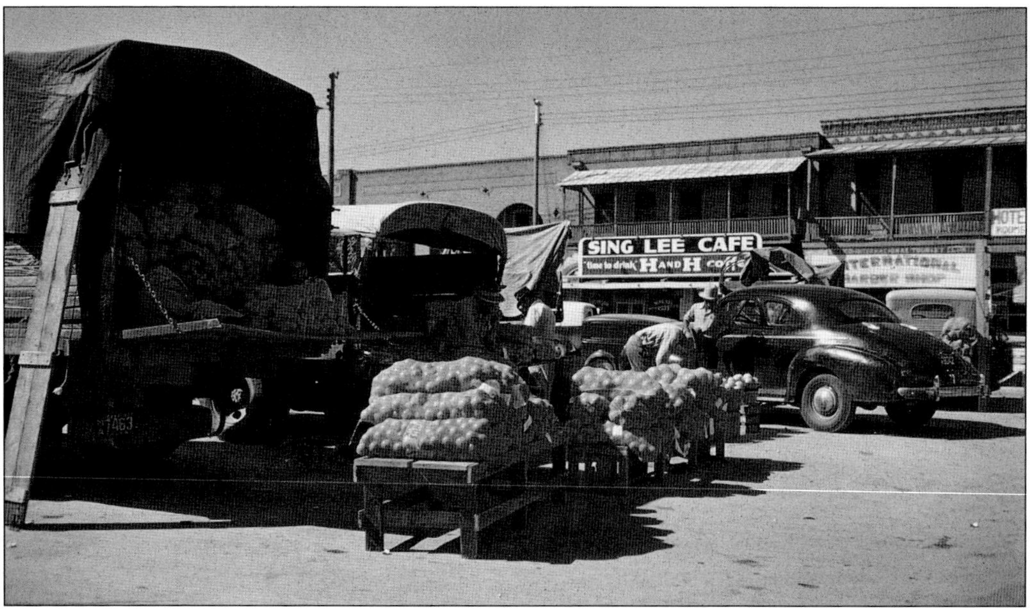

Cuando esta fotografía fue tomada en 1940, todavía había negocios chinos en Plaza del Mercado. EL grupo más grande llegó de México en 1917 durante la Revolución Mexicana. Una escuela china fue abierta en la calle Buena Vista; otra abrió en los 1920s en la calle San Saba, con vista al mercado al aire libre en la Plaza Washington. Los comerciantes On Leong y las asociaciones Ng Gar Kung Shaw Benevolent proveyeron actividades chinas. (Cortesía de UTSA Colecciones Especiales–ITC, fotografía MS389.)

Tres

Entornos de la Casa del Mercado

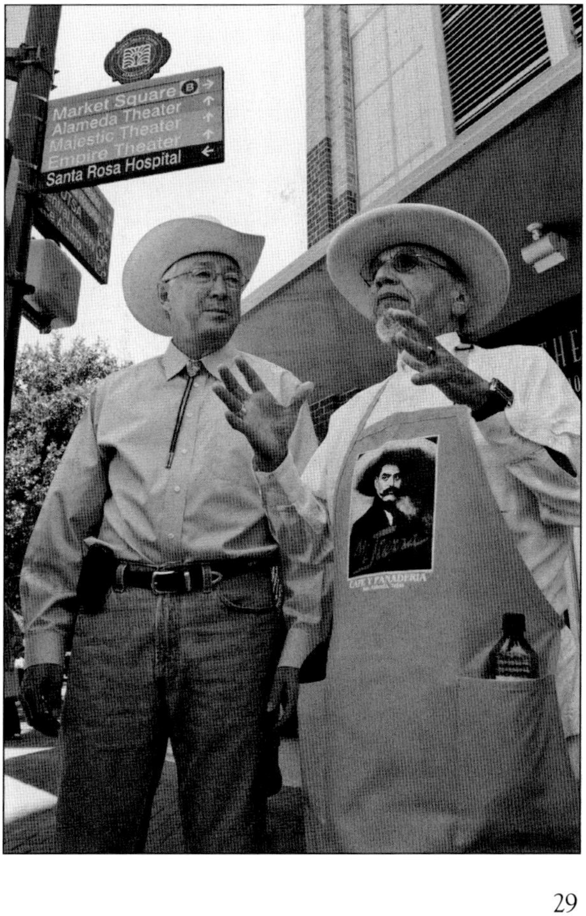

El área que rodea la Plaza del Mercado está llena de historia. En esta fotografía, Jorge Cortez (a la derecha) de La Familia Cortez Restaurantes está discutiendo las décadas de cambios en los entornos de la Plaza del Mercado con Ken Salazar, el 50º secretario del interior de los Estados Unidos. El letrero sobre sus cabezas apunta a otros lugares del centro y al hospital San Rosa cruzando la calle. (Fotografía de Al Rendón, cortesía de La Familia Cortez Restaurantes.)

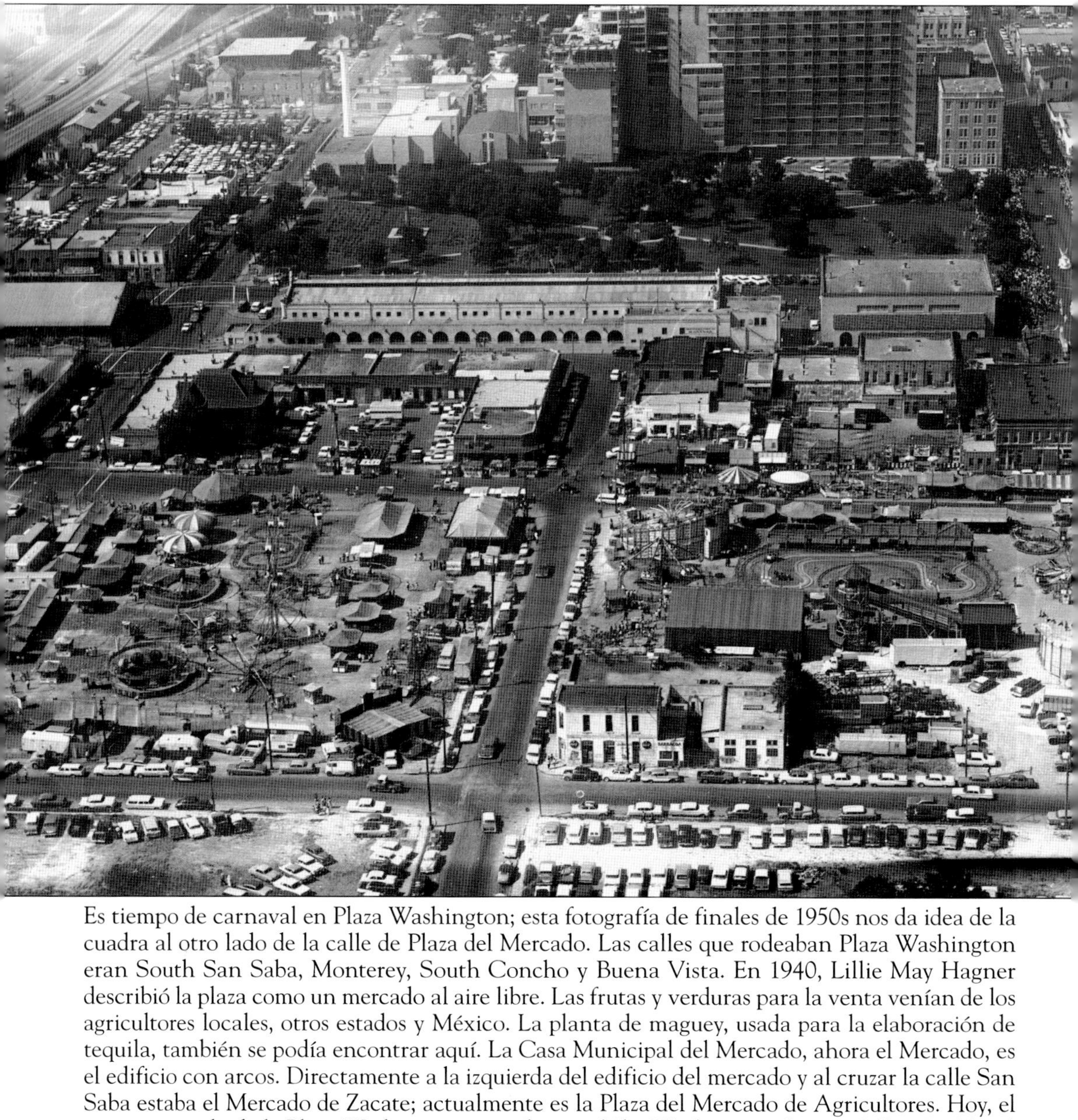

Es tiempo de carnaval en Plaza Washington; esta fotografía de finales de 1950s nos da idea de la cuadra al otro lado de la calle de Plaza del Mercado. Las calles que rodeaban Plaza Washington eran South San Saba, Monterey, South Concho y Buena Vista. En 1940, Lillie May Hagner describió la plaza como un mercado al aire libre. Las frutas y verduras para la venta venían de los agricultores locales, otros estados y México. La planta de maguey, usada para la elaboración de tequila, también se podía encontrar aquí. La Casa Municipal del Mercado, ahora el Mercado, es el edificio con arcos. Directamente a la izquierda del edificio del mercado y al cruzar la calle San Saba estaba el Mercado de Zacate; actualmente es la Plaza del Mercado de Agricultores. Hoy, el único recuerdo de la Plaza Washington es un letrero (The Washington Square Office Building) en la calle Dolorosa 800. Las oficinas corporativas de La Familia Cortez Restaurantes están en este edificio. (Cortesía de UTSA Colecciones Especiales–ITC, fotografía B-21-A-01.)

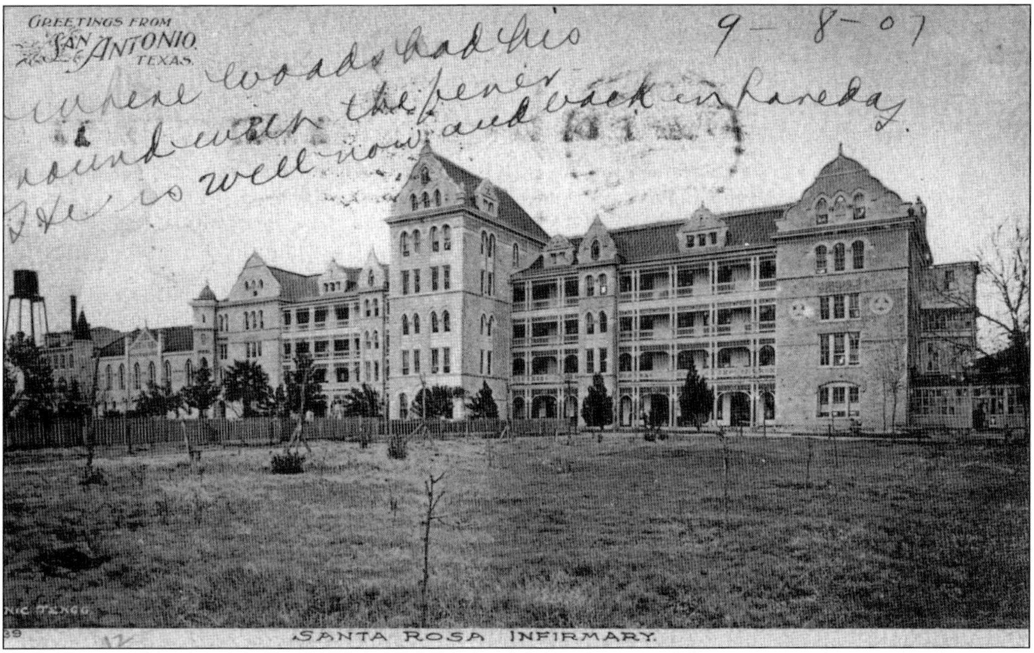

La Enfermería de Santa Rosa fue fundada en 1869 por las Hermanas de la Caridad del Verbo Encarnado como el primer hospital privado en San Antonio. El hospital de nueve camas abrió el 1º de diciembre y ocho pacientes fueron admitidos ese día; en 1910, tres años después de que esta tarjeta fuera enviada por correo, un laboratorio clínico patológico fue agregado. En 1918 el hospital fue el primero en establecer una unidad aparte para niños lisiados. (Colección del autor.)

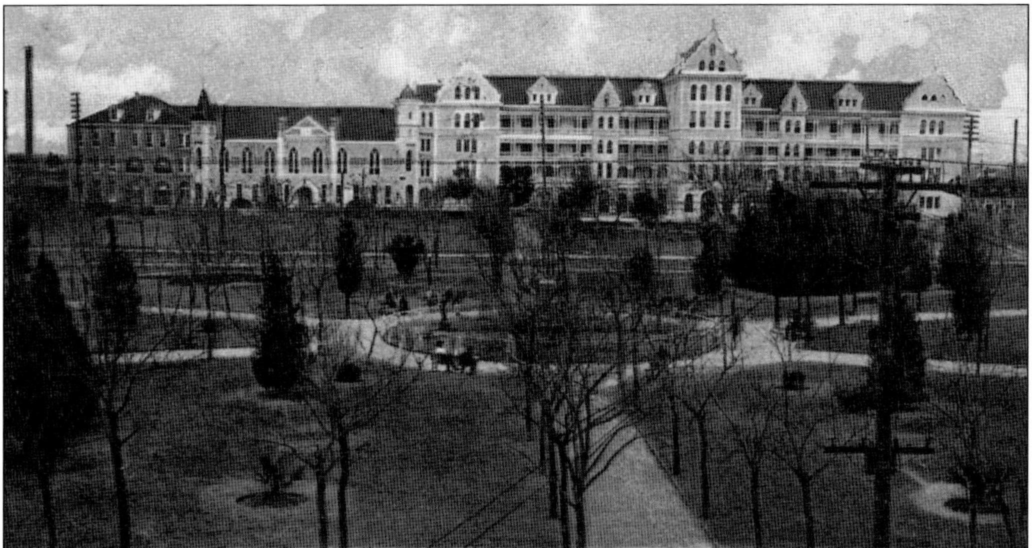

En 1930, la Enfermería de Santa Rosa cambió su nombre a Hospital de Santa Rosa. En 1935, fue el primer hospital con aire acondicionado en el estado de Texas. En 1959, Santa Rosa fue el primer hospital en el estado dedicado específicamente a atender las necesidades de los niños. Hoy en día, el Sistema de Salud CHRISTUS Santa Rosa sirve a los residentes de San Antonio y Sur Central de Texas. (Colección del autor.)

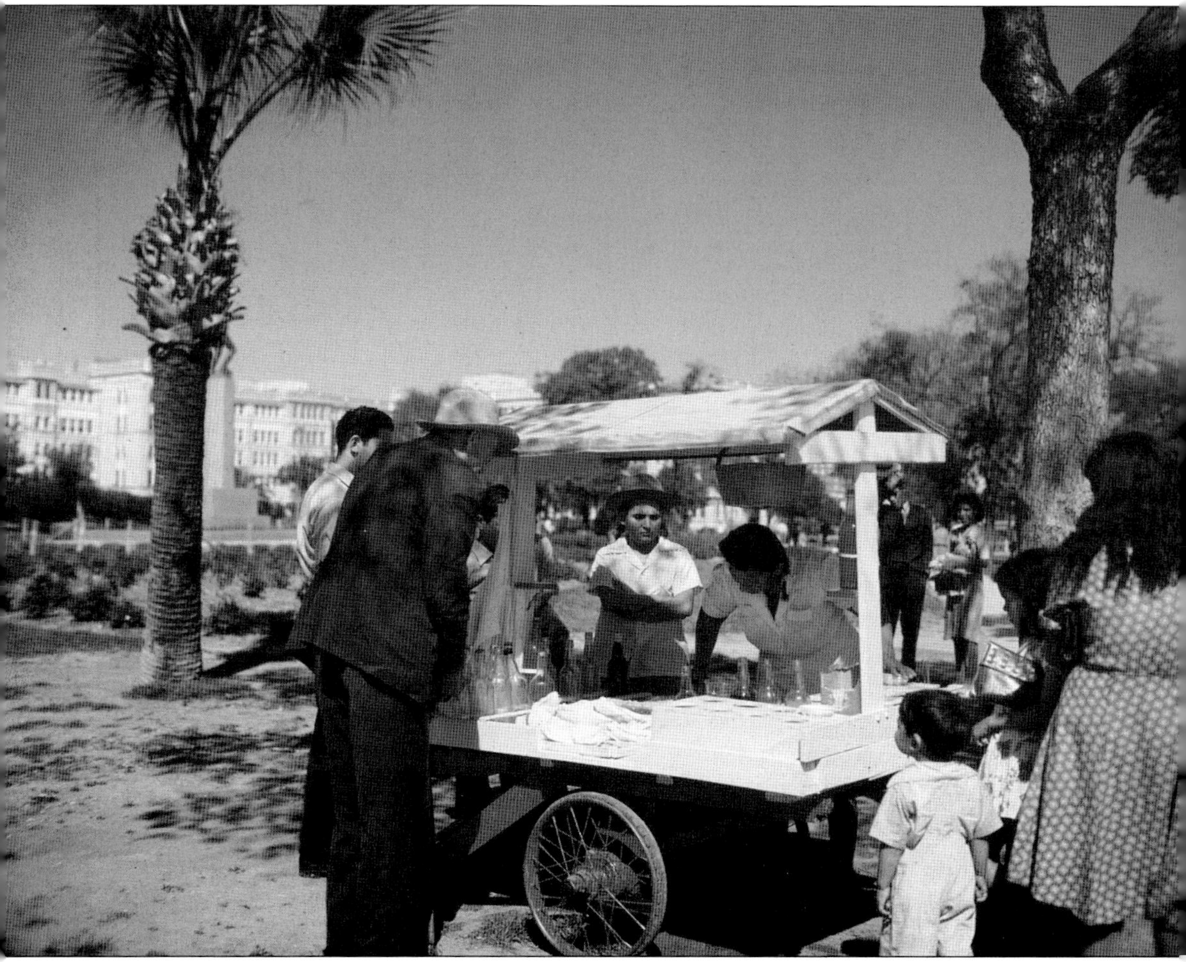

Este tipo de carrito portátil de vendedor, fotografiado en el Parque Milam en 1946, podía ser encontrado en los mercados y a través de la ciudad. En 1848, había dos cementerios planeados por el ayuntamiento de la ciudad en San Antonio en el área que luego sería la Enfermería de Santa Rosa y el Parque Milam. El cementerio católico, Campo Santo, se encontraba donde Santa Rosa sería construido en 1869, en la esquina sureste. El cementerio de la ciudad luego sería el Parque Milam. Para los 1850s, la ciudad estaba creciendo y los cementerios eran muy pequeños, muchos de los entierros se cambiaron a nuevos cementerios situados en el este y oeste de la ciudad. La tumba de Ben Milam, quien fue asesinado por un franco tirador cuando defendía San Antonio contra el ejército mexicano en 1835, se mantuvo en el cementerio. En 1883, hubo una oferta para remover los restos de Milam; sin embargo, el consejo de la ciudad la rechazó y en su lugar votaron por construir un parque en honor a Milam. (Cortesía de UTSA Colecciones Especiales–ITC, negativo MS389-27.)

El mirador en el Parque Milam fue diseñado por el arquitecto Salvado de Alba Martín y fue regalo para San Antonio de una ciudad hermana mexicana. El mural de mosaico de nueve pisos *Spirit of Healing* en el Hospital CHRISTUS Santa Rosa fue creado por Jesse Treviño y terminado en 1997. Treviño nació en Monterrey, México, y vino a la ciudad de San Antonio cuando era niño. (Fotografía de Al Rendón, cortesía de La Familia Cortez Restaurantes.)

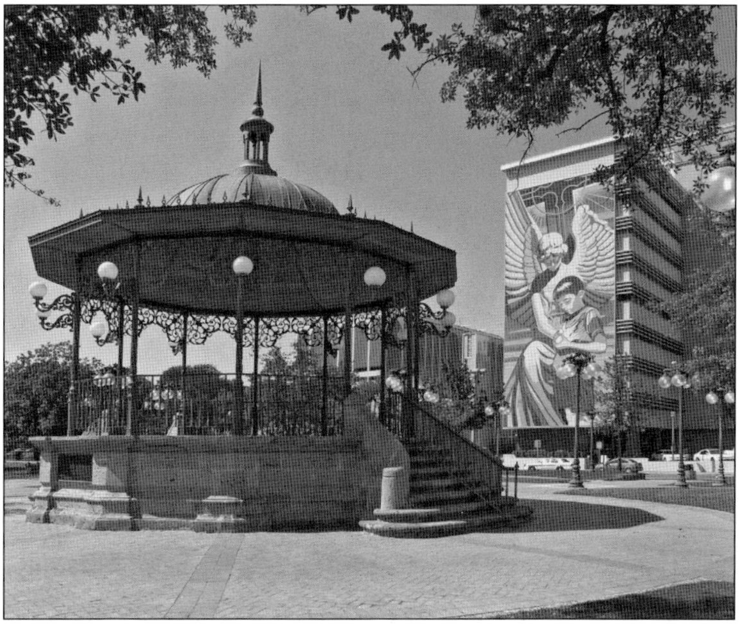

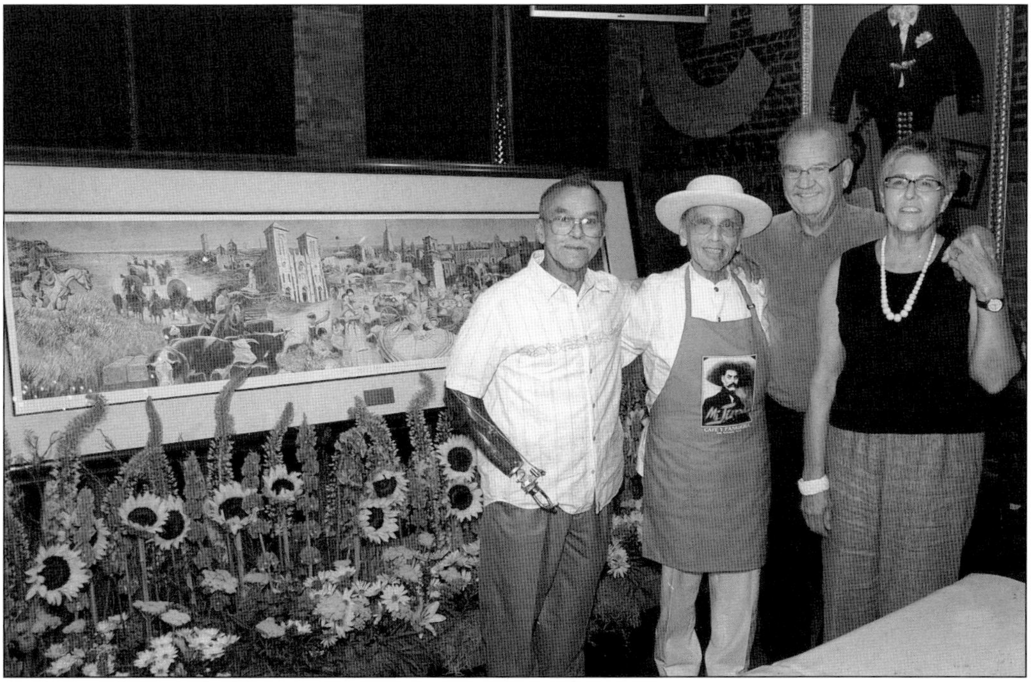

De izquierda a derecha están Jesse Treviño, Jorge Cortez, el exalcalde de San Antonio Phil Hardberger y su esposa, Linda, en el Mariachi Bar. A mediados de 1960s, Treviño estudió arte en la ciudad de Nueva York. En 1967, fue herido en Vietnam y perdió la mano derecha, él solo se enseñó a pintar con la mano izquierda y obtuvo una maestría. Se convirtió en el primer mexicoamericano en exhibir en el Museo de Arte Americano Smithsonian. (Fotografía de Al Rendón, cortesía de La Familia Cortez Restaurantes.)

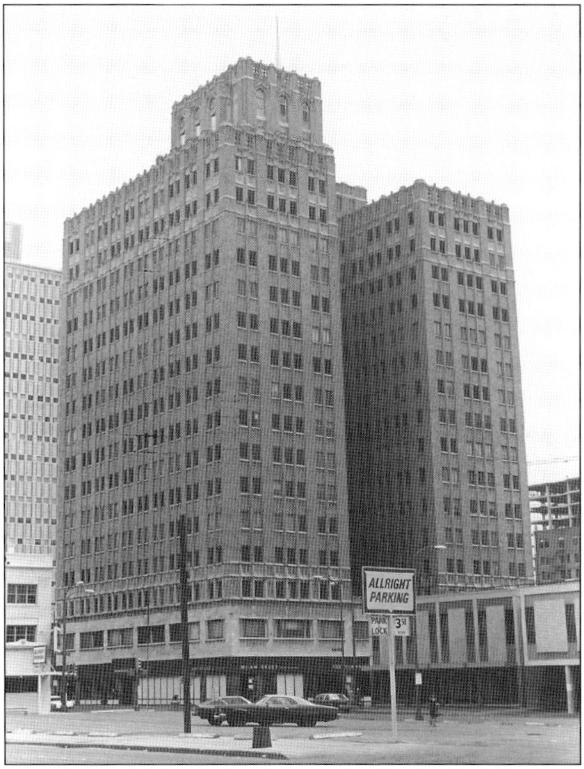

El edificio Milam, retratado en 1981, abrió en 1928 y fue nombrado en honor a Benjamín Milam, figura histórica en Texas. En los 1950s, los inquilinos Mobil, Shell, Exxon y la Comisión de Ferrocarril en Texas tenían su sede ahí. En 2014, el edificio Milam figuraba en el Registro Nacional de Lugares Históricos. En este edificio todavía ondea soló una bandera (la bandera de la estrella solitaria). (Cortesía de la Fundación Sociedad de Conservación de San Antonio.)

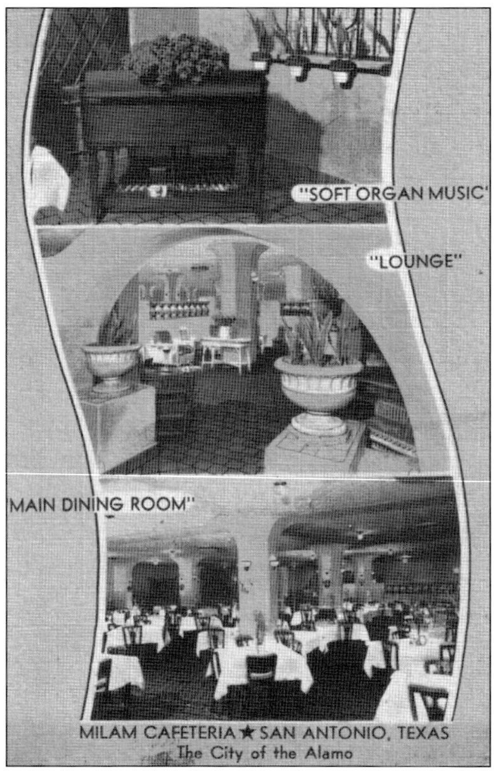

En 1930, había dos cafeterías Milam, una estaba en el edificio Milam y la otra en el edificio central en East Houston. Las cafeterías destacaban la comida sureña y música. La cafetería en el edificio Milam anunciaba que su salón estaba abierto a los huéspedes con sillones para descansar y leer. En la ubicación del edificio central, el entrepiso y el primer piso mostraban murales de Texas y de las misiones en San Antonio. (Colección del autor.)

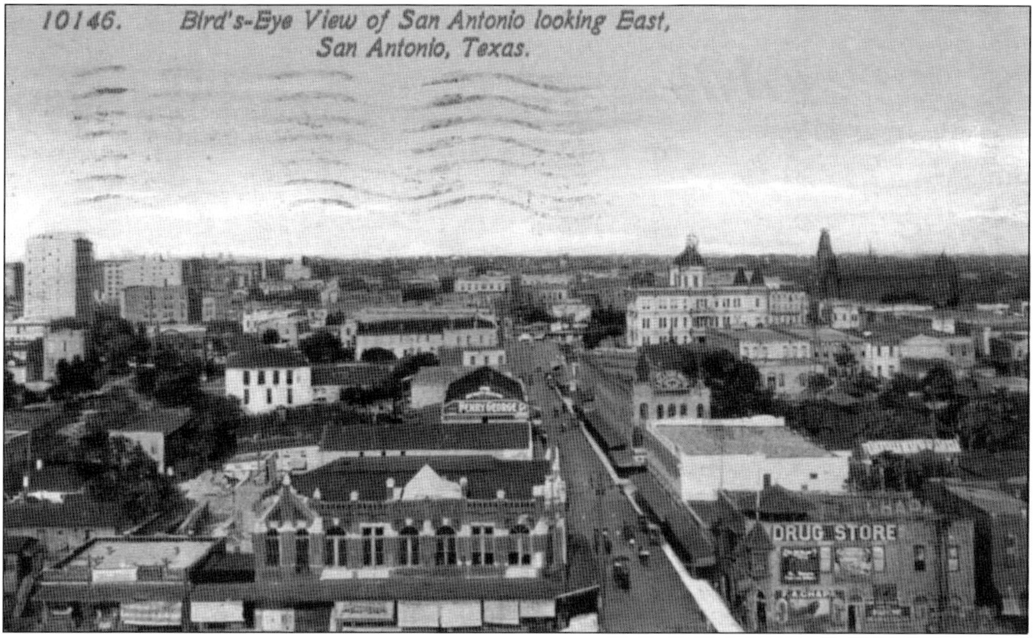

En esta tarjeta cerca de 1914, la farmacia de Francisco A. Chapa está a la derecha. Chapa, nacido en México, inmigró a Nueva Orleans para estudiar farmacología en la Universidad de Tulane. En 1890 estableció Chapa's Drug Company en San Antonio y en 1894, fundó Lion Drugstore. La Biblioteca de la Universidad de Texas en San Antonio alberga los escritos familiares de Francisco A. Chapa, 1821–2011. (Cortesía de la División Texana, Bibliotecas Públicas de San Antonio, colección de postales.)

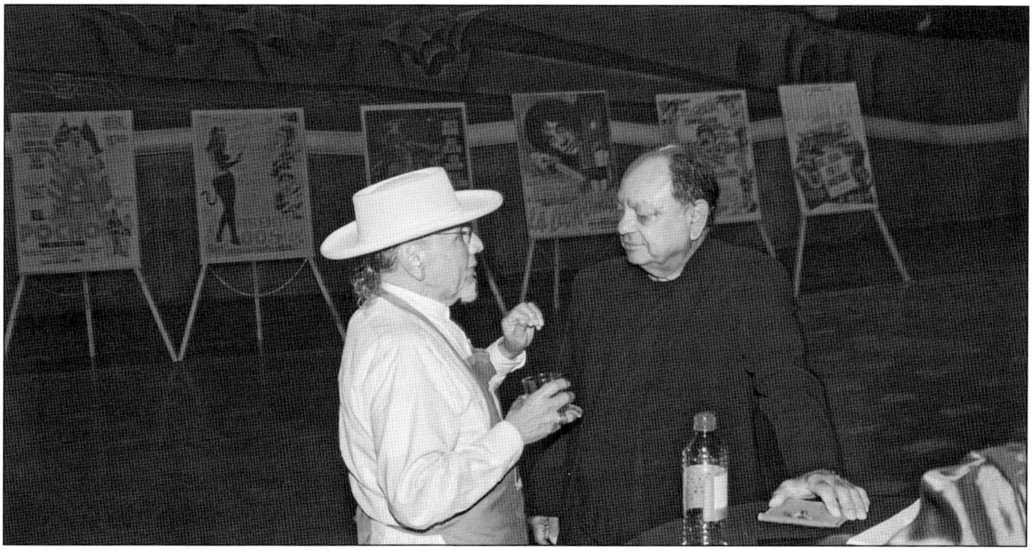

Jorge Cortez (izquierda) y Cheech Marin aparecen en el Teatro Alameda, diseñado en 1947 y terminado en 1949. Están discutiendo lo que alguna vez fue el teatro más grande de las películas de habla hispana y vaudeville en el país. Pedro Infante, Vicente Fernández, María Félix y Cantinflas estuvieron entre los artistas que actuaron aquí. La fachada de enfrente se restauró en 2000 con restauraciones posteriores en 2014. (Fotografía de Al Rendón, cortesía de La Familia Cortez Restaurantes.)

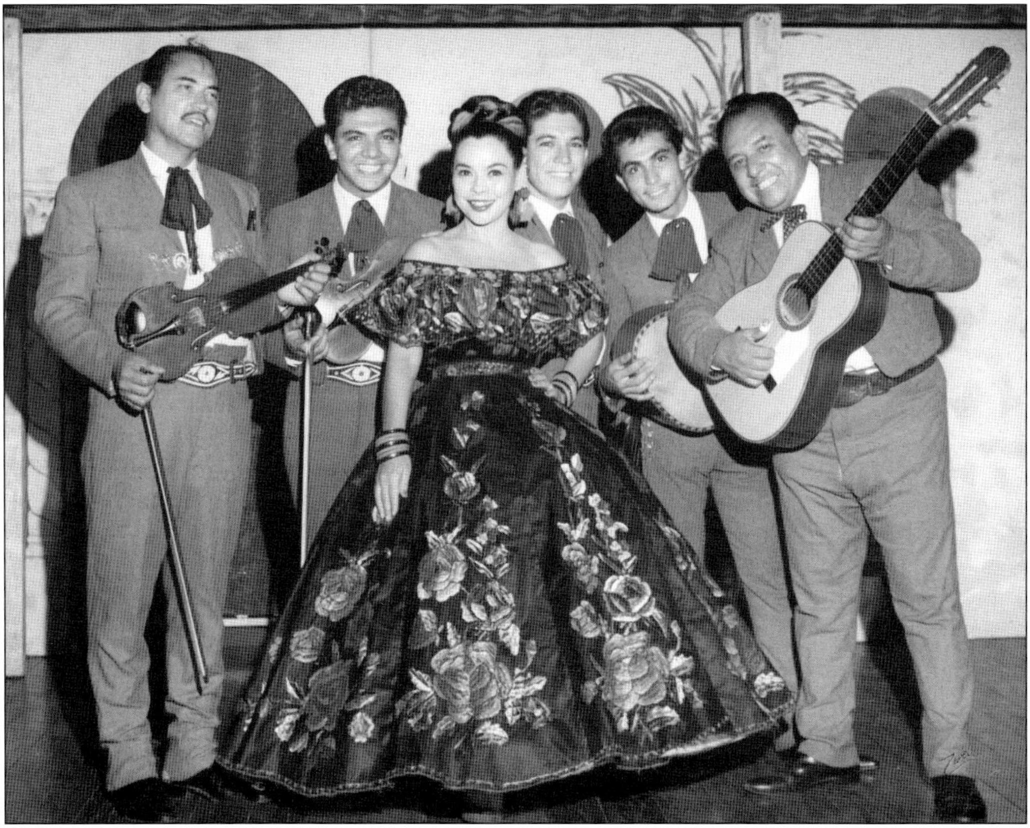

La actriz y cantante Rosita Fernández se presentó en el Teatro Alameda. En esta fotografía, tomada a finales de 1960s, vemos a Fernández con el mariachi Chapultepec. Los mariachis son, de izquierda a derecha, Ben Valdez, hermanos Alfonso, Arturo y Alberto López y José Mórate. En 1970, los hermanos López murieron en un incendio en Chicago. Cuando sus cuerpos fueron traídos a San Antonio, una multitud de 300 personas saludaron a sus viudas. (Cortesía de Beatriz Llamas.)

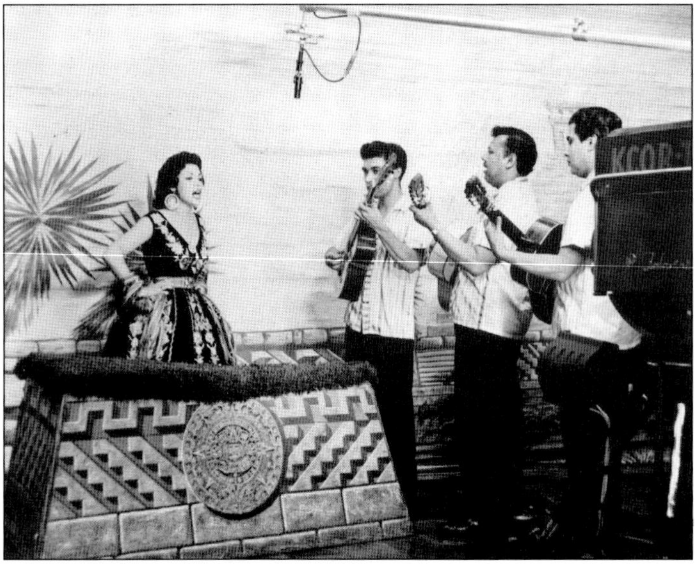

Beatriz Llamas, retratada en 1960s, canta para una audiencia de televisión-radio de KCOR que se localizaba en el Teatro Alameda. Los músicos son, de izquierda a derecha, Seferino Solís, Chico Mireles y uno no identificado. Llamas estaba casada con Arturo López del mariachi Chapultepec. En 1969, actuaron juntos en la Plaza de la Hemisferia. Llamas, conocida como la Paloma del Norte, todavía canta con las Tesoros de San Antonio. (Cortesía de Beatriz Llamas.)

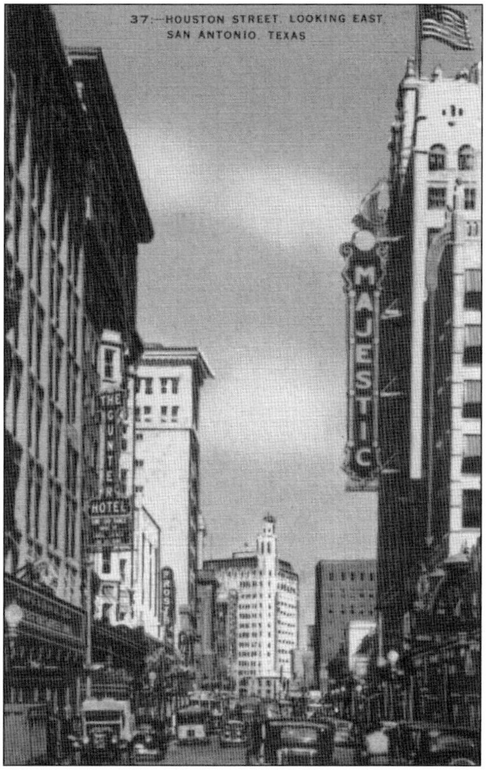

Cuando el Teatro Majestic fue construido en 1929, fue el segundo teatro más grande del país. El Majestic presentaba películas y entretenimiento de vaudeville, cerró en 1974. En los 1980s y 1990s con fondos recolectados por el grupo sin fines de lucro Fundación las Casas el teatro pasó por grandes renovaciones. Hoy, estas instalaciones de artes escénicas son un sitio histórico nacional con 2,264 asientos. (Colección del autor.)

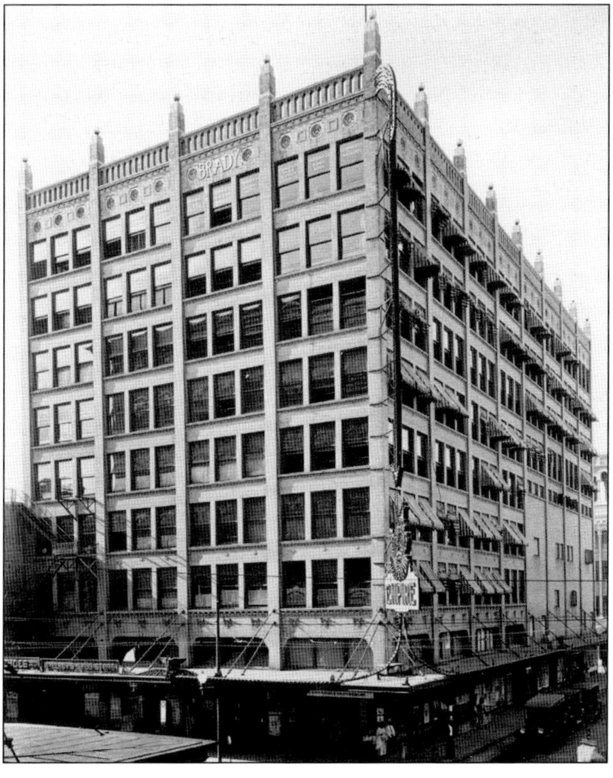

El Teatro Charline McCombs Empire fue construido en 1913 como una casa de vaudeville y cine. En los 1920s, el Empire exhibía películas mudas con Lon Chaney y Charlie Chaplin; después de años de decaimiento, cerró en 1978 y reabrió en 1998 después de una gran renovación hecha posible con fondos recolectados por la Fundación las Casas. (Cortesía de la División Texana, Bibliotecas Públicas de San Antonio.)

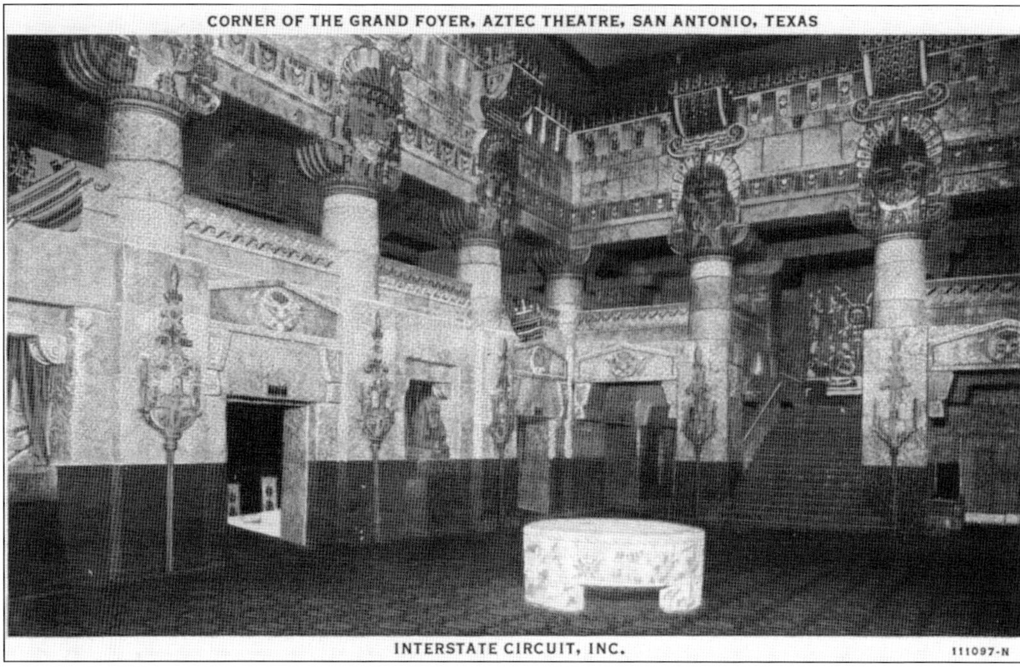

El Teatro Azteca, construido en 1926, fue diseñado a partir de dibujos de ruinas mayas, aztecas y toltecas de México. En el vestíbulo la diosa de la luna azteca se replicó en las columnas y una réplica de la piedra de sacrificio azteca estaba en el centro. En los 1930s, había un restaurante en el teatro conocido como The Old South Café. La Sociedad de Conservación de San Antonio compró el teatro en 1988 y fue renovado en el 2007. (Colección del autor.)

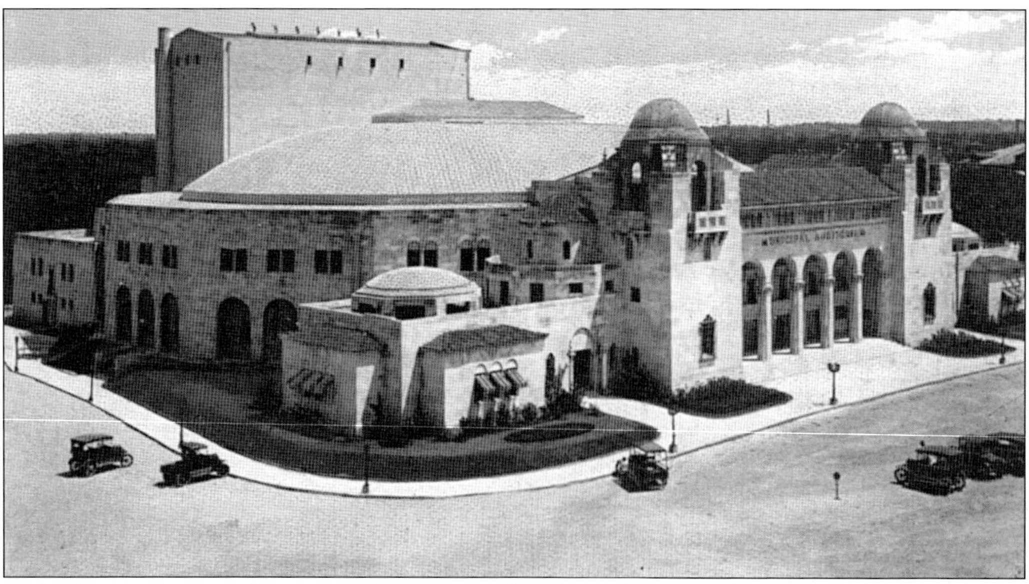

El Auditorio Municipal, construido en 1926, fue diseñado por Atlee Ayers y dedicado como monumento a la Primera Guerra Mundial, fue sede de una variedad de eventos. En 1979 cerró después que un incendio destruyó la mayoría del interior del edificio, fue renovado y reabierto en 1986. En 2015, después de que la mayoría del edificio original fue demolida, el Centro Tobin de la Bellas Artes abrió sus puertas. (Colección del autor.)

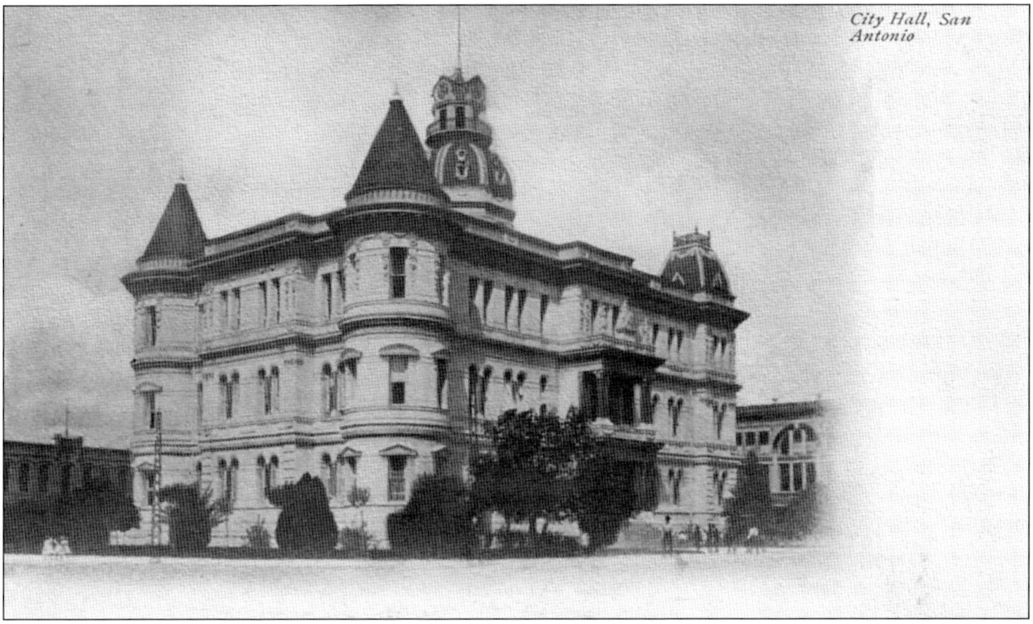

El Ayuntamiento en la Plaza Militar fue terminado en 1891. En 1927, las torres en las esquinas se eliminaron y detalles arquitectónicos cambiados para dar paso al cuarto piso. El reloj en la parte superior de la cúpula estaba dañado y tuvo que ser desechado. Como San Antonio creció, departamentos de la ciudad fueron reubicados a otros edificios. Las oficinas del alcalde y el consejo de la ciudad todavía se encuentran ahí. (Colección del autor.)

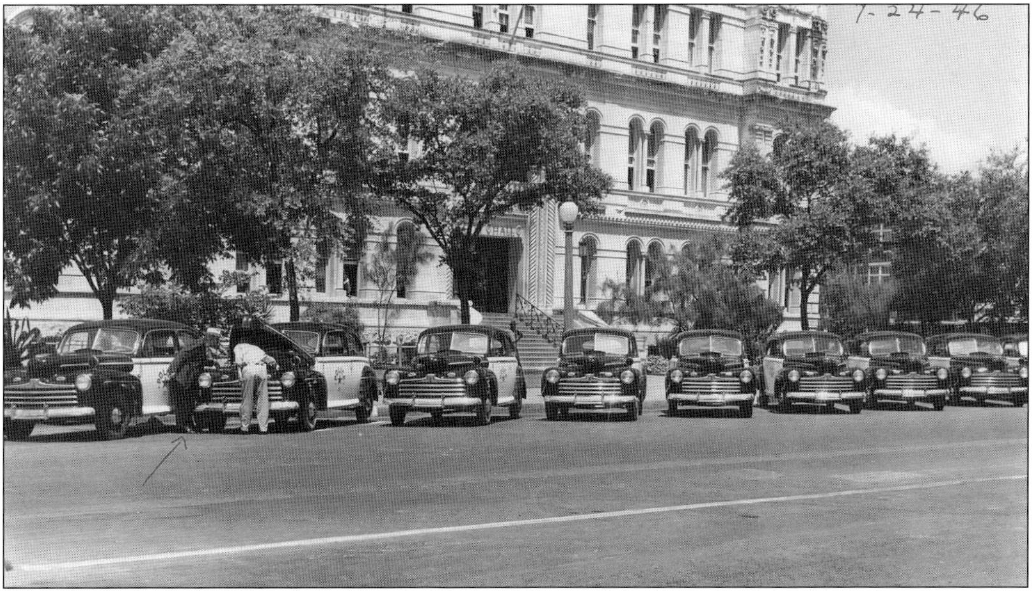

En los 1940s, los Departamentos de Parquímetros y de Pesas y Medidas estaban en el sótano del Ayuntamiento; todas las oficinas del primer piso tenían que ver con los impuestos. La oficina del alcalde estaba en el segundo piso con otras oficinas para oficiales de la ciudad. Las cámaras del consejo y los comisionados de policía y bomberos estaban en el tercer piso. Las oficinas del cuarto piso fueron usadas para los departamentos de construcción. (Cortesía de la Fundación de Sociedad de Conservación de San Antonio.)

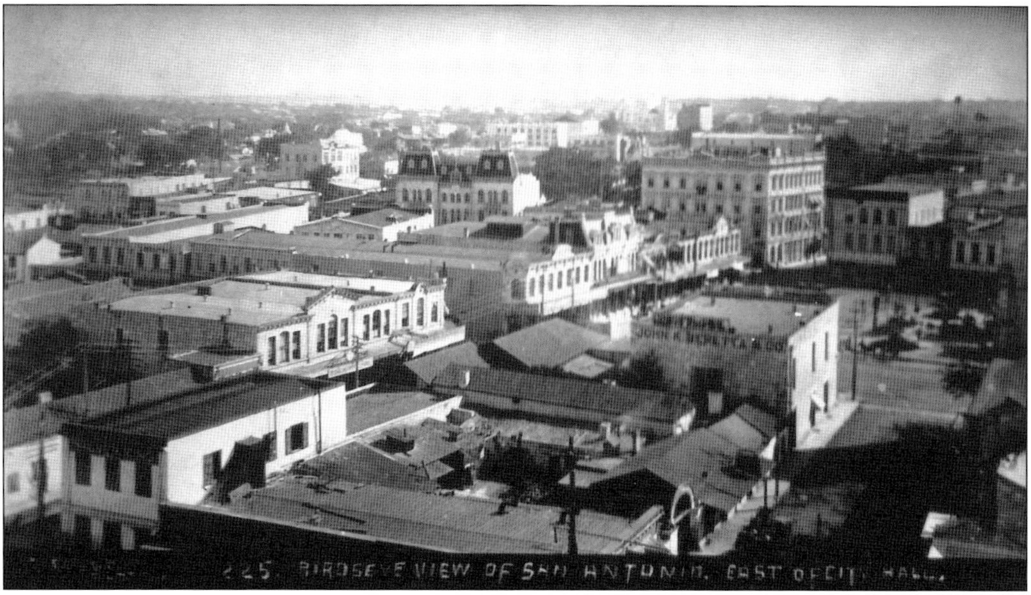

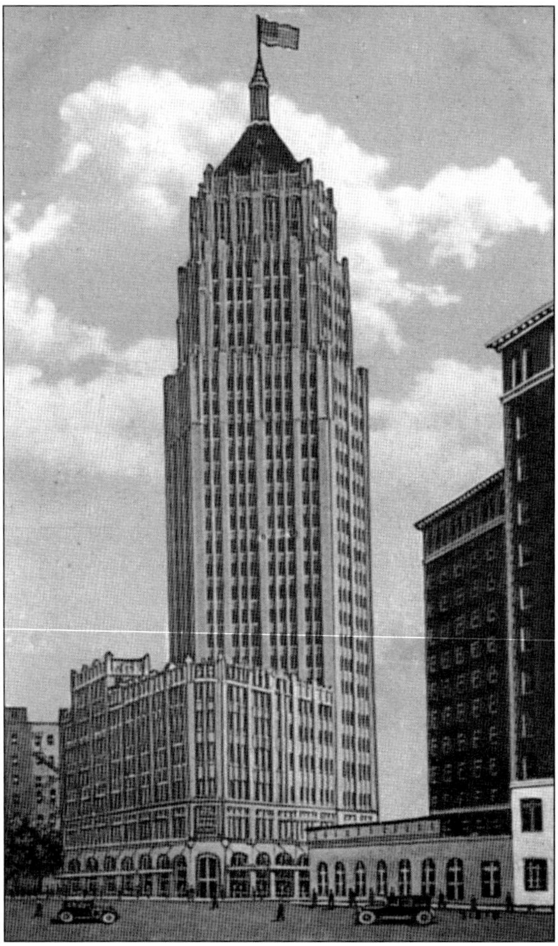

Esta fotografía tomada entre 1886 y 1893, da un vistazo a la Plaza Principal, visible en la parte central derecha. En 1891, John K. Beretta & Company se estableció en Plaza Main 7–9. El socio de Beretta fue Thomas Claiborne Frost, el fundador del Banco Frost. Más tarde Beretta se convirtió en presidente del Banco del Comercio Nacional. (Cortesía de la Fundación de la Sociedad de Conservación, Colección Raba.)

Cuando la torre Smith-Young abrió en 1929, era el único edificio de oficinas con una torre octagonal en los Estados Unidos. La torre Life Building, como es conocida ahora, fue diseñada por los arquitectos Atlee B. y Robert Ayers. Había un túnel debajo de la calle St. Mary que conectaba el edificio con el Hotel Plaza. Una tienda Sears, Roebuck & Company ocupaba los primeros seis pisos. (Colección del autor.)

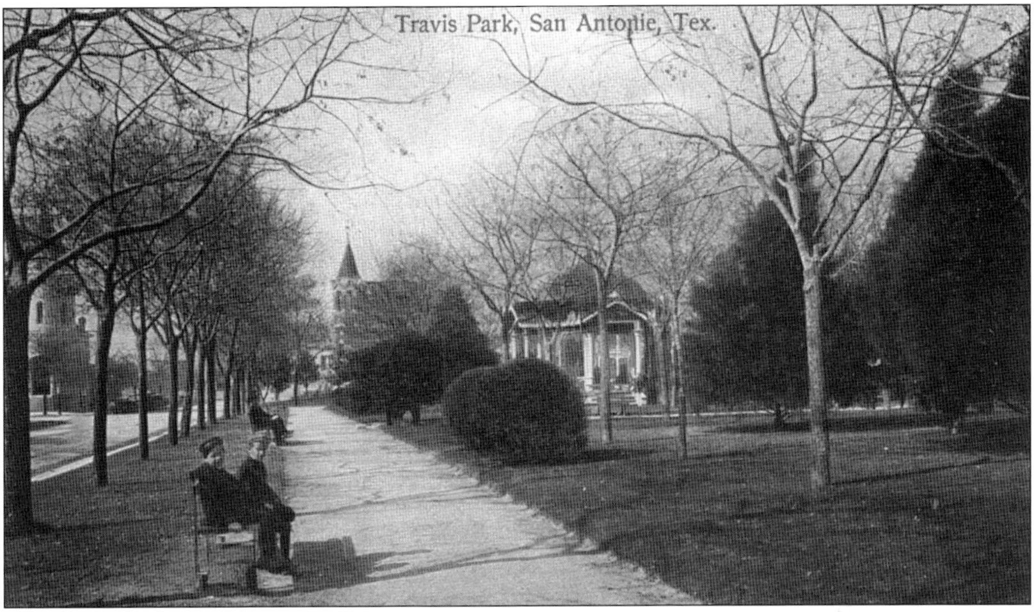

El Parque Travis se estableció en 1870 y es el segundo más antiguo de una ciudad en los Estados Unidos. Samuel Maverick donó lo que solía ser una huerta para el parque. Esta tarjeta postal, fue impresa al mismo tiempo que el Hotel St. Anthony abrió al cruzar la calle. La iglesia a la izquierda es la iglesia Metodista Unida del Parque Travis terminada en 1886. (Colección del autor.)

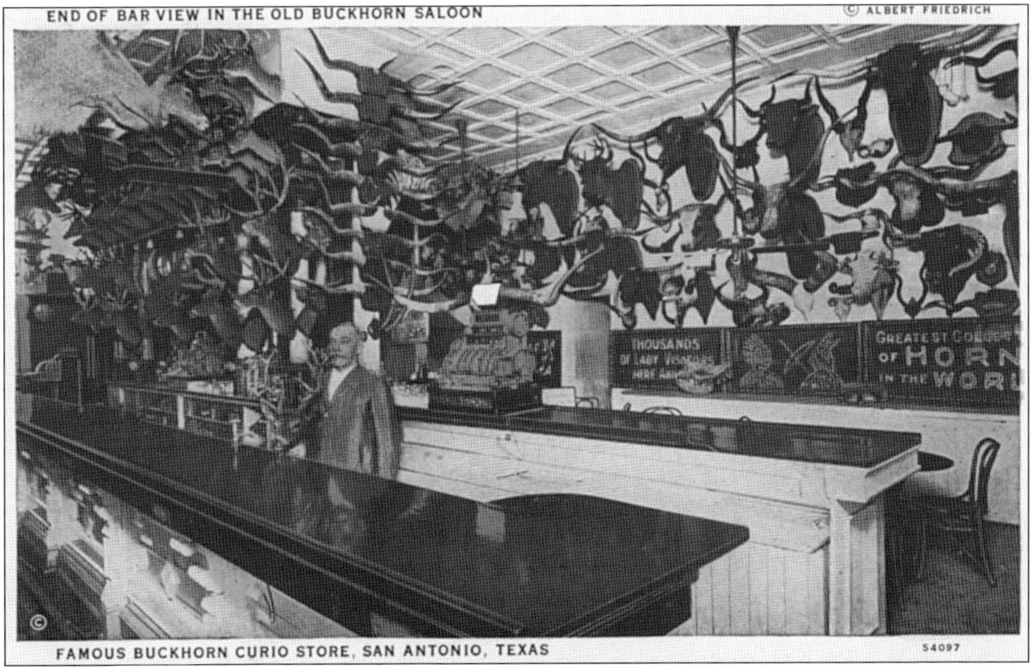

Albert Friedrich, fotografiado alrededor de 1910, fue el fundador del Salón Buckhorn y la tienda de curiosidades Friedrich; abrió el Salón Buckhorn en Plaza Main en 1881 cuando tenía 17 años. Él había estado trabajando al cruzar la calle en el Hotel Southern como cantinero y botones. Friedrich pronto se dio cuenta que los viajeros no tenían mucho dinero y por eso empezó a aceptar cuernos y astas como pago por cerveza o whiskey. (Colección del autor.)

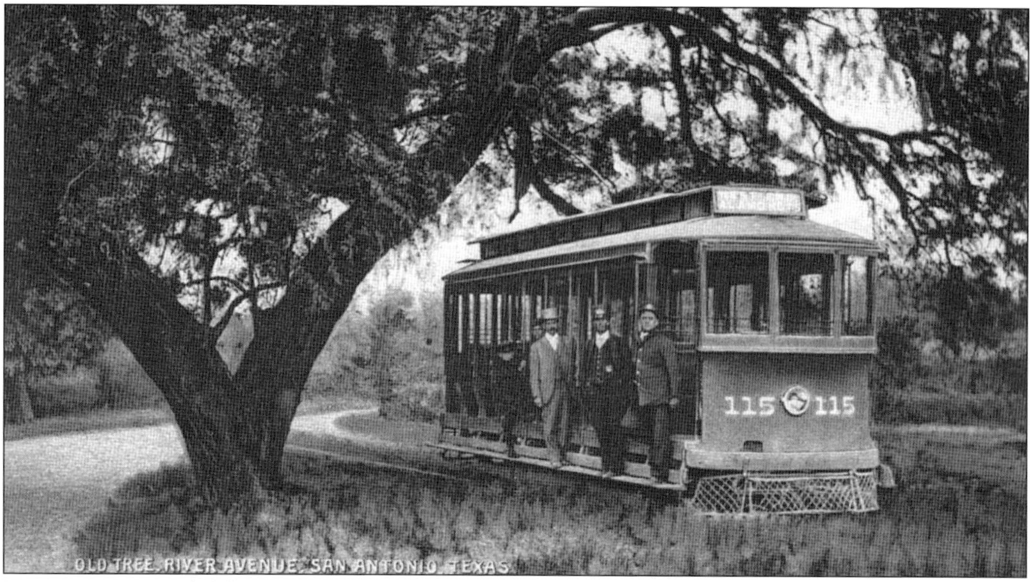

Esta tarjeta postal del tranvía enviada en 1909 de San Antonio a Nueva York, lee: "La avenida del Río es la puerta de entrada al Parque Brackenridge," continúa diciendo que la localización está a la cabeza del Río San Antonio, cerca de la villa Brackenridge y el club de campo. Se estimaba que el roble tenía de 150 a 200 años. (Colección del autor.)

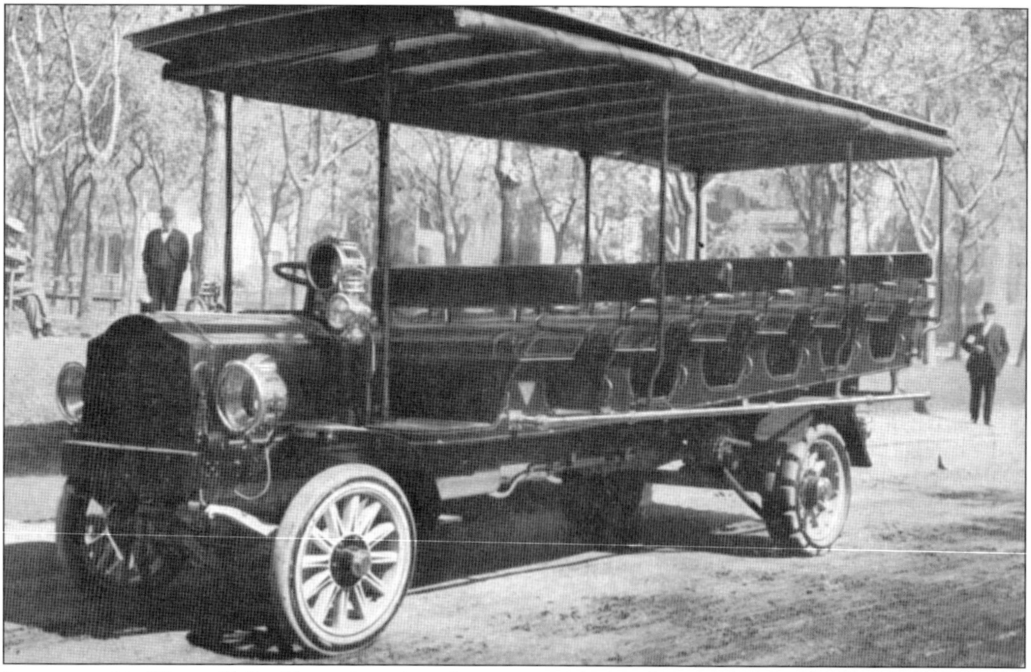

La compañía Texas Tally Ho usó coches de turismo Packard para llevar a los turistas a lugares de interés que incluían las misiones españolas, un huerto de peras y una arboleda de nueces, la taberna White House, una villa mexicana, el molino de lana de Berg, un manicomio, los jardines de Schuermeyer, pozos de sulfuro caliente y una granja de avestruces. Un anuncio del *San Antonio Daily News* del 4 de septiembre, 1910, ubicaba a la compañía en la avenida San Pedro 922–924. (Colección del autor.)

Cuatro

El Mercado

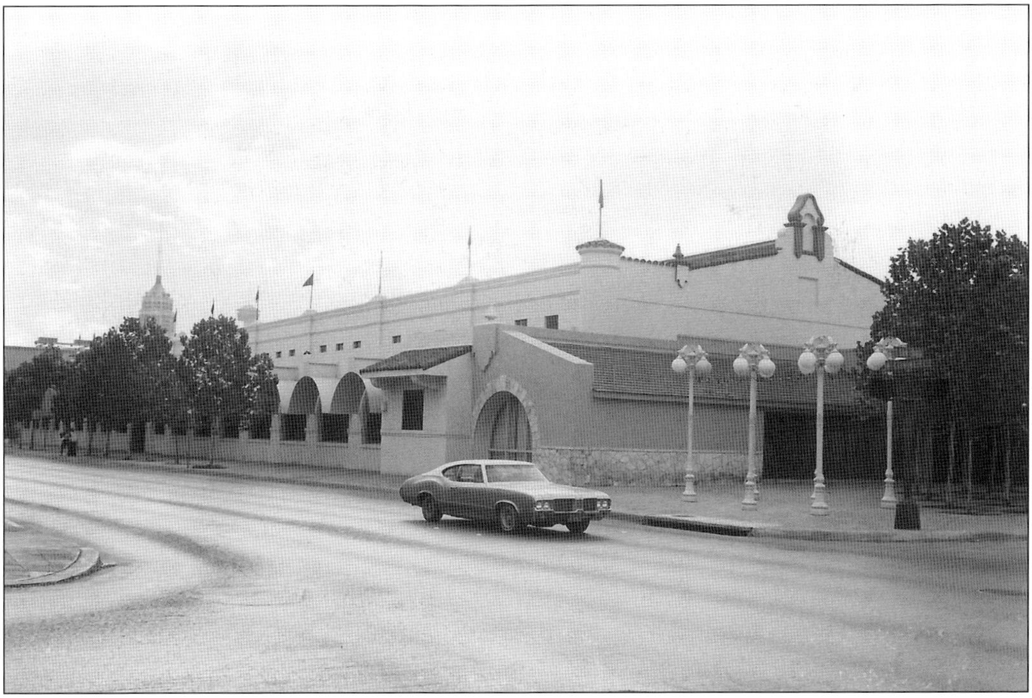

El Mercado es el antiguo edificio de la Casa Municipal del Mercado. Esta fotografía tomada a principios de 1980s fue parte de la encuesta de recursos del centro de San Antonio; antes de la renovación del 1976, los vendedores podían entrar al edificio con sus camiones en la entrada de la calle San Saba y vender sus productos directamente desde ellos. Las frutas y verduras fueron reemplazadas por curiosidades atractivas para los turistas. (Cortesía de la Fundación de la Sociedad Conservación de San Antonio.)

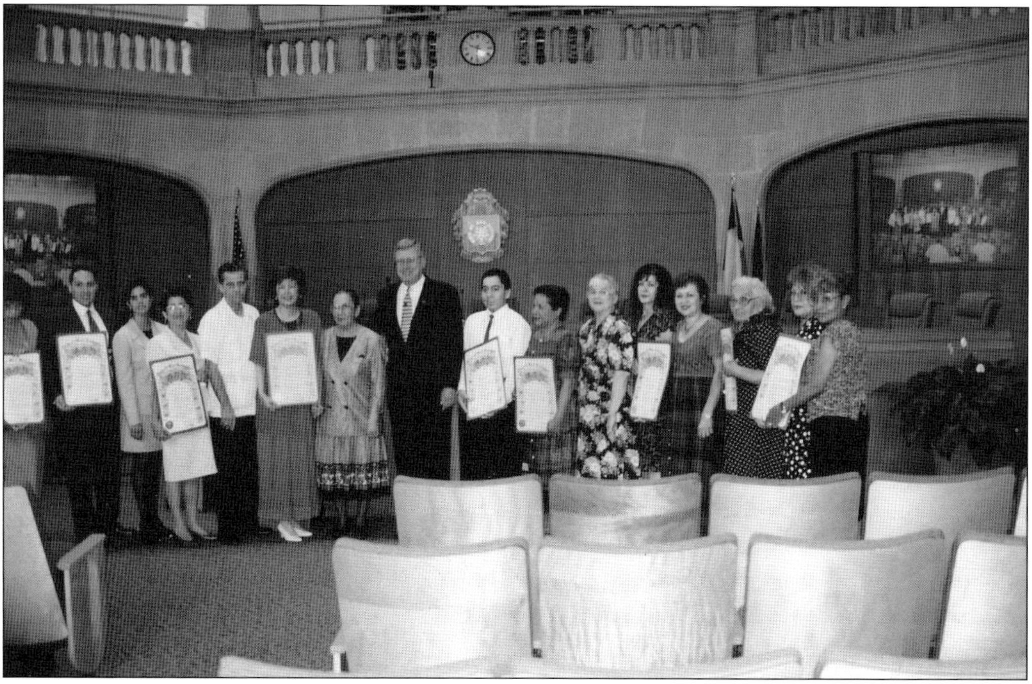

La Ciudad de San Antonio emitió una proclamación que designaba del 30 de agosto al 30 de septiembre de 1996 como el mes de El Mercado. El alcalde William E. Thornton honró a las familias que tenían negocios que databan de 1976 y antes. Las familias honradas fueron Cortez, Douglas, Garza, Herrejón, Larios, Mares, Perales, San Miguel, Reyes, Valdivia y Villareal. (Cortesía de Mary Perales Valdez.)

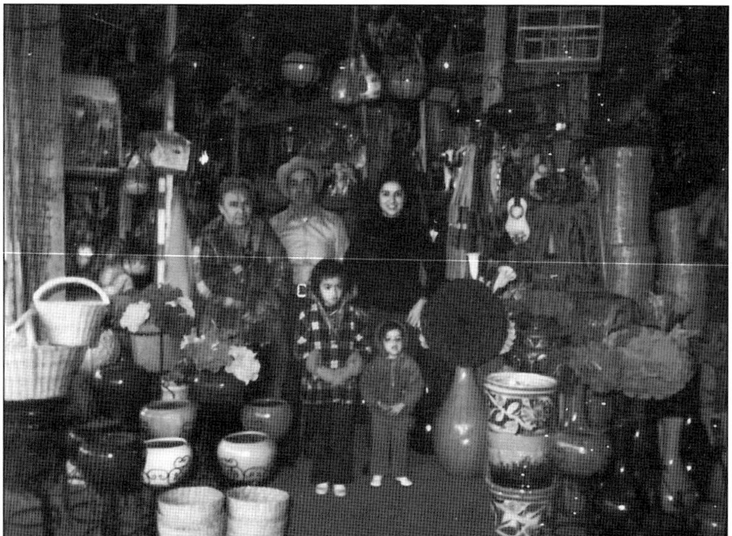

En 1917, a la edad de 14 años, Felipe Perales inmigró a los Estados Unidos de México se estableció en Pharr, Texas. En octubre de 1951, se cambió con su esposa y tres hijas a San Antonio y se fue directamente a vender sandias y verduras en la Plaza del Mercado Washington. Felipe y Elena Perales (a la izquierda) cambiaron sus mercancías a la Plaza del Mercado de Zacate en 1969. (Cortesía de Mary Perales Valdez.)

En 1976, con la renovación terminada, Felipe y Elena Perales cambiaron Perales Mexican Imports a la Plaza del Mercado. La remodelación del edificio de El Mercado incluyó calefacción y aire acondicionado, una mejora agradable del mercado al aire libre en el que habían iniciado su negocio en 1952. Elena murió en 2001 a los 87 años de edad; Felipe murió al año siguiente a los 96 años de edad. (Cortesía de Mary Perales Valdez.)

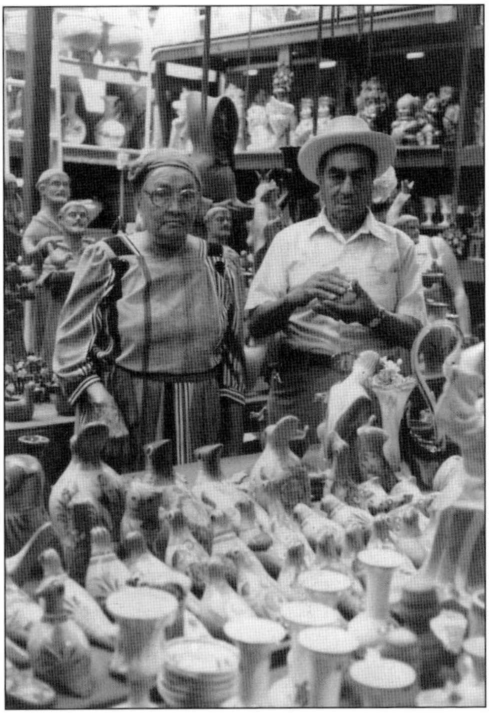

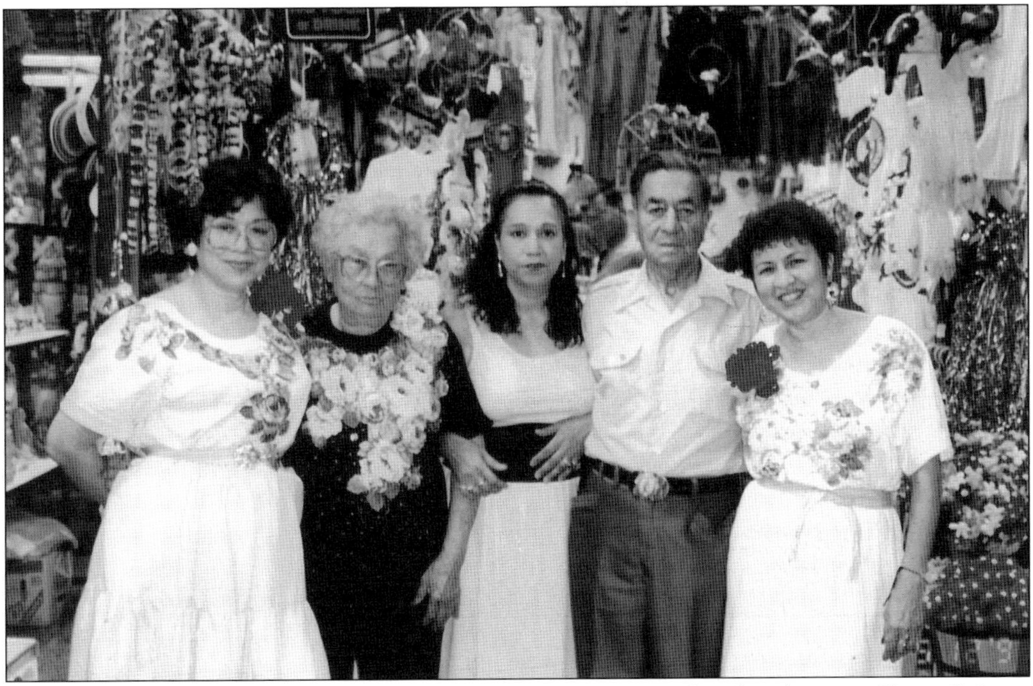

Felipe, Elena y sus tres hijas se representan en la tienda; de izquierda a derecha están Flavia Galván, Elena Perales, Elva Anthony, Felipe Perales y Mary Valdez. La ropa y recuerdos que cuelgan en estantes al fondo nos dan una idea de cómo el negocio había evolucionado de ser originalmente un puesto de frutas. El negocio está actualmente dirigido por Mary Valdez y su esposo Rudy. (Cortesía de Mary Perales Valdez.)

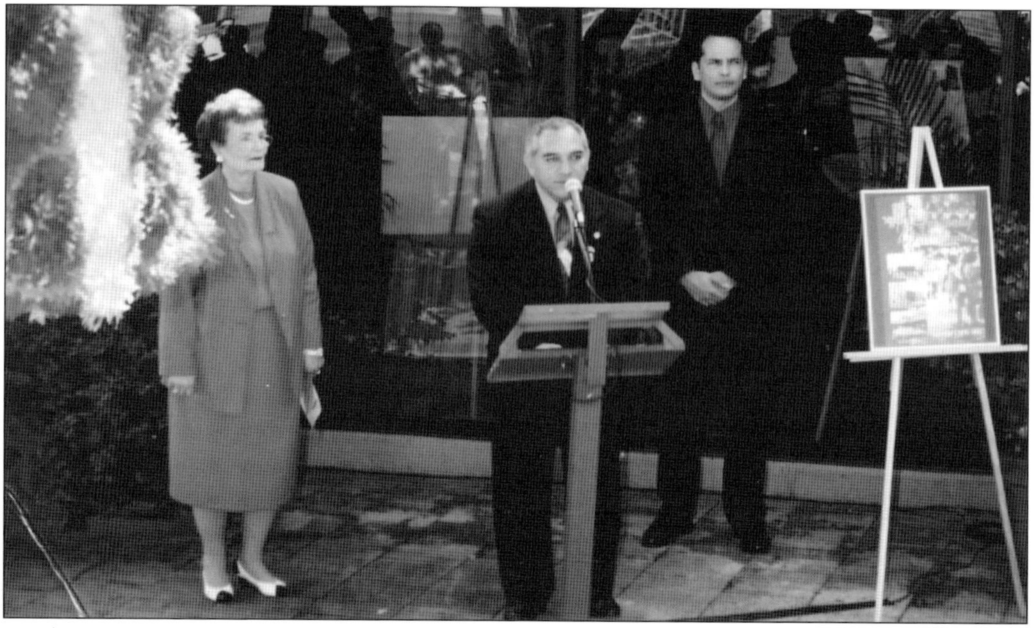

La Plaza del Mercado celebró el 25º aniversario de su renovación en 2001. En esta fotografía Jaime Herrejón se dirige a la audiencia. Lila Corkrell, exalcaldesa de San Antonio, está a la izquierda, y a la derecha está el alcalde Edward D. Garza. En 1996, la familia Herrejón, de Little México Imports, fue honrada en una proclamación de la ciudad que celebraba el 20º aniversario de la renovación de la Plaza del Mercado. (Cortesía de la familia Herrejón.)

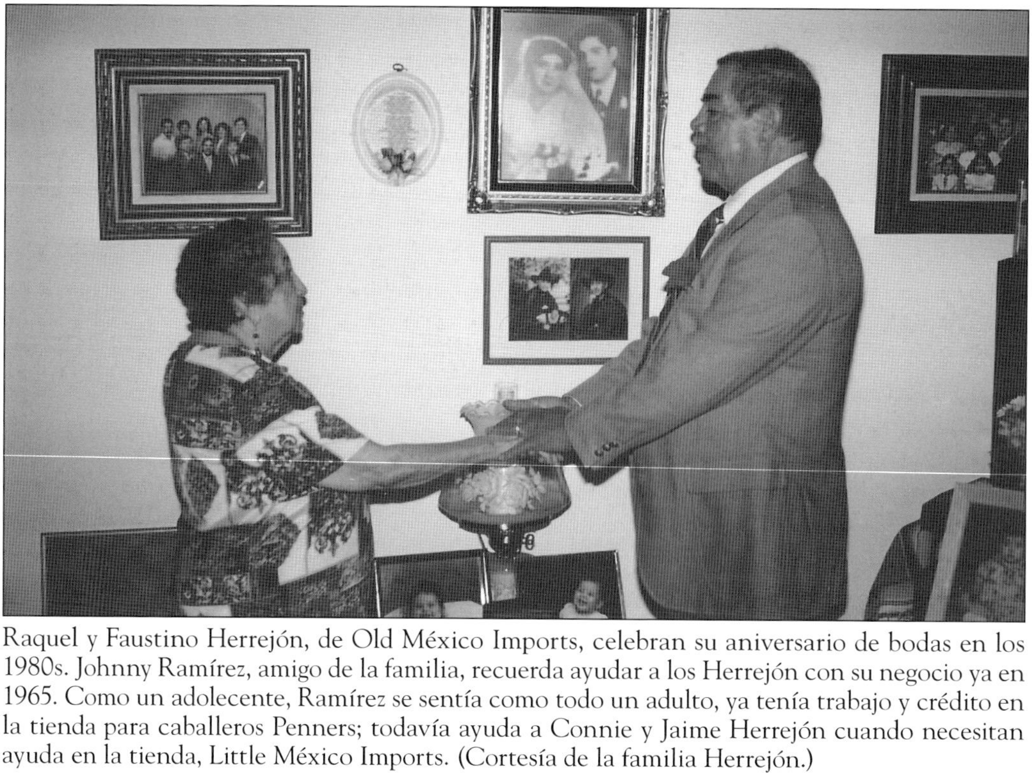

Raquel y Faustino Herrejón, de Old México Imports, celebran su aniversario de bodas en los 1980s. Johnny Ramírez, amigo de la familia, recuerda ayudar a los Herrejón con su negocio ya en 1965. Como un adolecente, Ramírez se sentía como todo un adulto, ya tenía trabajo y crédito en la tienda para caballeros Penners; todavía ayuda a Connie y Jaime Herrejón cuando necesitan ayuda en la tienda, Little México Imports. (Cortesía de la familia Herrejón.)

Faustino Herrejón negocia piñatas mexicanas en Old México Imports en 1975. Raquel y Faustino eventualmente manejarían el negocio juntos, pero, fue Raquel quien oficialmente lo empezó en 1962, vendiendo alimentos en la antigua Plaza del Mercado de Zacate. Mientras Faustino trabajaba en la Base Militar Kelly, su esposa solicitó y consiguió el permiso para establecer la tienda. Raquel murió en 2001 y Faustino en 2005. (Cortesía de la familia Herrejón.)

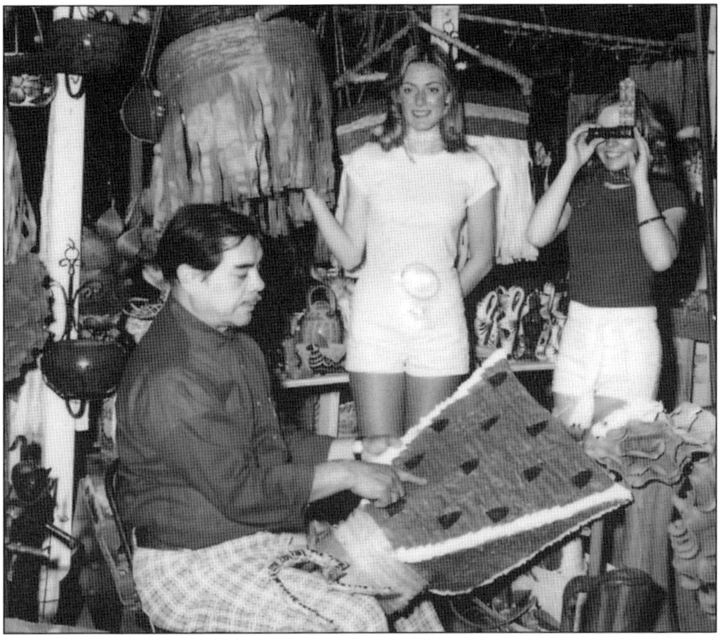

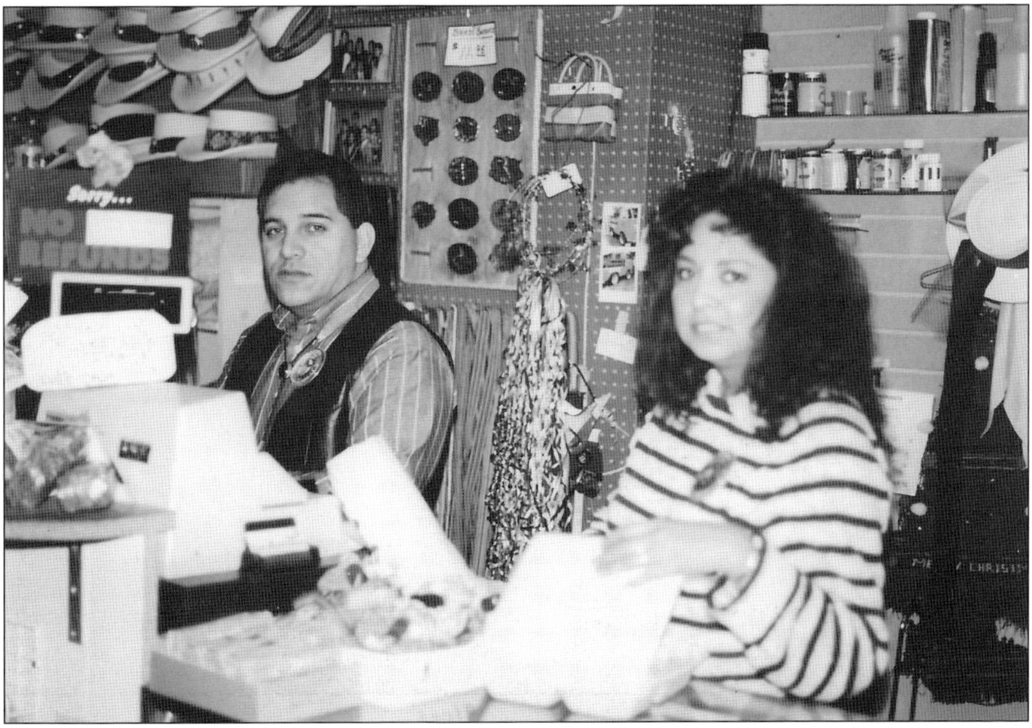

La segunda generación de Old México Imports evolucionó en dos negocios separados, ambos ubicados en el Mercado. Representados están Jaime y Connie Herrejón, dueños de Little México Imports. Michael es dueño de Old México Imports; otro hermano y su esposa, Carlos y Rhonda, fueron socios de Little México Imports. Muchos de los negocios en la Plaza del Mercado son administrados por miembros de la familia de la segunda y tercera generación. (Cortesía de la familia Herrejón.)

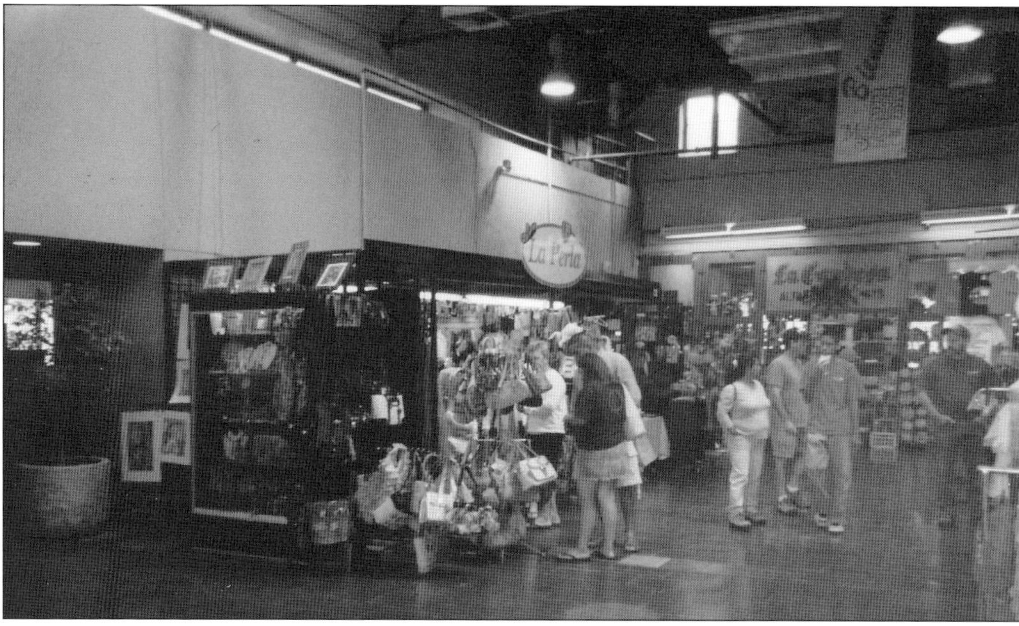

En el momento en que esta fotografía fue tomada en los 1990s, La Condesa Alfareria Imports era propiedad de la familia Valdivia. Los Valdivia fueron honrados en 1996, como uno de los negocios originales de antes de la renovación de la Plaza del Mercado en 1976. En 2015 un representante de la familia, Randy Gallegos, anunció que la tienda estaba a la venta; en 2017 el nuevo dueño, Roberto Delgado, le cambió el nombre a Maya Imports. (Cortesía de Alice y Phillip León.)

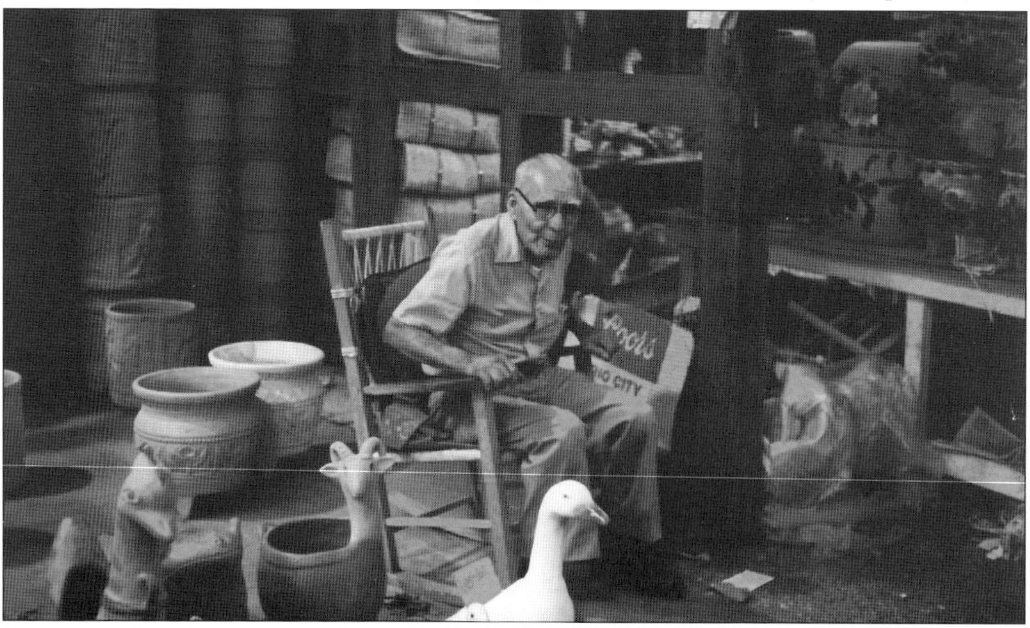

Ruperto Valdivia fundó La Condesa Alfareria Imports en 1934. Valdivia tenia profundas raíces en el área. En 1922 su residencia se establecía en la parte trasera de la calle South Laredo 400; en la misma dirección se encontraban Crescencio, Jesús y Jesusa Valdivia. En el directorio de la ciudad de 1977, Ruperto aparecía como un distribuidor de alimentos, siguió dirigiendo la tienda hasta su muerte y después la cuarta generación continuó el negocio. (Cortesía de Mary Perales Valdez.)

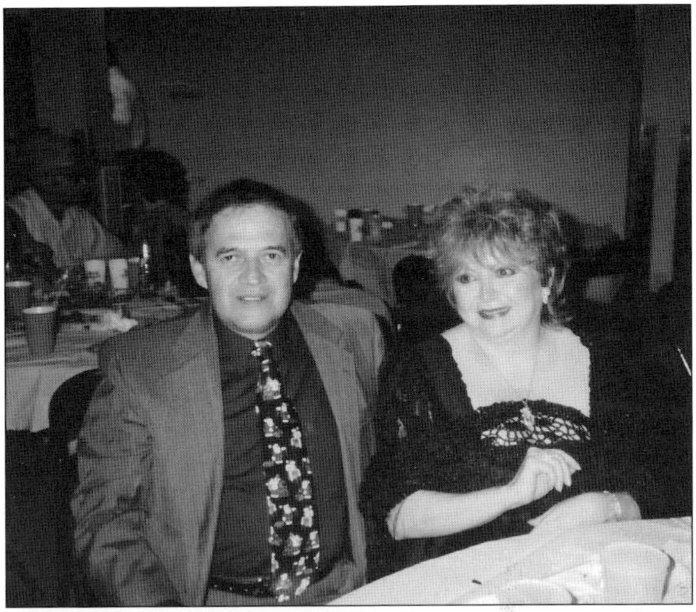

Álvaro y Carmen Munevar de La Boutique International están en la fiesta de Navidad de la Plaza del Mercado en los 1990s. Álvaro Munevar es uno de los comerciantes originales de El Mercado; su hija Gabriella Albright creció en el negocio y ayudaba a sus padres a vender mientras iba a la secundaria. Hoy, con la ayuda de su padre, Gabriella maneja el negocio. (Cortesía de la familia Munevar.)

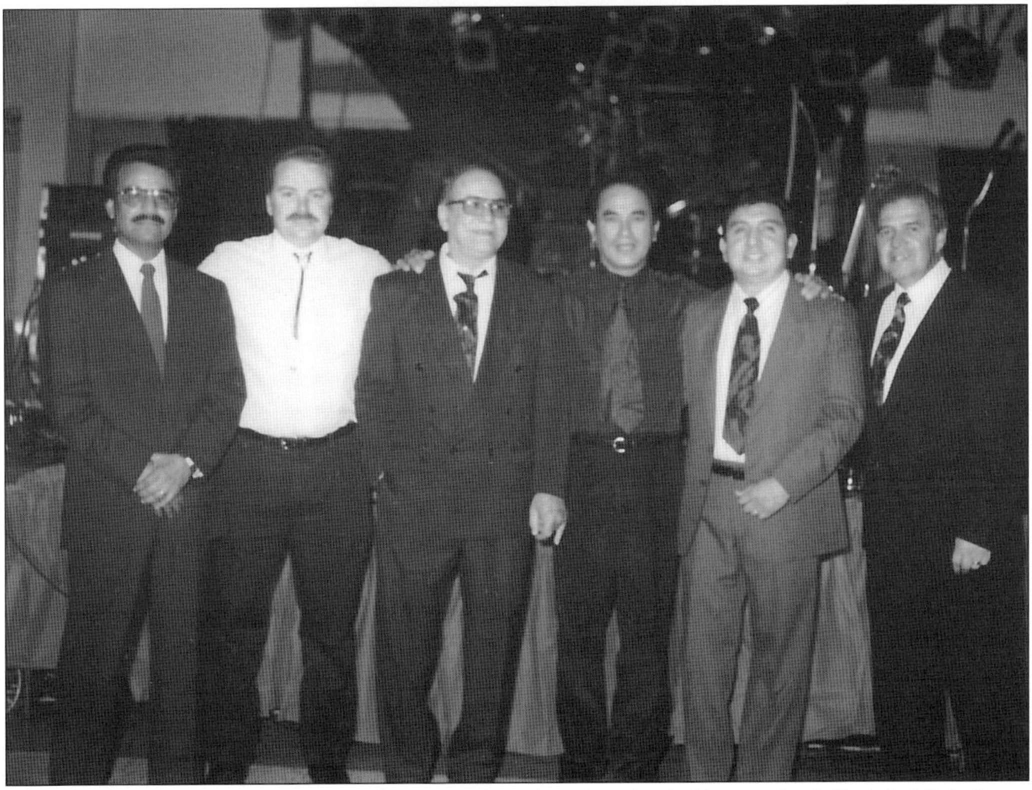

En esta fotografía de 1980s están, de izquierda a derecha, Andy Rivera, Rick Smith, Nick Peña, Al Medina, Carlos Herrejón y Álvaro Munevar. Smith es miembro de la familia Barker, quienes eran dueños de Barker's Collectables, El Sol Gift Shop, Wooden Indian, Billie's Restaurant y Marie's. Peña es la segunda generación de la familia de Don Roman y Naturaleza Celestial. La familia Medina era dueña de The Candy Man. (Cortesía de familia Munevar.)

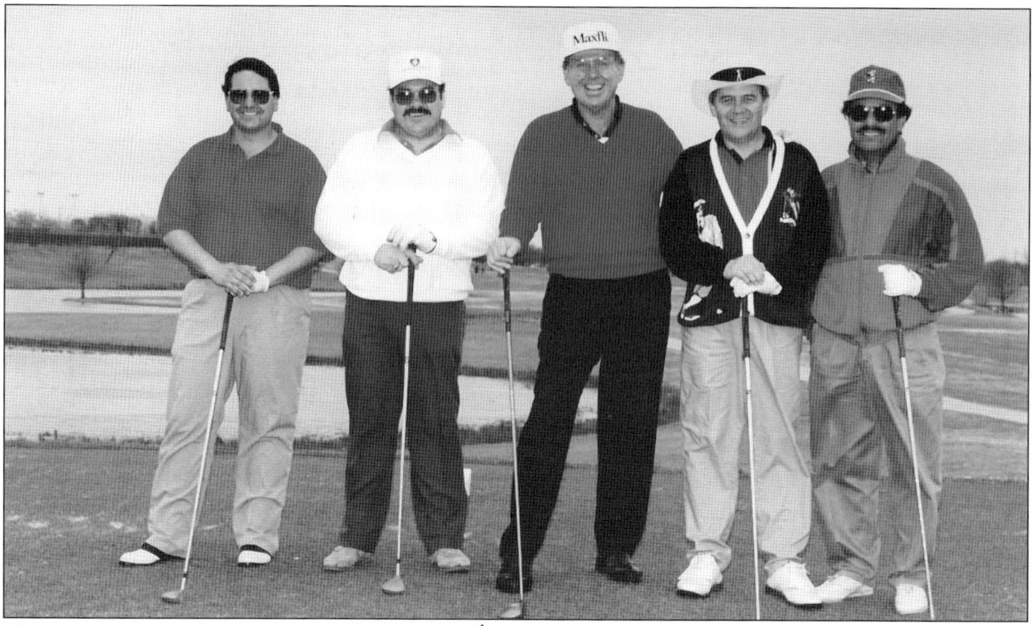

El 15 de marzo de 1993, dos comerciantes, Álvaro Munevar y Andy Rivera, jugaron en el Chi Chi Rodríguez & Toyota Children's Classic. El torneo se llevó a cabo en Woodlake Country Club. De izquierda a derecha hay dos no identificados, Chi Chi Rodríguez, Munevar y Rivera. En 1992, Rodríguez fue incorporado al Salón de la Fama del PGA World Golf. (Cortesía de la familia Munevar.)

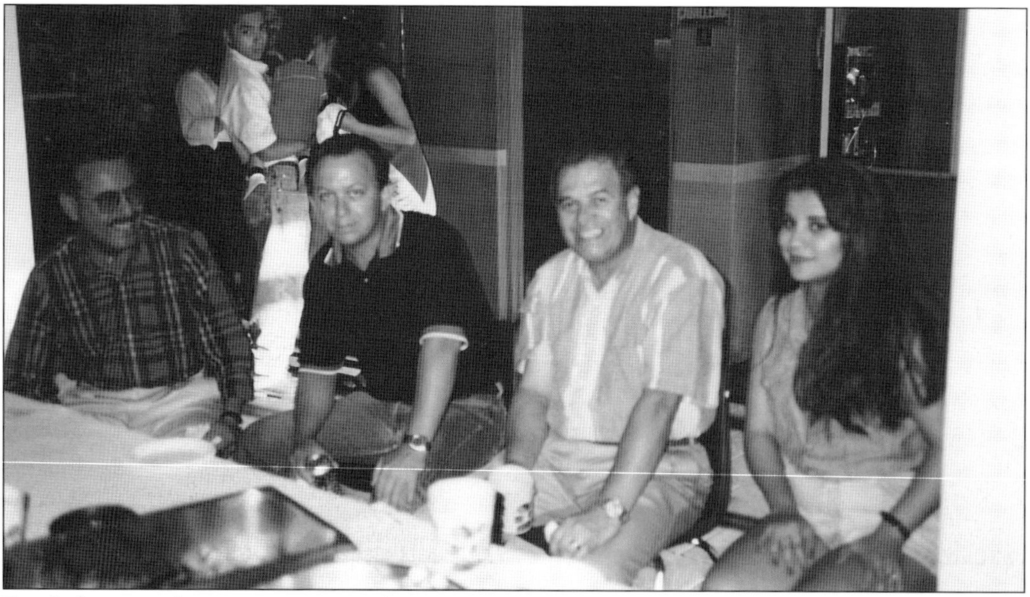

En el almuerzo de comerciantes en los 1980s, de izquierda a derecha, están Andy Rivera, Mark Barker, Álvaro Munevar y un no identificado. Andy and Mary Lou Rivera eran dueños de Rivera's Trading Post, Market Square T-shirt Shop y The Chili Shop. Barker antiguo propietario de El Sol Gift Shop, actualmente es propietario De La Luz Imports. Mark Baker Jr. es propietario de Artes Metálicas y Aarón Barker ayuda a administrar la tienda. Munevar es propietario de La Boutique Internacional. (Cortesía de la familia Munevar.)

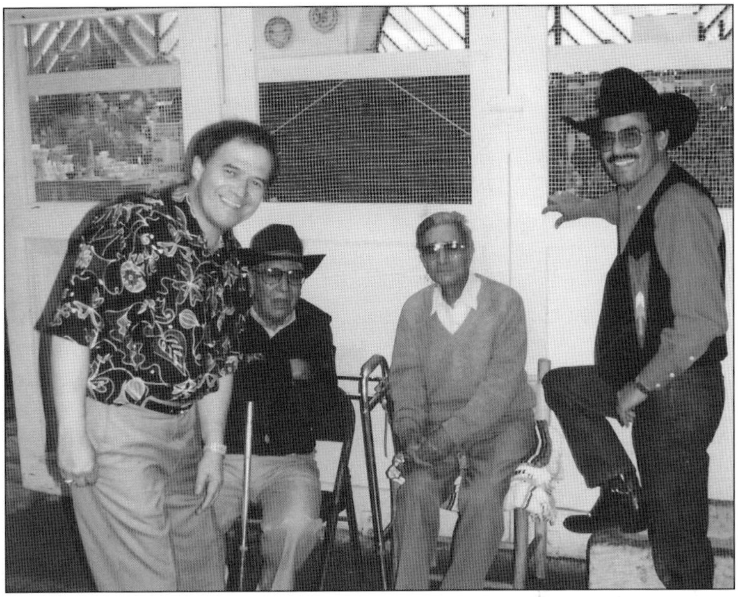

En una reunión para conversar afuera de Karlos Imports están, de izquierda a derecha, Álvaro Muevar, Don Panchito, Felipe Perales, y Andy Rivera. Esperanza Ferreyro fundó el negocio con los pisos de cuarzo en 1977; ella y su esposo, Carlos, administraron la tienda hasta su muerte en el 2010. En 2016, Carlos decidió jubilarse y vendió su negocio a Trini Traylor, dueña de Little Bit of Texas. (Cortesía de Mary Perales Valdez.)

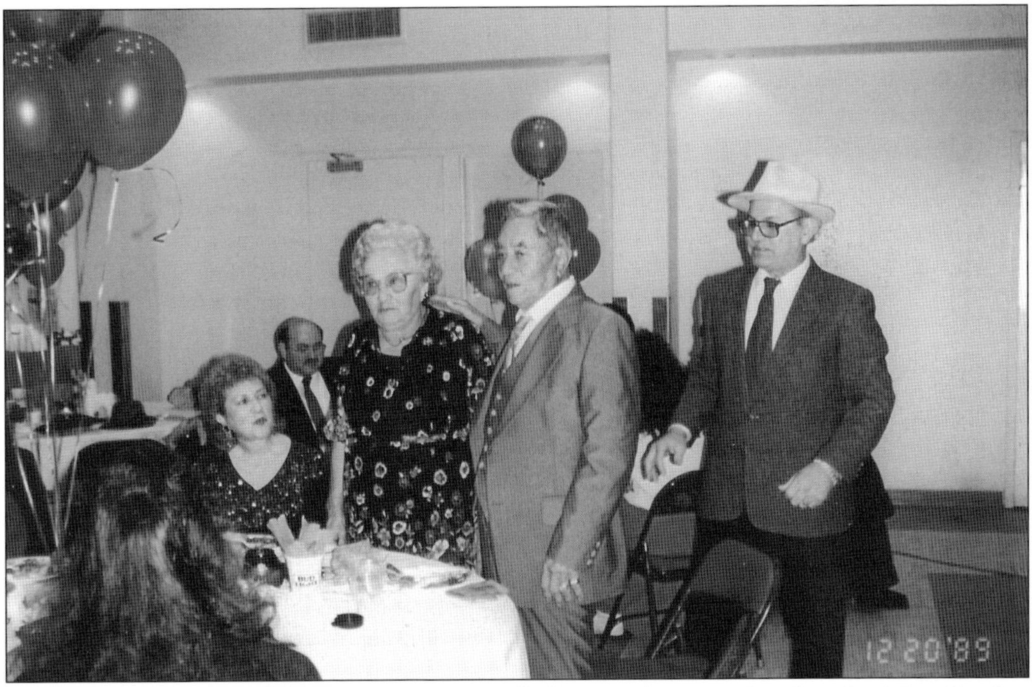

En la fiesta de Navidad de los comerciantes en 1989 están, de izquierda a derecha, Mary Perales, sus padres, Elena y Felipe Perales de Perales Mexican Imports, Nick Peña de Don Roman y Naturaleza Celestial. Las familias Perales y Peña continúan con sus negocios en el Mercado. La segunda generación, Mary Perales maneja Perales Imports. La tercera generación de los Peña, Lucinda, Greg y Gabriel ayudan a sus padres en el manejo de las tiendas. (Cortesía de Mary Perales Valdez.)

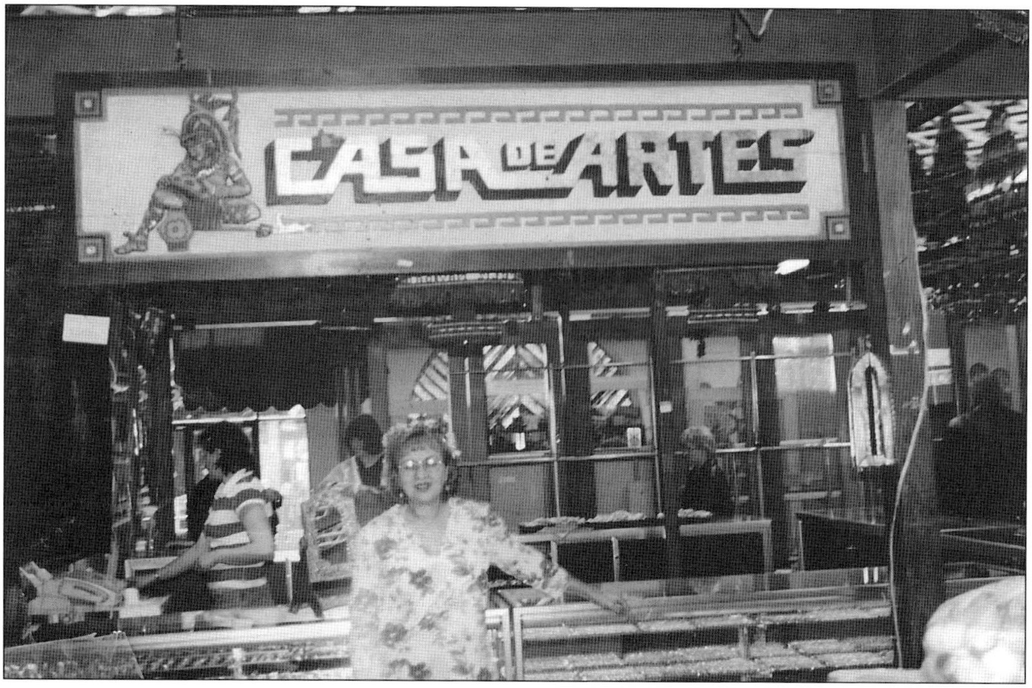

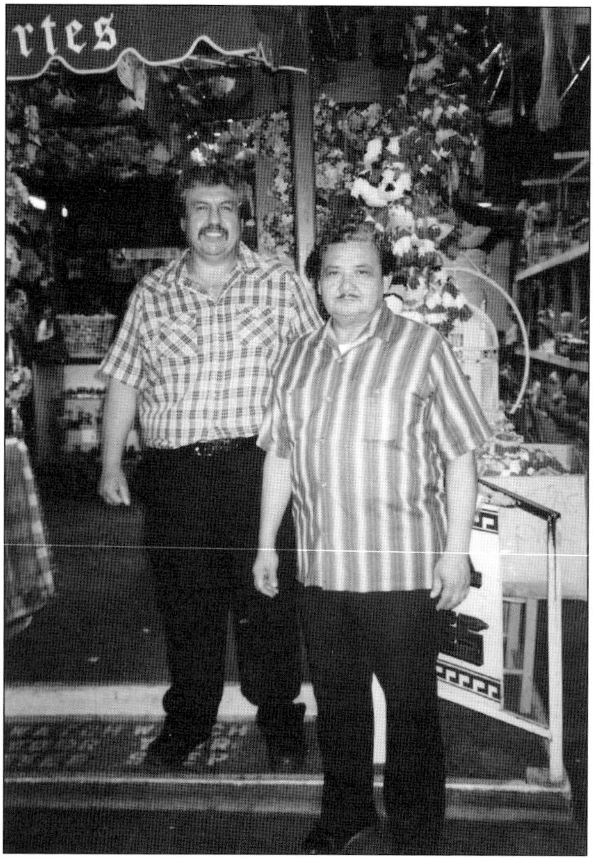

Casa de Artes fue establecida por Alejandro y Alicia Reyes a finales de 1970s. La familia Reyes ha sido parte del mercado desde principios de 1950s, cuando los padres de Alex, Hilario y Elvira, establecieron un puesto de fruta. El puesto más tarde se expandió y ofreció baratijas, cerámica y arte mexicano. Mary Perales de Perales Imports posa para esta fotografía tomada a inicios de 1980s. (Cortesía de Alicia Reyes.)

En 1978, los empleados de Casa de Artes fueron Raúl López y Pedro Ríos. El éxito de este negocio ayudó a crear la corporación mayorista de A.R. Trade and Manufacturing. En esta época la familia Reyes también era propietaria de The Pepper Tree. La tienda empezó con dos empleados, tenía un deli y vendía una variedad de productos; cuando las canastas de fruta tenían gran demanda la tienda empleaba a 12 personas. (Cortesía de Mary Perales Valdez.)

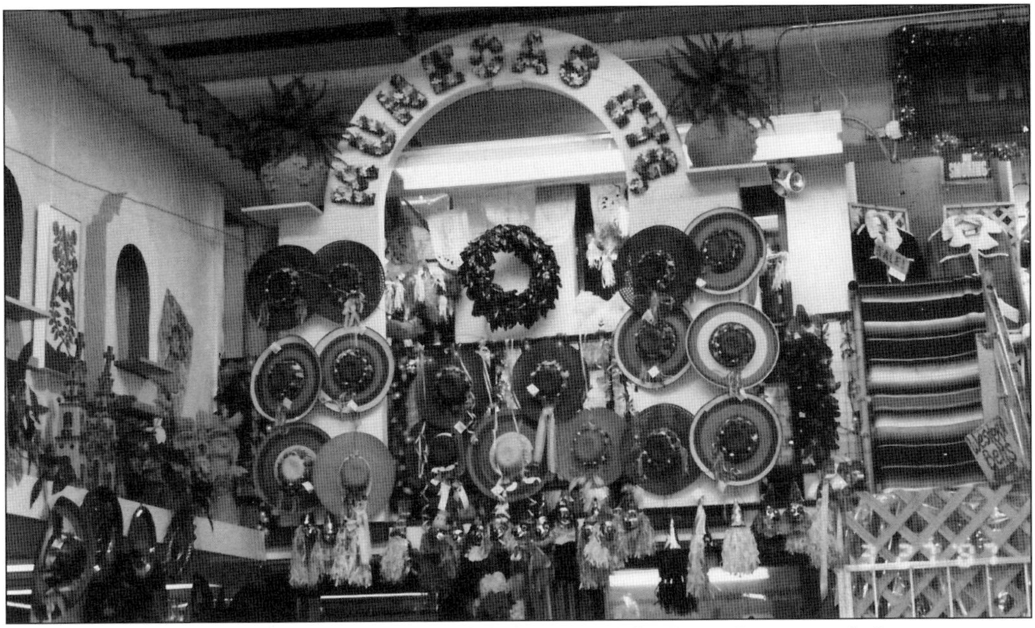

Muñecas Etc., fundada en 1986, es propiedad de la artista Yolix Luna. La misión de Luna en su arte es conservar las tradiciones mexicanas. En 2016, se asoció con Bobe D'Leon para su exhibición del Día de los Muertos en honor a los artistas Juan Gabriel y Celia Cruz. Luna es una gran narradora y orgullosa de su herencia. Ella comparte sus conocimientos para asegurar que las tradiciones sean transmitidas por generaciones. (Cortesía de Yolix Luna.)

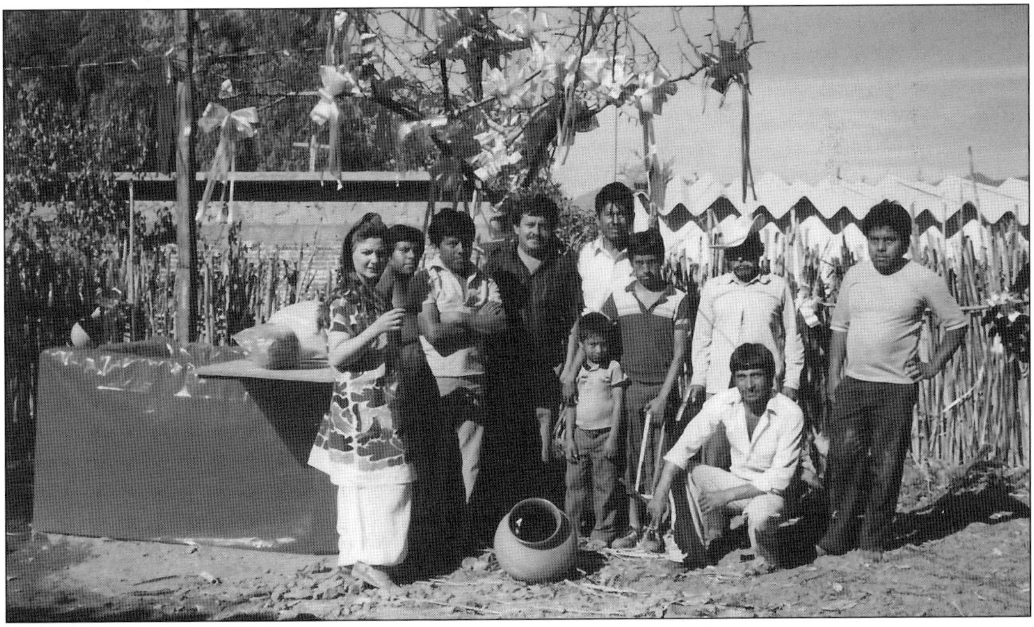

Esta fotografía de alfareros que suministraban mercancía a Muñecas Etc. fue tomada en 1987 en Oaxaca, México. La alfarería Atzompa viene del pueblo de Santa María Atzompa; la alfarería tiene un color verde jade de la aplicación de esmalte de monóxido de plomo. Esmaltes sin plomo se introdujeron en los 1990s después de preocupaciones en los Estados Unidos. La alfarera Dolores Porras ha introducido otros colores mientras promueve el esmalte sin plomo. (Cortesía de Yolix Luna.)

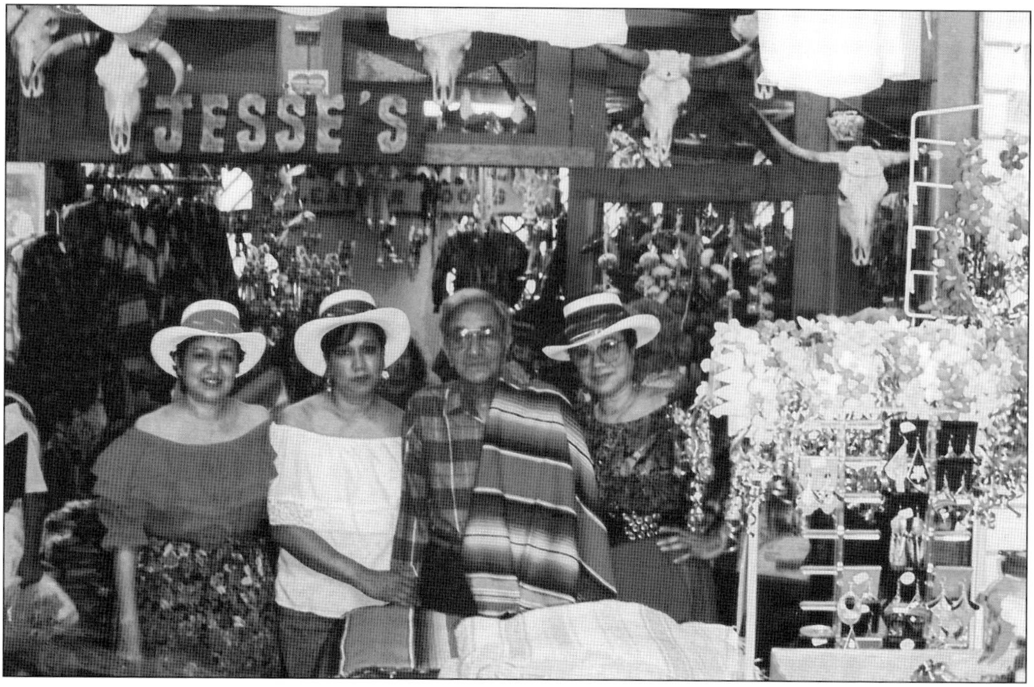

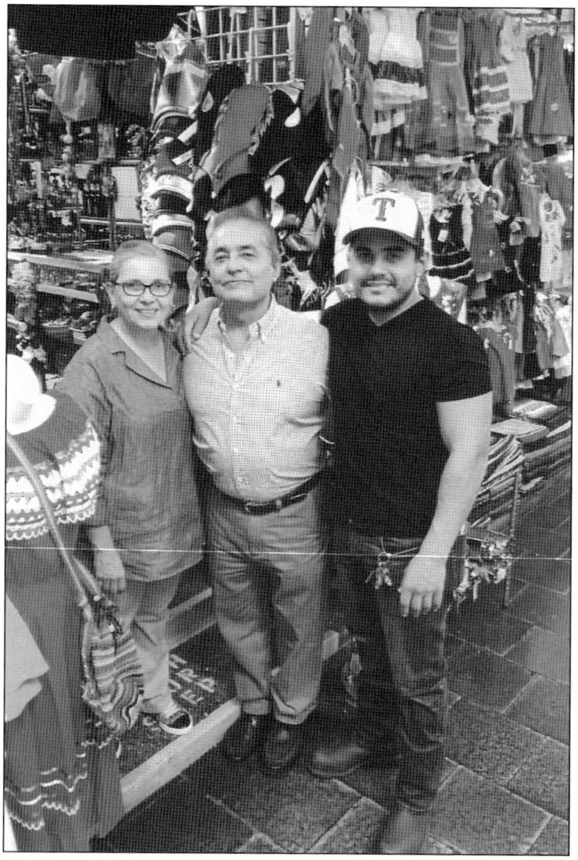

En 1989, las hermanas Mary Perales, Elva Anthony y Flavia Galván posan con su padre, Felipe Perales, frente a Jesse's Jewelry and Leather. Los dueños de Jesse's eran Eduardo y María Ramírez y Anita Moreno. Jesse's todavía está en El Mercado. Al otro lado del pasillo, Perales Imports continua el espíritu emprendedor de la familia con Mary Perales y su esposo, Rudy Valdez, llevando el negocio. (Cortesía de Mary Perales Valdez.)

Víctor y Sandra Domínguez fundaron su negocio de importaciones mayoristas en 1990; venden ropa, accesorios y suministran a empleados de restaurantes con prendas requeridas para su línea de trabajo. En 2009, establecieron La Morenita Imports. Ahora venden al mayoreo y menudeo. Omar, dueño de House of México Imports en la Plaza del Mercado de Agricultores, se une a sus padres delante de La Morenita. (Cortesía de Víctor y Sandra Domínguez.)

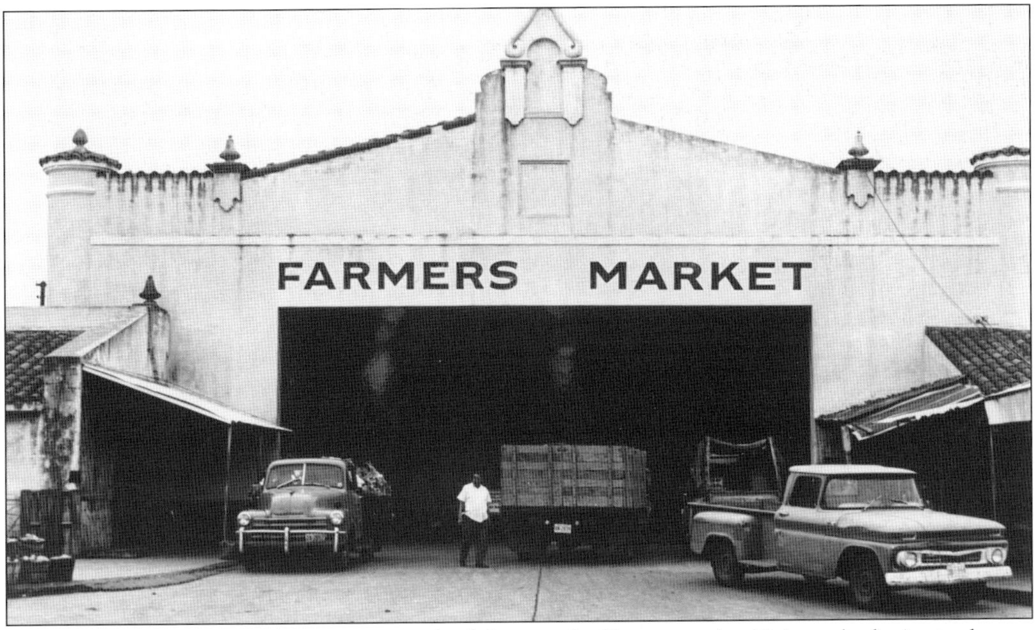

En 1970, los camiones podían entrar y salir del mercado. Esta entrada al Mercado de Agricultores, ahora El Mercado, se ve muy diferente hoy. Antes de la renovación de 1976, no había calefacción o aire acondicionado. Las familias Perales y Reyes empezaron sus negocios en la Plaza del Mercado de Zacate, después se cambiaron a El Mercado. Recuerdan las duras condiciones en el mercado. (Cortesía de UTSA Colecciones Especiales–ITC, fotografía 82-539.)

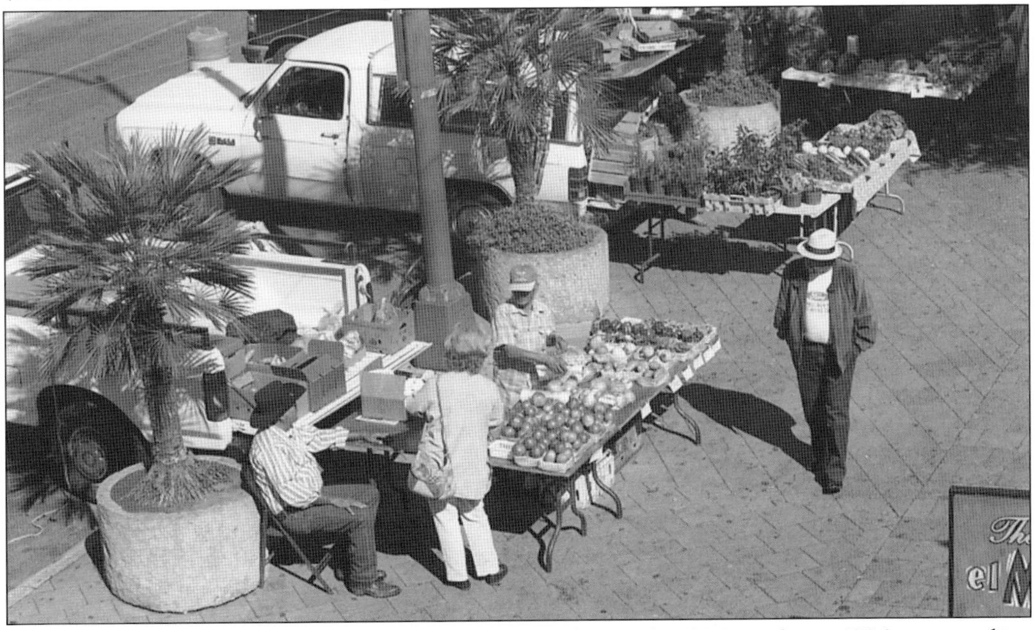

Los vendedores ya no podían manejar sus camiones dentro de El Mercado en 1996, pero podían vender en mesas en el paso de peatones. La demanda de alimentos del mercado había declinado por décadas; con la introducción de los supermercados, no había necesidad de ir de puesto en puesto para comprar carne y alimentos. (Cortesía de la Ciudad de San Antonio, Oficina de la Secretaria Municipal de Archivos y Registros.)

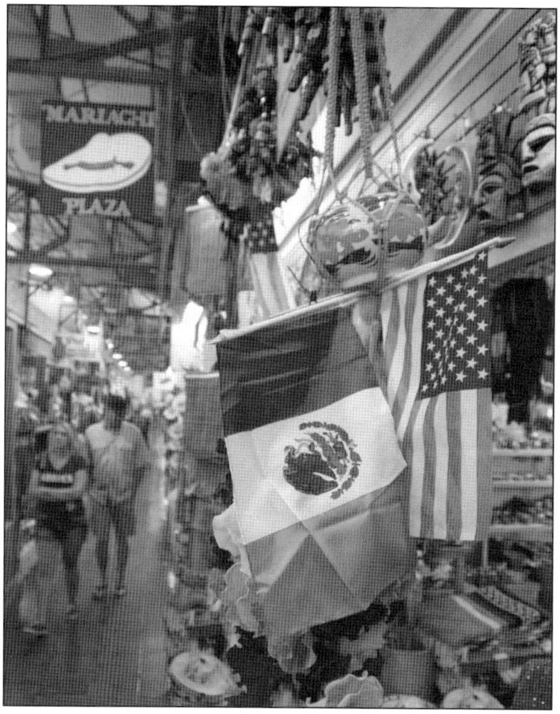

Las banderas mexicana y americana en El Mercado representan a San Antonio y su gente. De acuerdo con los reportes de estadística y demografía de la ciudad de San Antonio, Texas, que están basados en el censo del 2000 en los Estados Unidos, 58.66 por ciento de la población es hispana o latina (de cualquier raza) y 41.36 por ciento es mexicana. Las múltiples etnias de la ciudad y del estado se celebran durante Texas Folklife Festival en el Instituto de Culturas Texanas. (Fotografía de Al Rendón, cortesía de La Familia Cortez Restaurantes.)

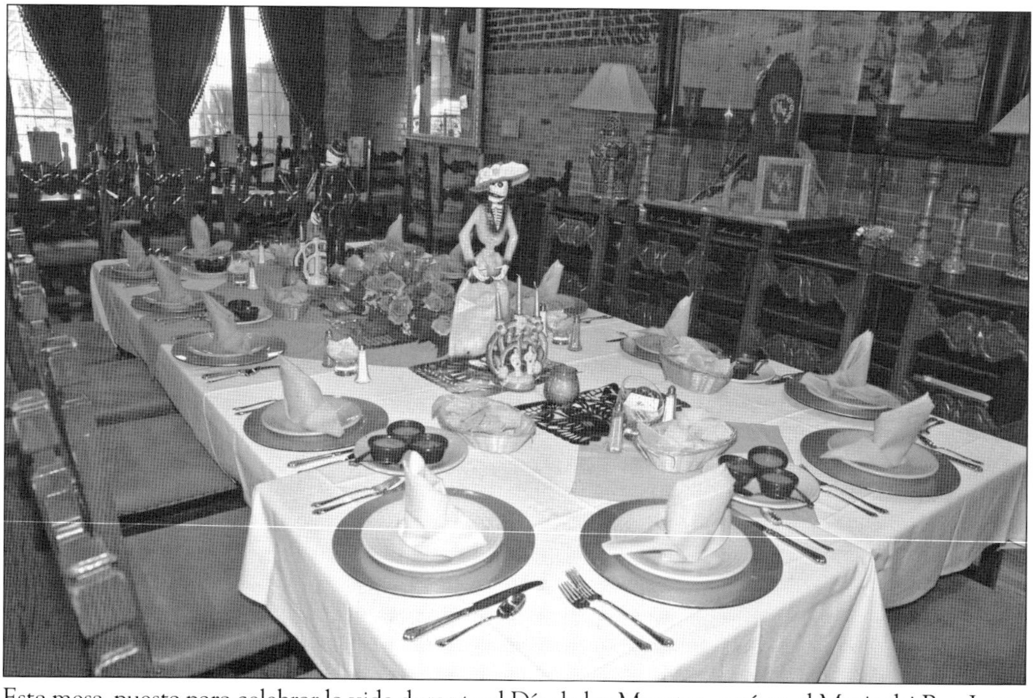

Esta mesa, puesta para celebrar la vida durante el Día de los Muertos, está en el Mariachi Bar. Junto a totopos y salsa en la mesa, hay artículos encontrados en El Mercado y la Plaza del Mercado de Agricultores como flores, calaveras, papel picado y candelabros del árbol de la vida. En el aparador hay lámparas con bases de talavera mexicana pintadas a mano. (Fotografía de Al Rendón, cortesía de La Familia Cortez Restaurantes.)

Cinco

Plaza del Mercado de Agricultores

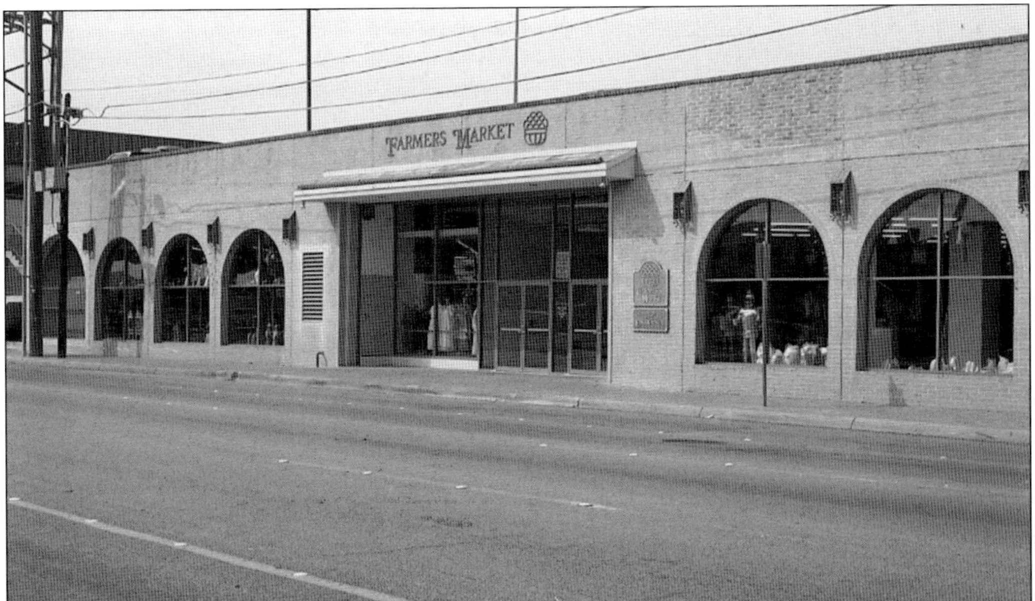

El edificio de la Plaza del Mercado de Agricultores fue construido en la Plaza del Mercado de Zacate. La estructura comenzó con barras en los arcos, pero éstas fueron luego reemplazadas por ventanas de cristal cuando se agregaron la calefacción y el aire acondicionado. Hoy, los visitantes pueden comprar y en la mayoría de los fines de semana, entretenerse con música mexicana y bailes folclóricos tradicionales presentados en un escenario en el centro. (Cortesía de la Ciudad de San Antonio, Oficina de la Secretaria Municipal de Archivos y Registros.)

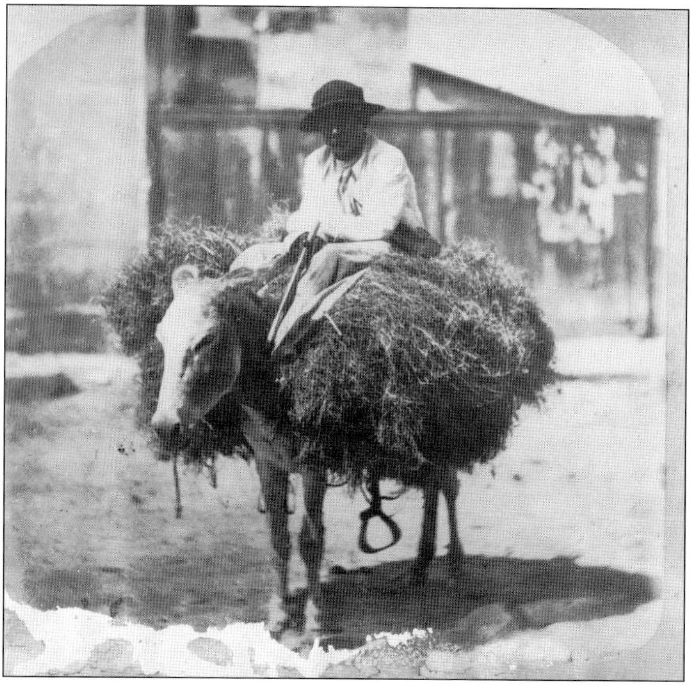

Zacate, leña y vendedores de agua potable eran comunes en los primeros días la Plaza del Mercado de Zacate. La mayoría de los vendedores traían sus mercancías al mercado en carretas o en burro; otros cargaban sus productos en la espalda. Algunos vendían su mercancía de puerta en puerta a la gente que estaba muy lejos del mercado central. (Cortesía de la Fundación de la Sociedad de Conservación de San Antonio.)

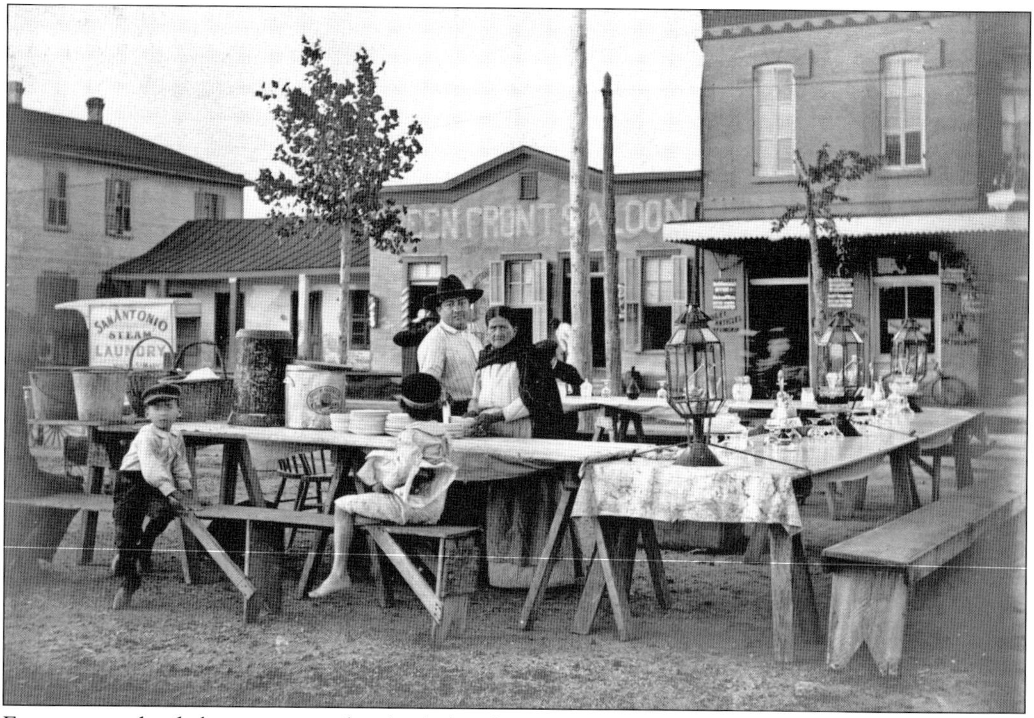

Este puesto de chili, representado alrededor de 1904, se localizaba en la Plaza del Mercado de Zacate. Las señoritas que servían a los clientes de mercado sentados en las mesas de madera eran conocidas como Chili Queens. La mayoría eran atractivas jóvenes de descendencia mexicana y llevaban coloridos vestidos. Esto atraía a los viajeros para que probaran la comida mexicana servida en las plazas. (Cortesía de UTSA Colecciones Especiales–ITC, fotografía 101-84.)

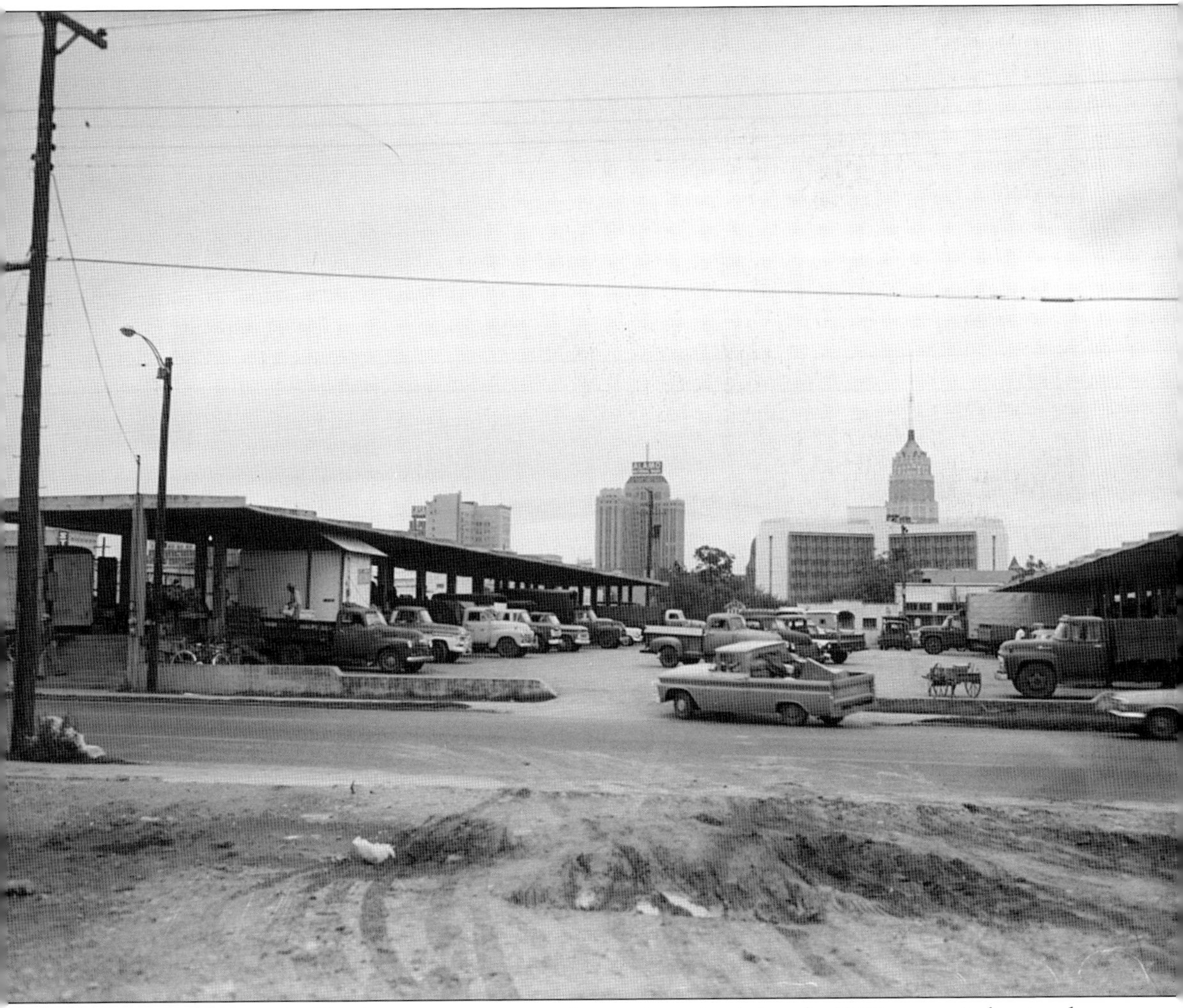

La Plaza del Mercado Washington, presentada aquí a principios de 1960s, seguía haciendo negocios, aunque era difícil para los vendedores de alimentos vender desde la parte de atrás de sus camiones para competir con los supermercados. El final estaba cerca. Conforme a un mapa Sanborn de 1896, Plaza Washington ocupaba un bloque de la ciudad, delimitado por las calles Buena Vista, South San Saba, Monterey y South Concho. El mercado al aire libre ofrecía frutas y verduras cultivadas por granjeros en el área, otros estados y México. En 1951, las empresas mayoristas habían superado sus espacios en la Casa del Mercado Municipal, Produce Row y Plaza Washington y movieron sus negocios a un tramo de 36 acres en la calle Zarzamora. Esta ubicación con terminal de ferrocarril, proporcionaba la distribución a través del país. La terminal de alimentos de San Antonio se encuentra en la calle South Zarzamora 1500. El mercado fue víctima de un proyecto de renovación urbana a finales de 1960s y desapareció. (Cortesía de UTSA Colecciones Especiales–ITC, fotografía B-21-A-06.)

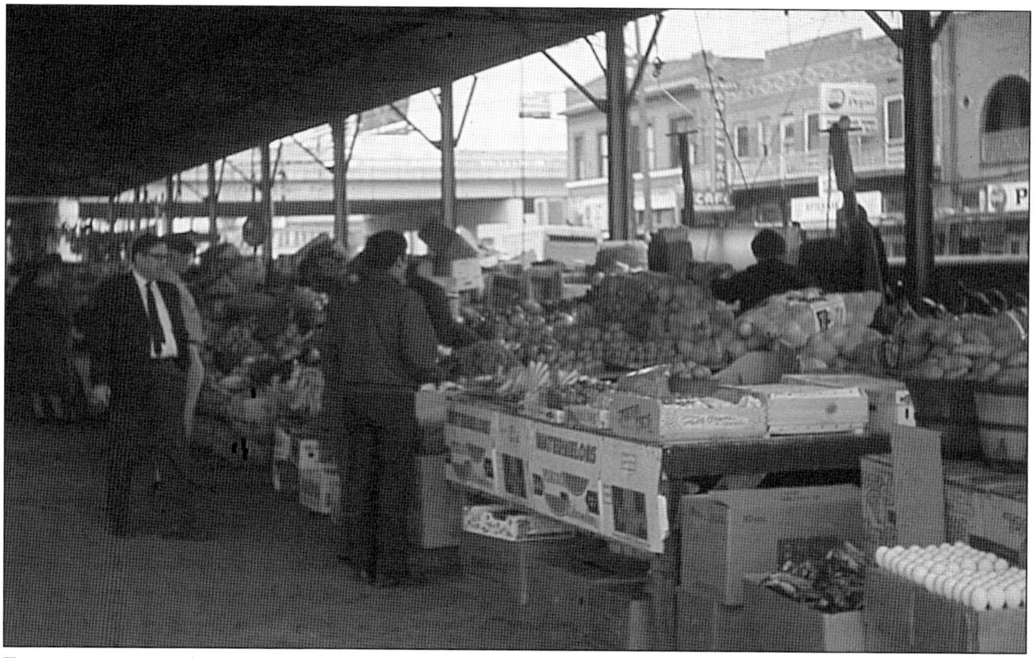

Estos puestos en Plaza del Mercado de Zacate fueron fotografiados en 1966. Viendo estos montones de frutas, verduras y huevos, el mercado estaba concurrido; pero, estos mercados al aire libre pronto serían cosas del pasado, ya que supermercados como Handy Andy se expanderían a lo largo de la ciudad. El primer supermercado Handy Andy abrió en la calle Broadway en 1926. (Cortesía de la Ciudad de San Antonio, Oficina de la Secretaria Municipal de Archivos y Registros.)

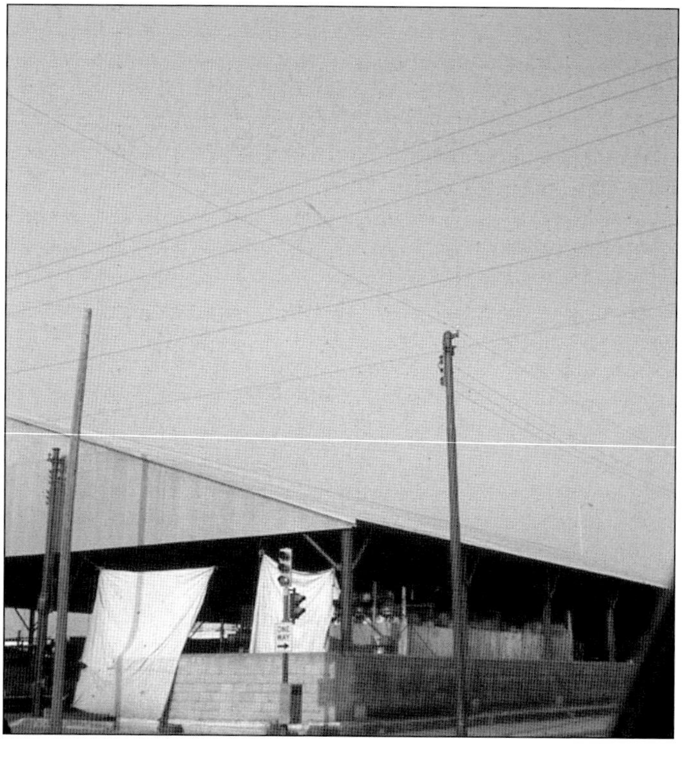

En 1966, el mercado en la Plaza del Zacate estaba en extrema necesidad de renovación. Un artículo en *San Antonio Express and News* del 5 de septiembre de 1966 discutía el levantamiento urbano del proyecto Rosa Verde, la sección oeste del distrito de negocio central: "Una atracción adicional será la expansión y embellecimiento de la Plaza del Mercado de Agricultores." (Cortesía de la Ciudad de San Antonio, Oficina de la Secretaria Municipal de Archivos y Registros.)

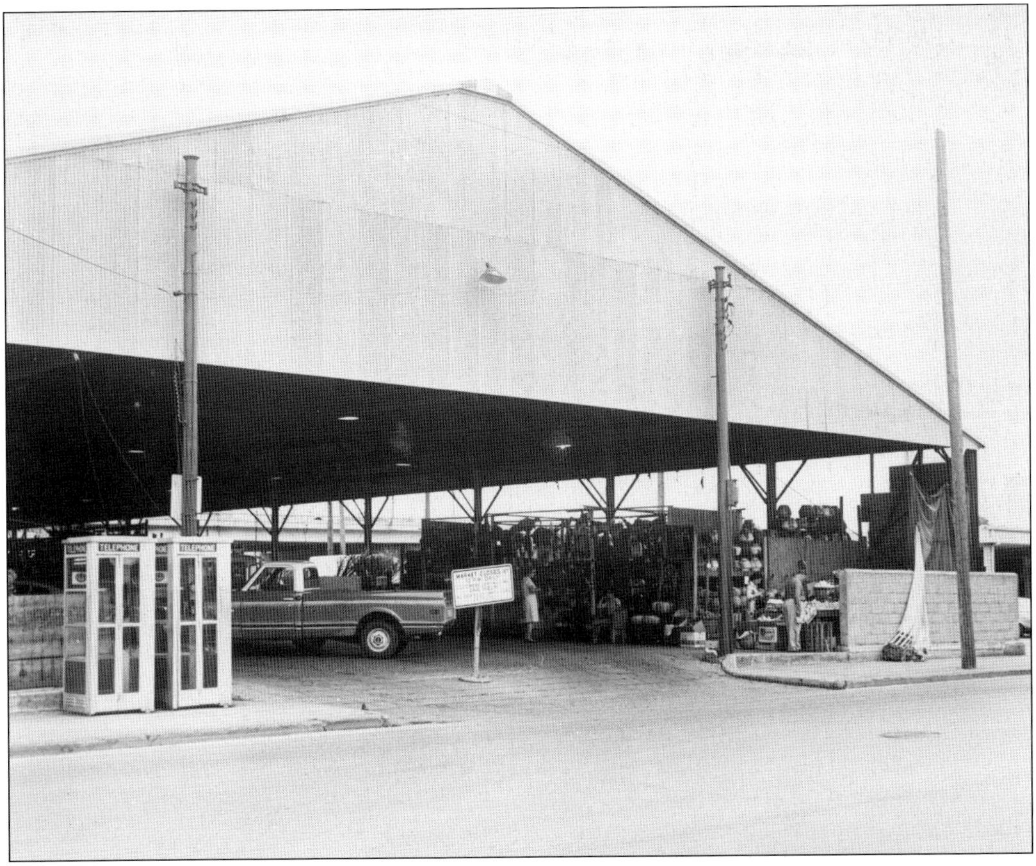

Cuando esta fotografía fue tomada en los 1970s, la renovación del mercado no había empezado. En 1971, la reconstrucción del mercado se encontraba todavía en fase de planificación y financiamiento. Un artículo en el *San Antonio Express and News* del 29 de octubre de 1972 empezaba con: "Aunque hay grandes esperanzas, para que el Mercado de Agricultores se revitalice, éstas están congeladas." (Cortesía de UTSA Colecciones Especiales–ITC, fotografía 82-538.)

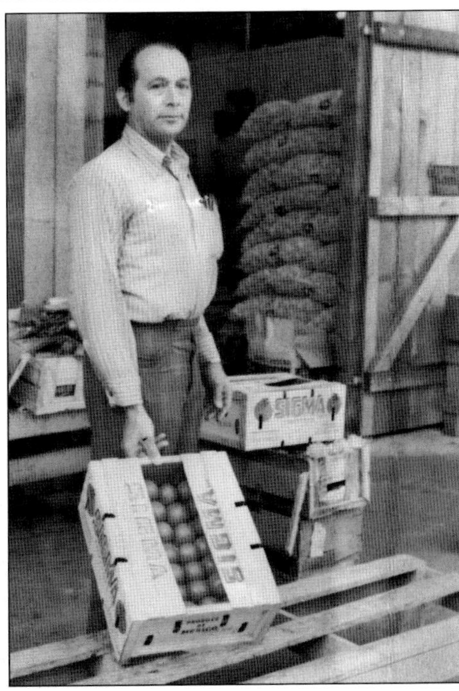

Martin Edward Douglas descarga alimentos para el negocio del día en algún momento de los 1970s. En 1996, miembros de la familia Douglas fueron reconocidos como comerciantes que habían estado en el negocio desde antes de la renovación del mercado en 1976. La hermana de Douglas, Paulina, aceptó la proclamación para Martin's Produce en una ceremonia organizada por el alcalde Bill Thornton. Actualmente Martin's Curios es operada por el hijo de Martin, Michael Anthony Douglas. (Cortesía de la familia Douglas.)

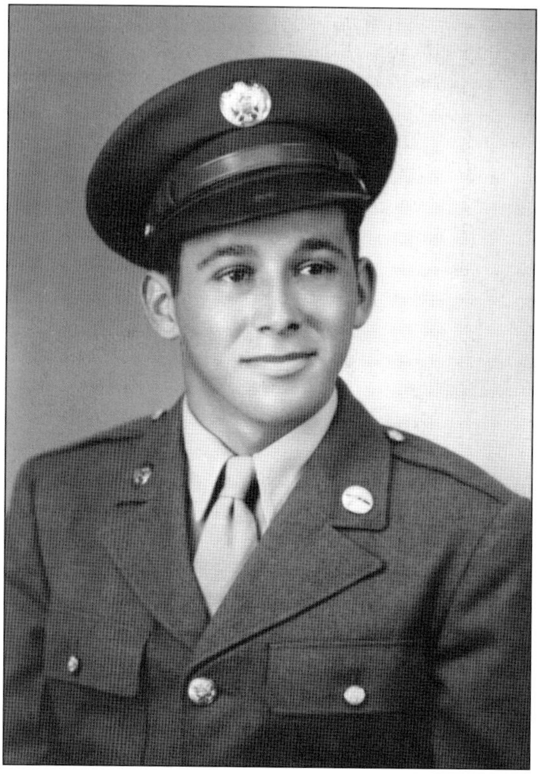

Martin Douglas fue reclutado en el ejército estadounidense durante la Segunda Guerra Mundial mientras el asistía a la preparatoria Central Catholic. Entró en el ejército después de graduarse. Mientras su hijo estaba en la guerra, Daniel Douglas dirigió la granja en Poteet. Después de la guerra Martin estableció su negocio de alimentos. Luego, Pauline Douglas se unió a su hermano para ayudarlo a manejar el negocio. (Cortesía de la familia Douglas.)

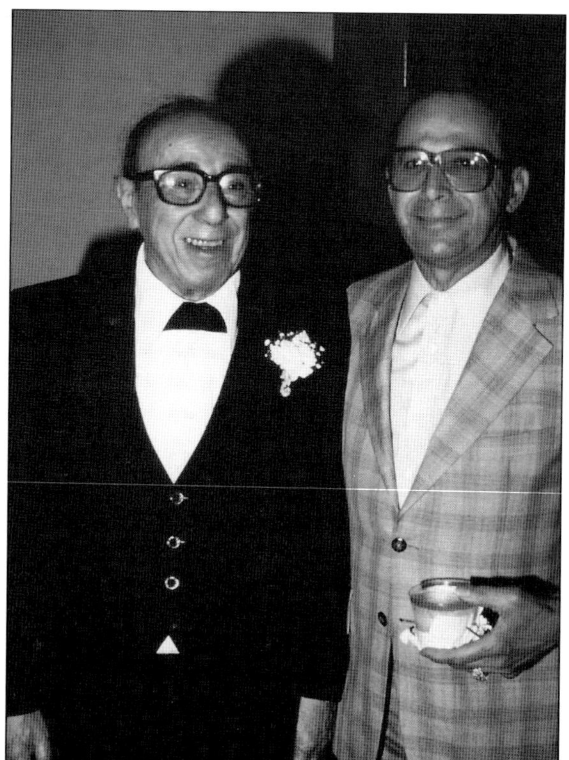

Henry B. González (a la izquierda) y Martin Douglas aparecen juntos en 1985. González, un político demócrata, representó el 20º Distrito del Congreso de Texas de 1961 a 1999. Los dos hombres tienen padres inmigrantes. Los padres de González emigraron de México durante la Revolución Mexicana y el padre de Douglas emigró en 1890. El Centro de Convenciones Henry B. González en San Antonio se nombra en honor a González. González murió en 2000 y Douglas en 2008. (Cortesía de la familia Douglas.)

Joe Gonzales empezó a trabajar en el negocio de los alimentos cuando era niño. Cuando esta fotografía fue tomada en 1947 tenía 16 años. Gonzales se casó con Mary quien tenía el sueño de ser propietaria de su propio negocio. A principios de los 1970s, Mary estableció su negocio de alimentos con $40. Mary's Produce creció a Marie's Creations & Imports. Su padre Celestino Contreras y su hija Joanne la ayudaron a manejar el negocio. (Cortesía de Joanne Gonzales.)

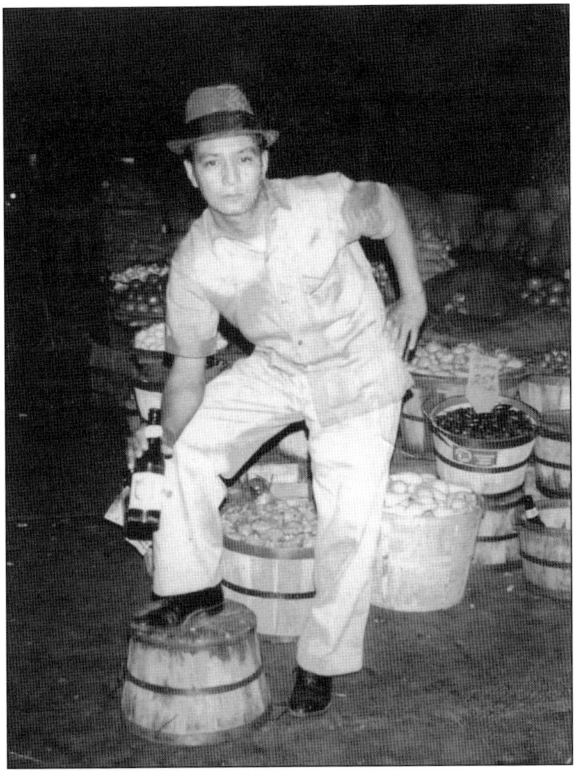

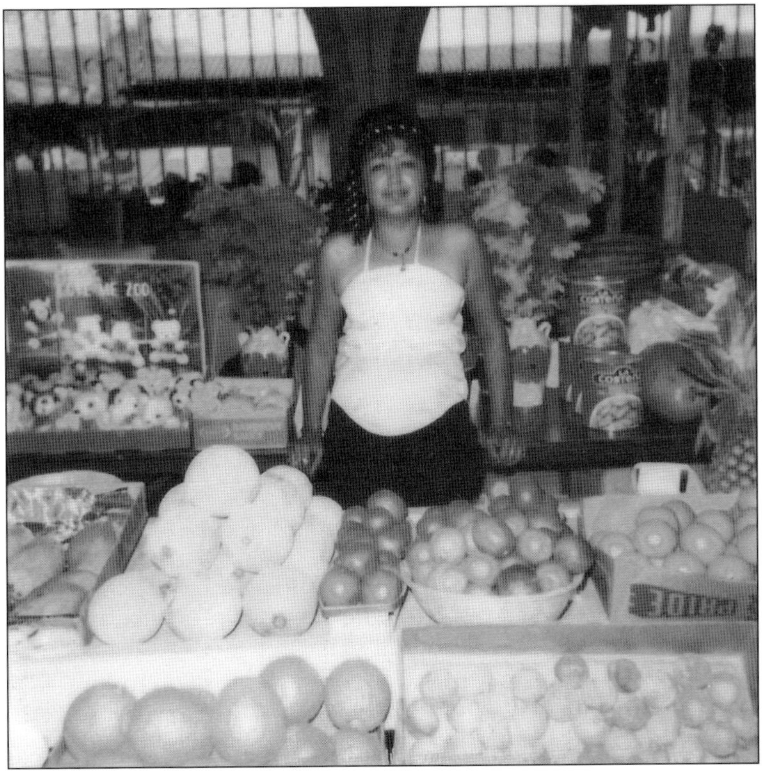

A principios de 1970s, había muy pocas vendedoras de alimentos en el Mercado de Agricultores. Mary Gonzales fue una de las primeras mujeres en establecer su tienda ahí; siguió haciendo negocios en el mercado hasta su muerte en 2007. Su hija Joanne se hizo cargo, pero estaba emocionalmente agotada para continuar sin su madre y vendió Marie's Creations & Imports a un amigo de la familia. (Cortesía de Joanne Gonzales.)

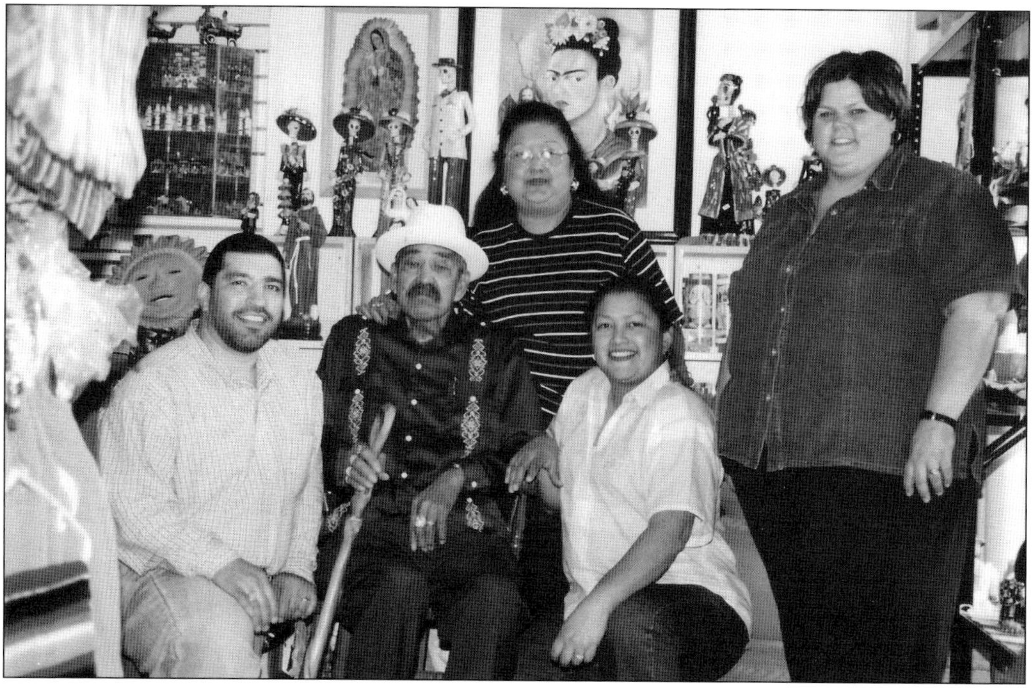

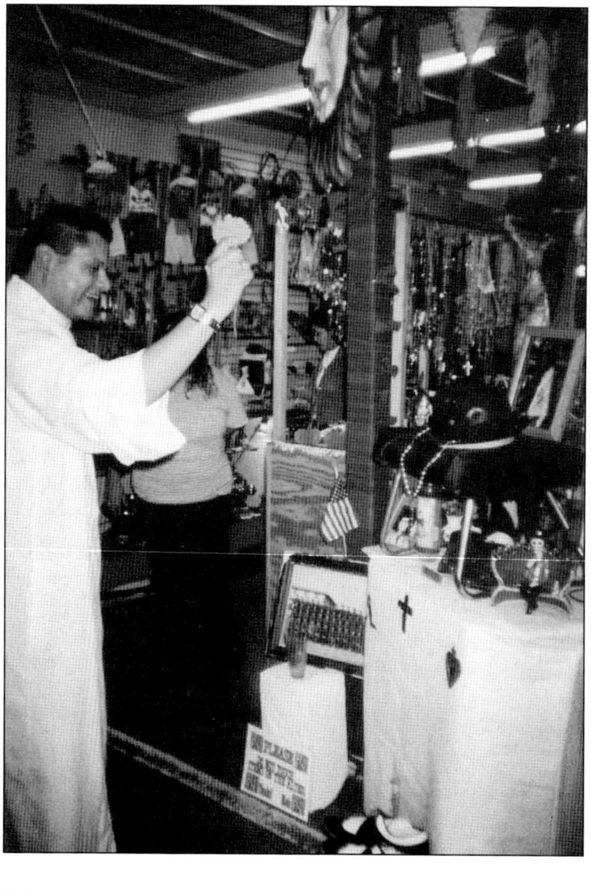

En Marie's Creations & Imports en 1998 están, de izquierda a derecha, Daniel González, Celestino Contreras, Mary Gonzales, Joanne Gonzales y Tracy Morones. Mary y el negocio se fueron, pero su espíritu emprendedor vive en su hija. En 2009, Joanne Gonzales y Margie Hernández establecieron Queen Bee Pest Control; estas damas están orgullosas de ser unas de las pocas mujeres en la industria, no como empleadas, pero como dueñas. (Cortesía de Joanne Gonzales.)

En 2003, un sacerdote bendijo el altar en honor a Celestino Contreras durante las festividades del Día de los Muertos. Contreras era alguien a quien le gustaba vestirse bien y que le gustaba acentuar su guardarropa con un sombrero y zapatos Stacy Adams; también caminaba con un bastón. Su bastón y zapatos favoritos fueron colocados a los pies del altar, con otros artículos apreciados y decoraciones tradicionales. (Cortesía de Joanne Gonzales.)

Rene González vende tacos de salchicha en Little Bits of Nature durante la semana de Fiesta en San Antonio en 1988. La propietaria del negocio era su hija Thelma González; luego ella cambió el nombre del negocio a G's Gonzalez Gift Shop. Thelma González participa en la asociación de la Plaza de Agricultores del Mercado y ha servido como presidenta, vicepresidenta, secretaria y tesorera. (Cortesía de Thelma González.)

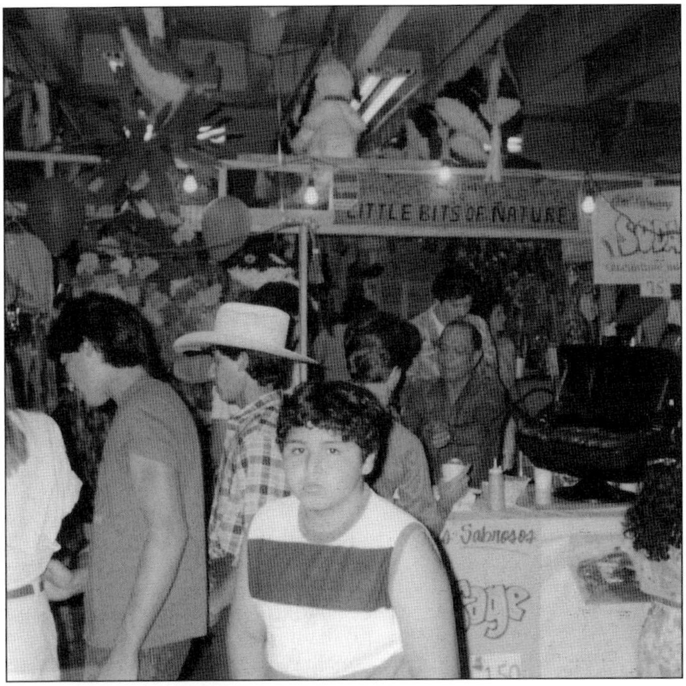

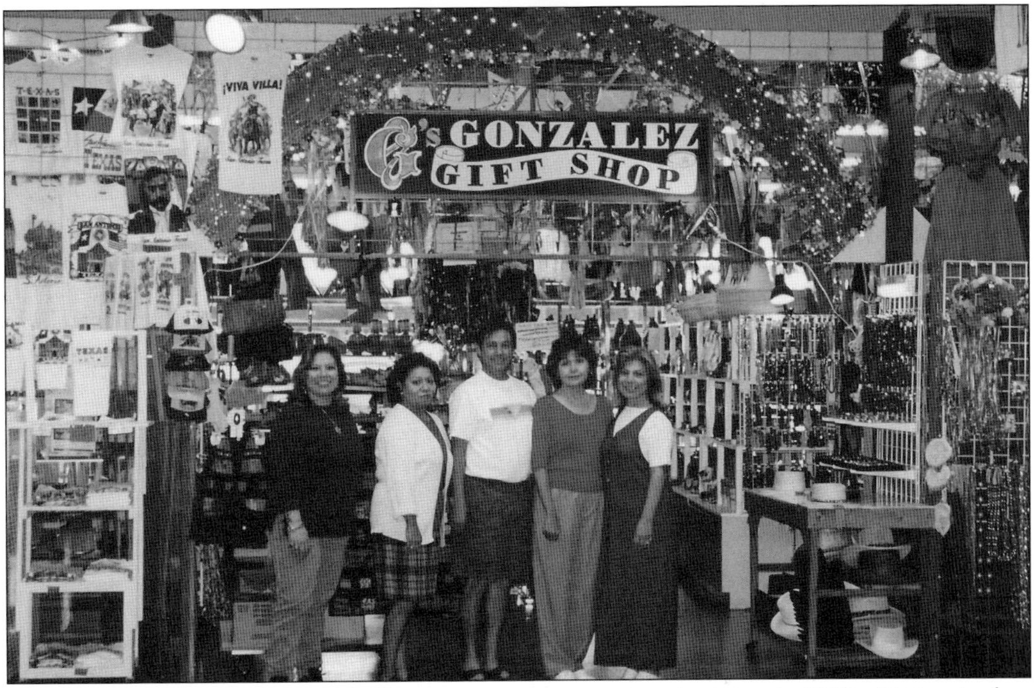

El personal de G's Gonzalez Gift Shop se representa aquí a principios de 1990s. De izquierda a derecha están María Blanca Caballero, Cathy Martínez, Richard Díaz, Molly González y Thelma González. Durante los 1990s, camisetas y sombreros decorados fueron un gran negocio, entonces Thelma se enseñó asimisma y a sus empleadas como decorar los sombreros. Durante Fiesta San Antonio los sombreros eran artículos populares en fiestas, festivales y desfiles. (Cortesía de Thelma González.)

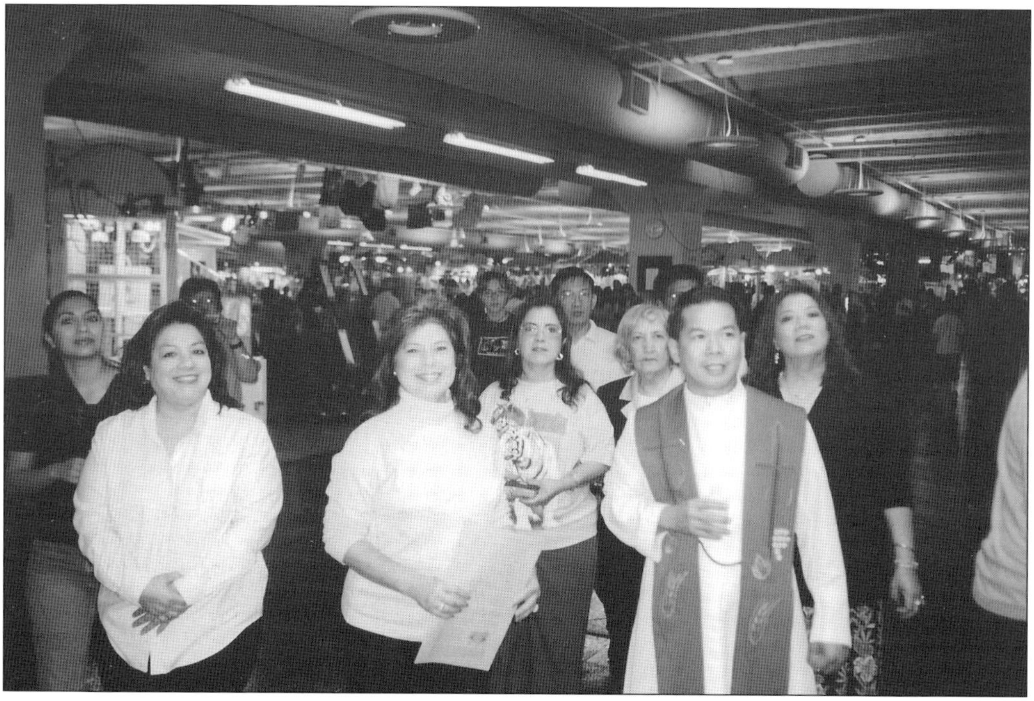

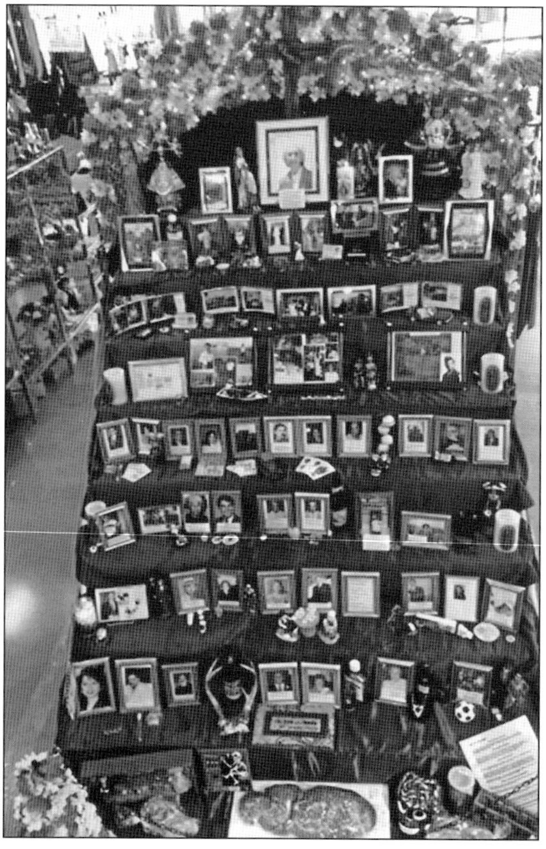

Miembros de la familia González y amigos celebran el Día de los Muertos en 2002. El altar que honra al padre de Thelma, Rene González Sr., fue puesto en la tienda y bendecido por el padre Martin de la iglesia Santo Niño Católico. Reunidos en la ceremonia de bendición están, de izquierda a derecha, Felicia Alanís, Rita Alanís, Thelma González, Adela Rivera, Susan González (madre de Thelma) y María Blanca Caballero. (Cortesía de Thelma González.)

Thelma González, su familia y personal ponían un altar en la tienda cada año; en 2015 el altar fue para honrar a su madre, Susan Montes González. Cada nivel exhibe fotografías de miembros de la familia y amigos que han muerto. El ultimo nivel muestra objetos tradicionales del Día de los Muertos y pan mexicano de los muertos. (Cortesía de Thelma González.)

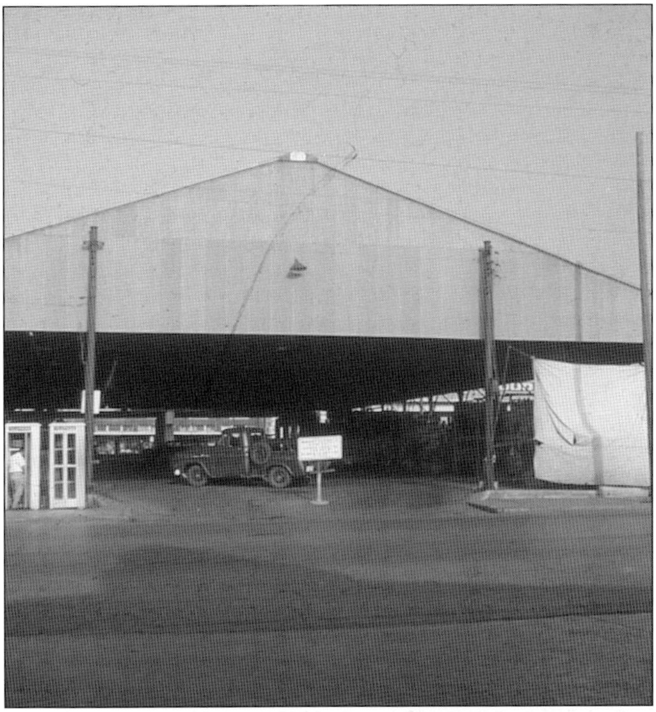

En 1966, el edificio de lados abiertos situado en el antiguo Mercado de Zacate era incomodo la mayoría del año. La ciudad tenía planes para un edificio nuevo, pero no sería construido hasta los 1970s. Por años existiría un conflicto entre el mercado y la Agencia de Desarrollo de San Antonio, antes llamada Agencia de Renovación Urbana. (Cortesía de la Ciudad de San Antonio, Oficina de la Secretaria Municipal de Archivos y Registros.)

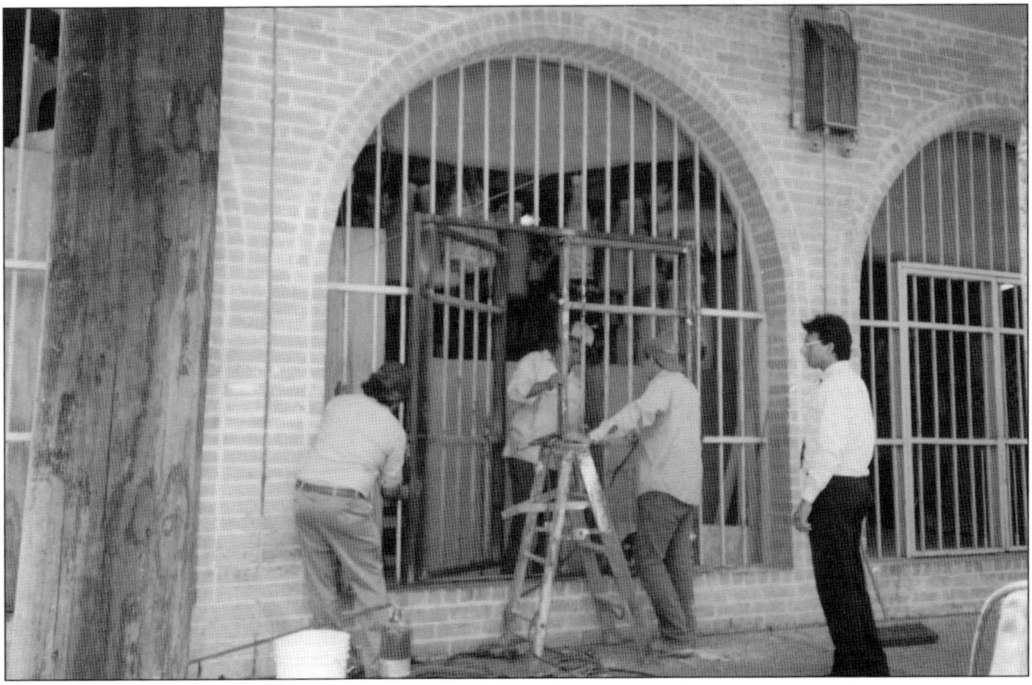

En 1993, Robert Tagle, administrador de la Plaza del Mercado, mira mientras los hombres trabajan en la puerta de una tienda. Estas puertas fueron usadas por vendedores para meter sus mercancías y funcionaban bien para la exhibición de éstas durante las horas de operación; también se les permitía a los vendedores apilar sus mercancías afuera y tener las puertas abiertas hasta la 1:00 a.m. para aprovechar el tráfico de la fiesta. (Cortesía de Thelma González.)

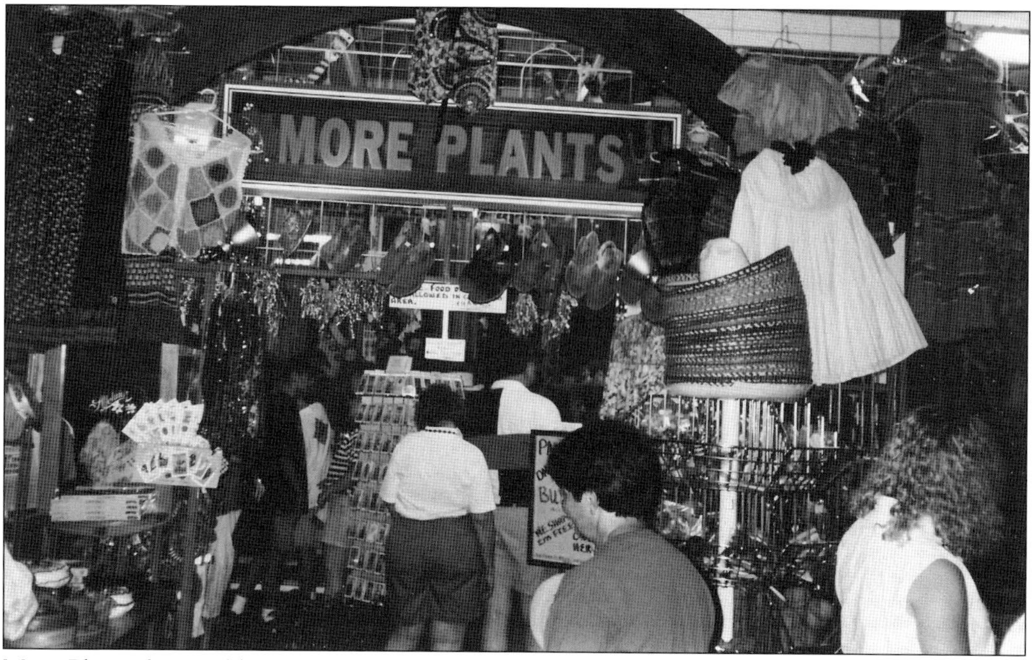

More Plants fue establecida en la Plaza del Mercado de Agricultores en 1985 por Phillip John y Alice León. Poco después de que el negocio abriera, los de León decidieron que ya no ibana vender plantas y a finales de 1980s, compraron Olmec Imports. Phillip administraba More Plants mientras Alice hacia lo mismo en Olmec Imports. Sus hijos, Phillip Jr. y Marie Evelyn Wilson, ayudaban en las temporadas altas del negocio. (Cortesía de Phillip y Alice León.)

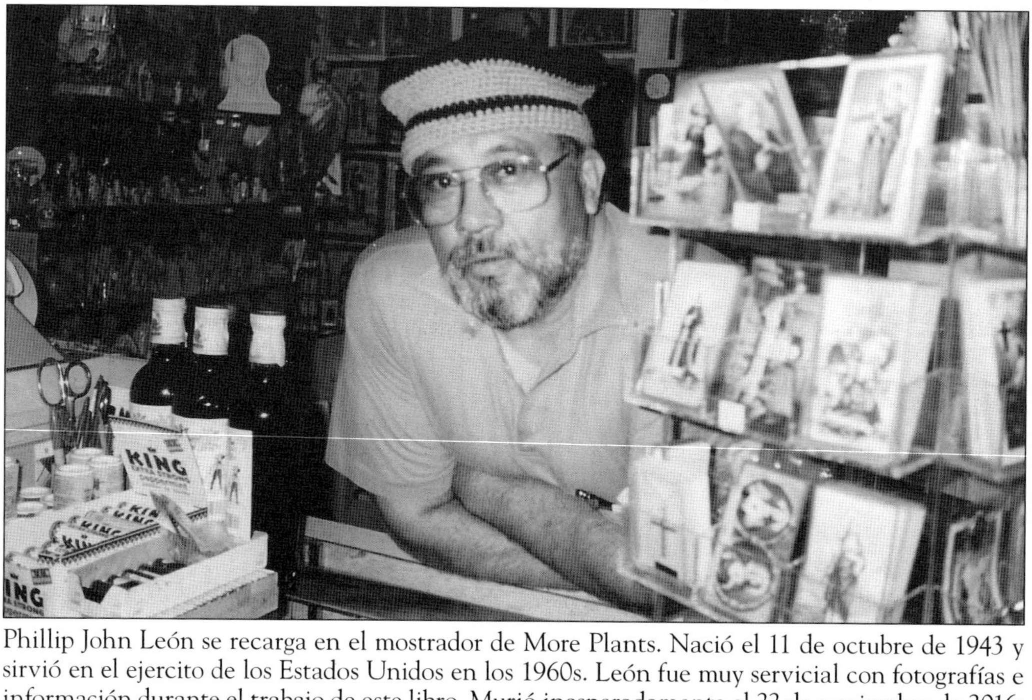

Phillip John León se recarga en el mostrador de More Plants. Nació el 11 de octubre de 1943 y sirvió en el ejercito de los Estados Unidos en los 1960s. León fue muy servicial con fotografías e información durante el trabajo de este libro. Murió inesperadamente el 22 de noviembre de 2016; por ahora su hijo Phillip Jr. está a cargo del negocio. (Cortesía de Phillip y Alice León.)

Los dueños de la tienda More Plants, Phillip y Alice León, están representados en esta fotografía. Los León empezaron su negocio en su casa en 1983, vendían plantas en el estacionamiento de Highway 90. En los 1980s, las plantas en macetas eran muy populares y eran usadas como purificadores del interior. Para 1985, necesitaban un espacio permanente y se reubicaron a la Plaza del Mercado de Agricultores. (Cortesía de Phillip y Alice León.)

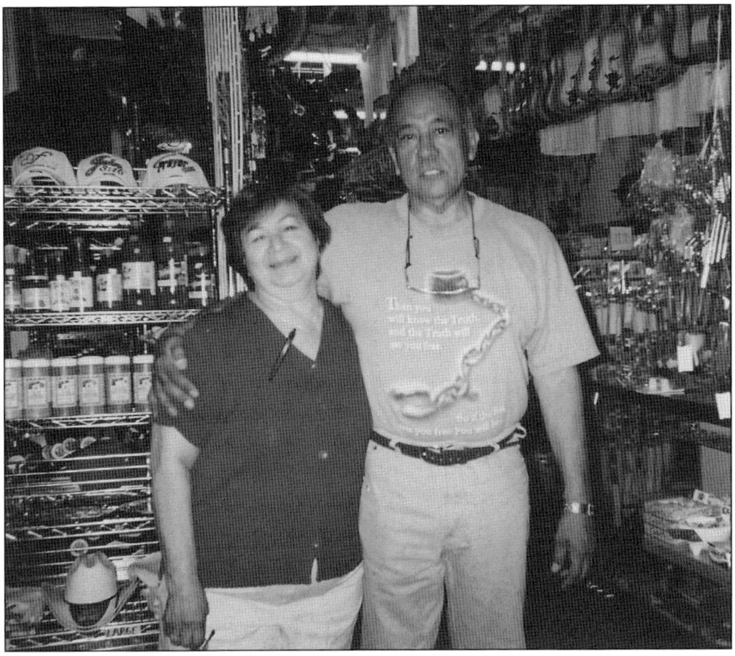

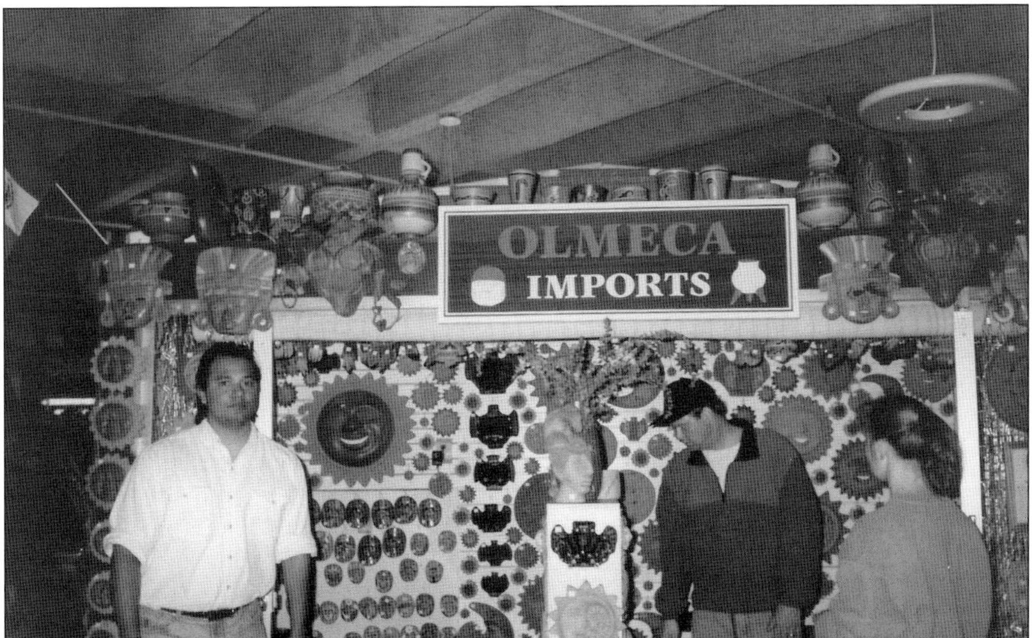

El hijo de los León, Phillip Jr., ayuda a su mamá en Olmec Imports en 1996. La civilización Olmeca se encontraba en lo que ahora son los estados de Veracruz y Tabasco en México. Se cree que fueron precursores de las culturas Maya y Azteca. Los Olmecas usaban símbolos para registrar sus creencias religiosas. (Cortesía de Phillip y Alice León.)

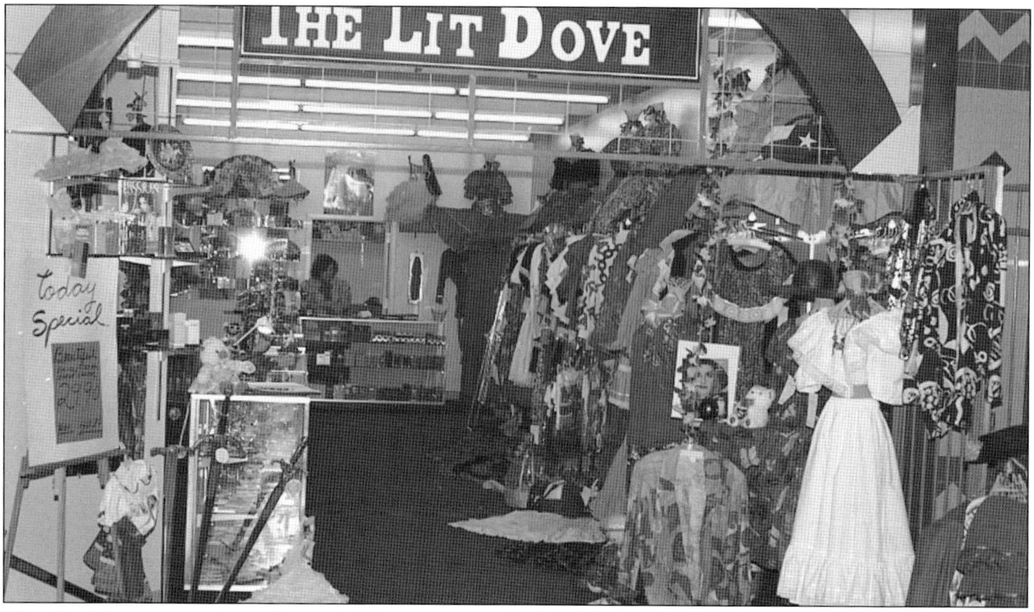

The Lit Dove, representada en 1994, era propiedad de Emeterio y Rosa María de Miguel. Ahora hay un negocio en la Plaza del Mercado de Agricultores llamado Yesi's the Lit Dove. Este negocio vende vestidos, sombreros, accesorios y trajes de mariachi para niños. (Cortesía de la Ciudad de San Antonio, Oficina de la Secretaria Municipal de Archivos y Registros.)

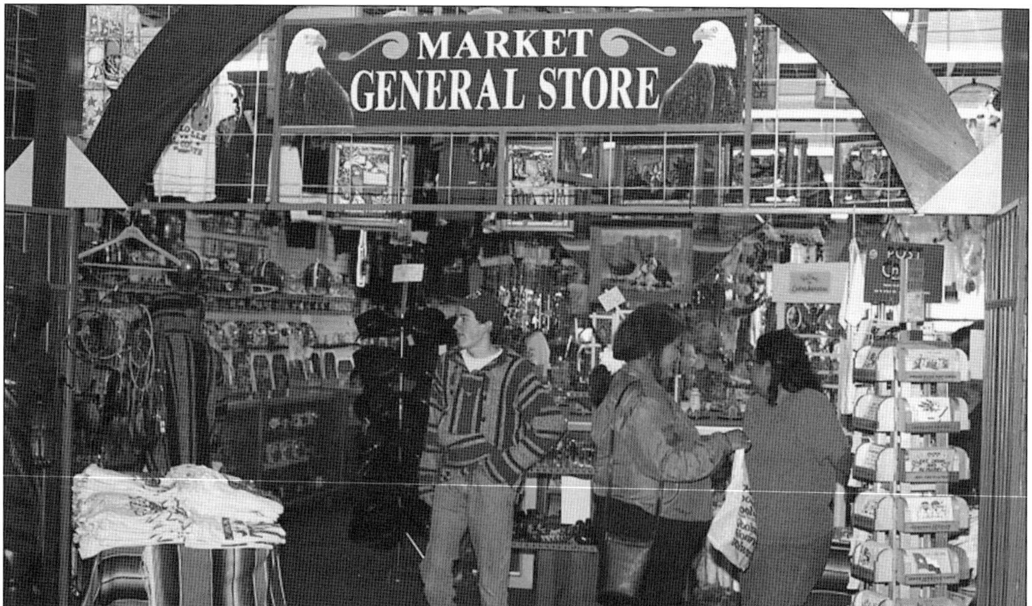

Market General Store fue establecida por Louis y Deanna Ramírez en 1986. Louis ha fallecido y Deanna y su hija Ivette son las propietarias. Ronnie, hijo de los Ramírez, administra el negocio. Ivette compró Tejano Lou's en 2013. La familia Ramírez tiene una larga historia en el mercado, su abuelo Salvador Martell compraba alimentos para revenderlos. (Cortesía de la Ciudad de San Antonio, Oficina de la Secretaria Municipal de Archivos y Registros.)

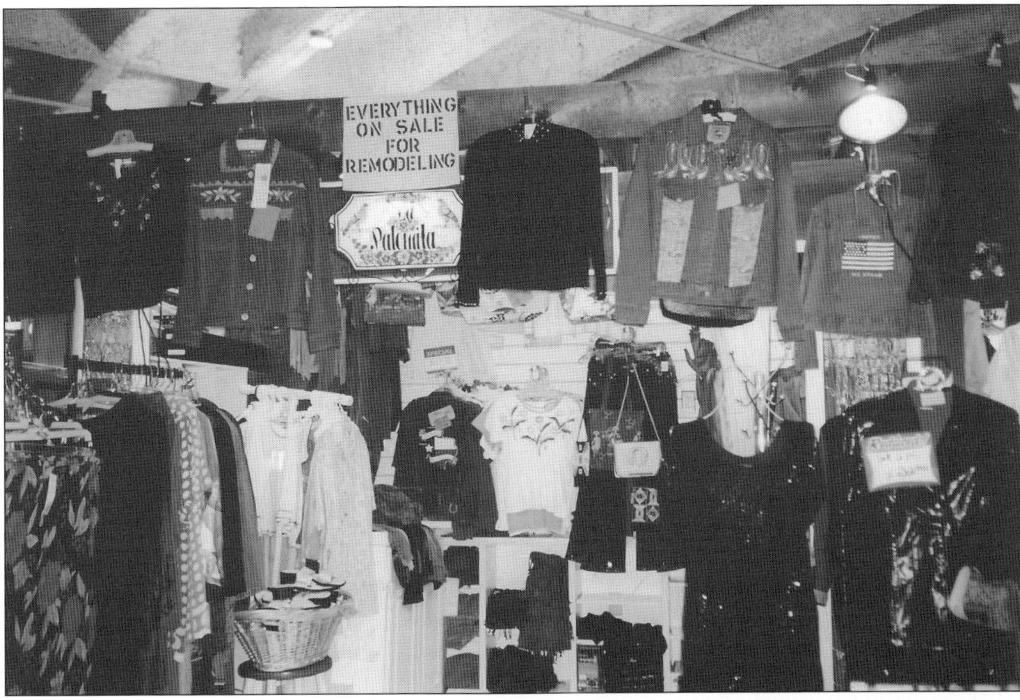

En 1993 la Plaza del Mercado de Agricultores fue remodelada para crear tiendas en el edificio hoy. La Palomita y otras tiendas necesitaban reducir su inventario por la remodelación. Mientras el edificio estuvo en construcción los 12 negocios originales se cambiaron al Centro de Artes. Cuando se terminó el proyecto, las tiendas eran más grandes y los quioscos y los carritos al centro del edificio habían desaparecido. (Cortesía de Thelma González.)

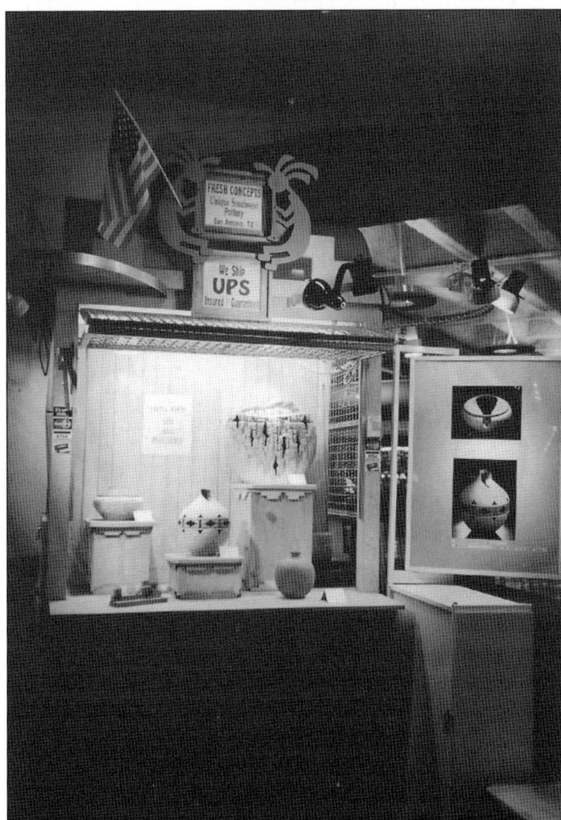

Fresh Concepts fue establecido por el artista David Kirby, quien se especializaba en cerámica del suroeste. De acuerdo con el contrato de arrendamiento de la ciudad con fecha 19 de febrero de 2015, Aurora Lomas Sandoval se hizo cargo del negocio en 2009. El contrato identifica el negocio como Mexican Imports. En 2015, el contrato fue transferido a Bertha Mayte de la Rosa. (Cortesía de Thelma González.)

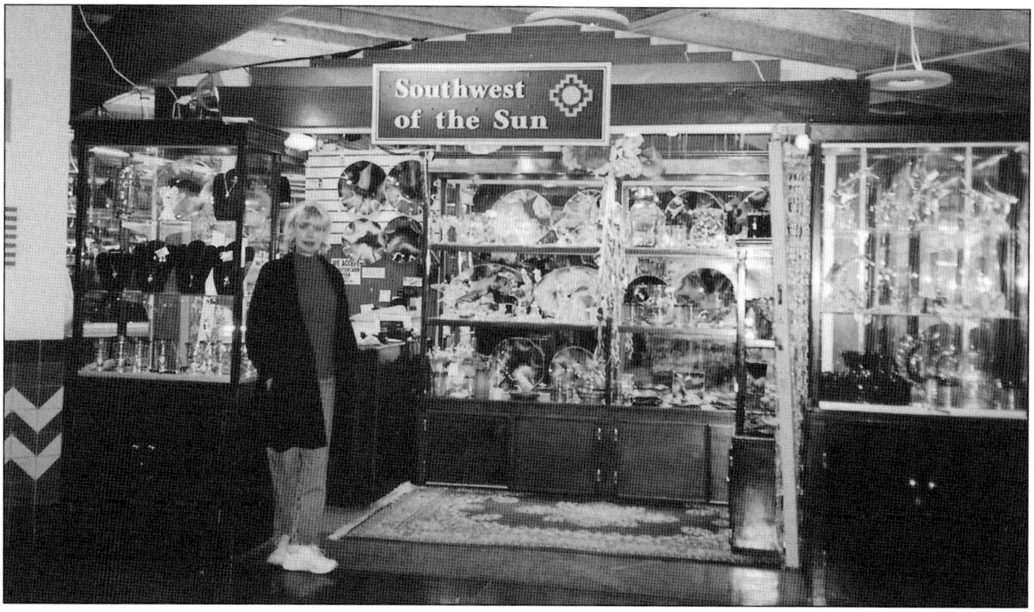

Southwest of the Sun fue propiedad del artista de vidrio Bobbi Wolfe. La tienda ya no está en la Plaza del Mercado de Agricultores y de acuerdo con otros propietarios, ya han pasado varios años desde que Wolfe murió. Visitantes al mercado por arte de vidrio pueden echar un vistazo a García Art Glass, propiedad de Gini García. Su estudio de soplado de vidrio se localiza en la calle South Alamo 715. (Cortesía de Thelma González.)

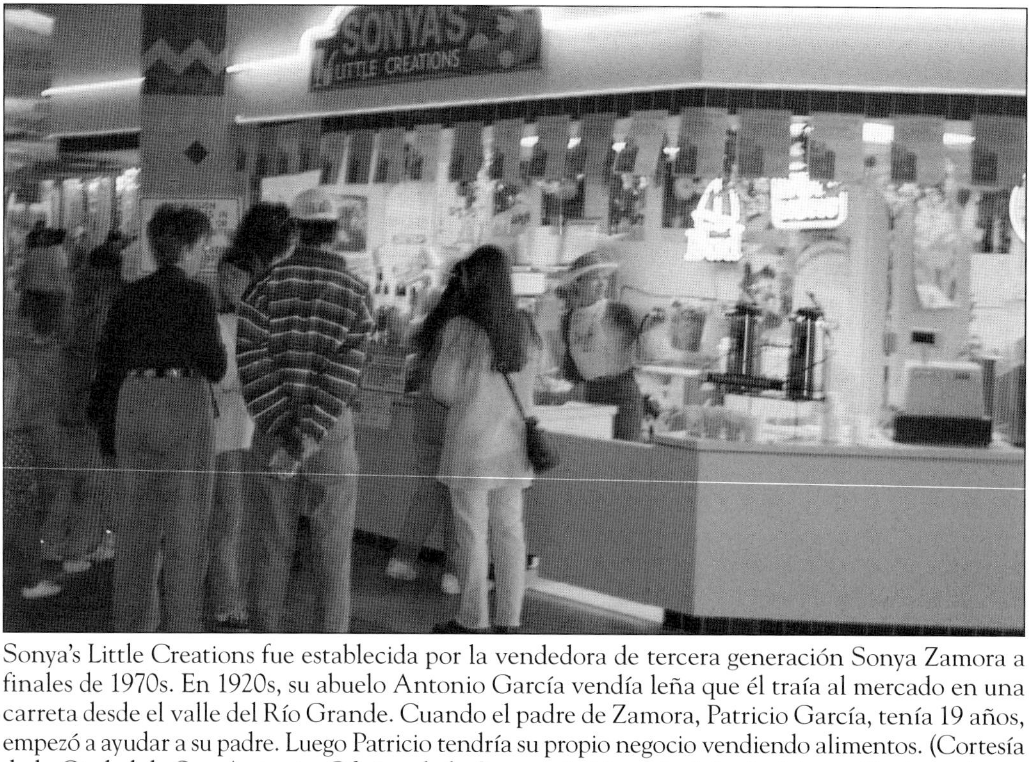

Sonya's Little Creations fue establecida por la vendedora de tercera generación Sonya Zamora a finales de 1970s. En 1920s, su abuelo Antonio García vendía leña que él traía al mercado en una carreta desde el valle del Río Grande. Cuando el padre de Zamora, Patricio García, tenía 19 años, empezó a ayudar a su padre. Luego Patricio tendría su propio negocio vendiendo alimentos. (Cortesía de la Ciudad de San Antonio, Oficina de la Secretaria Municipal de Archivos y Registros.)

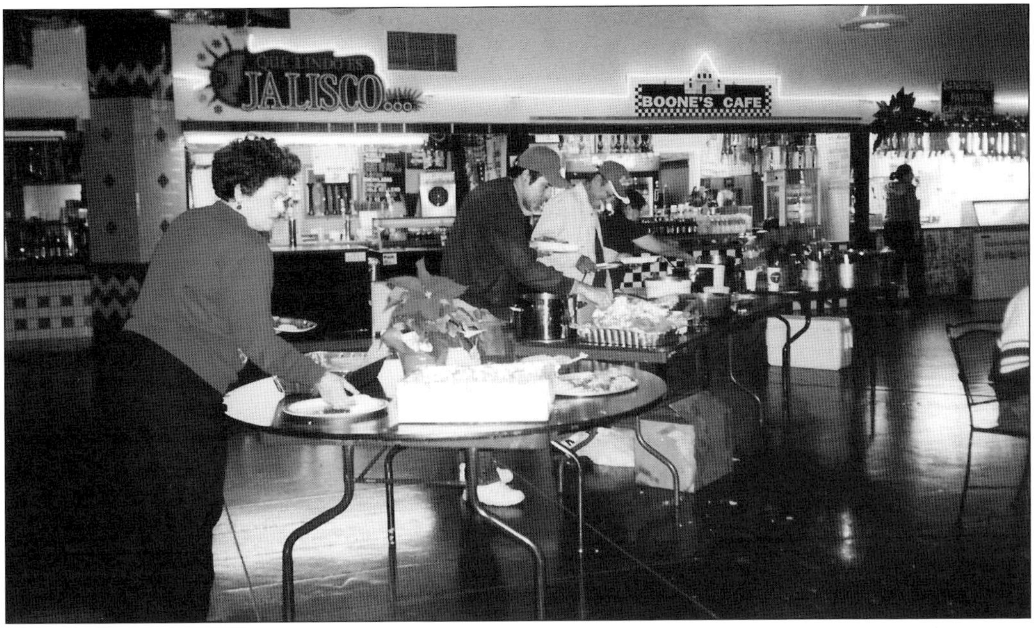

Propietarios en la Plaza del Mercado de Agricultores disfrutan una comida de Navidad en 1994 después de las horas de trabajo. Al fondo está el restaurante Que Lindo es Jalisco y Boone's Café, propiedad de Boone Brinson. Boone abrió su café en 1994, el mismo año que abrió Boone's Fine Prints. El negocio de impresión fina no la hizo, pero Boone's Café sigue operando. (Cortesía de Thelma González.)

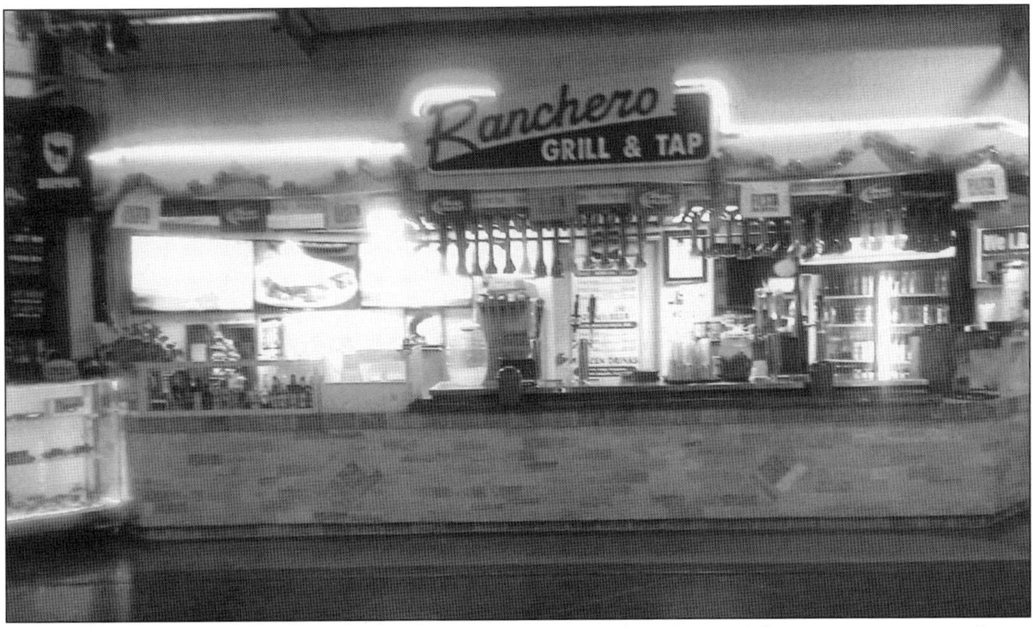

Ranchero Grill & Tap es propiedad de Alicia Reyes y su hijo James. Manejan un negocio firme y limpio. Tres veces el negocio ha recibido una puntuación perfecta de 100 en las inspecciones de salud. La primavera es una época muy ocupada, marzo trae un gran número de turistas a la ciudad y Fiesta San Antonio en abril trae multitud de turistas y locales al mercado. (Cortesía de Alicia Reyes.)

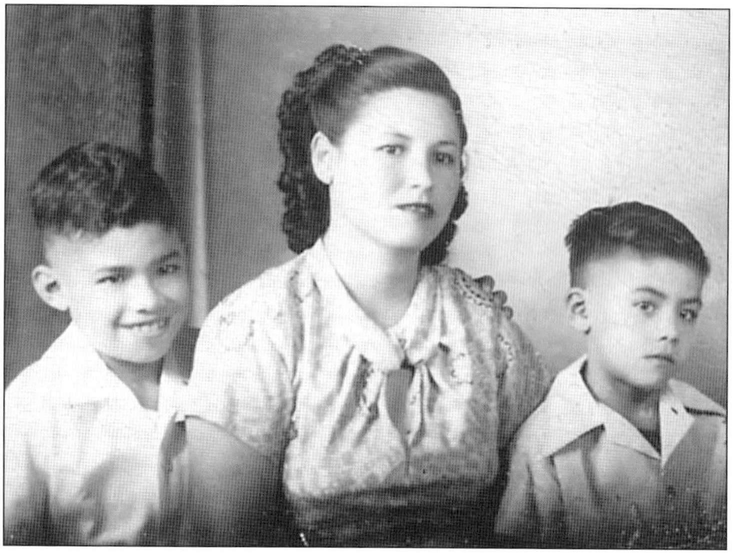

Elvira Reyes es vista aquí el 19 de mayo de 1951 con sus hijos Hilario (a la izquierda) y Alejandro (Alex). La fotografía fue tomada en The Modern Studio, localizado en la calle South Laredo 118. Cuando Alex tenía como 7 años empezó a ayudar a su madre y hermano a vender alimentos en la Plaza del Mercado de Zacate. En 1969 Alex fundó The Pepper Tree. (Cortesía de Alicia Reyes.)

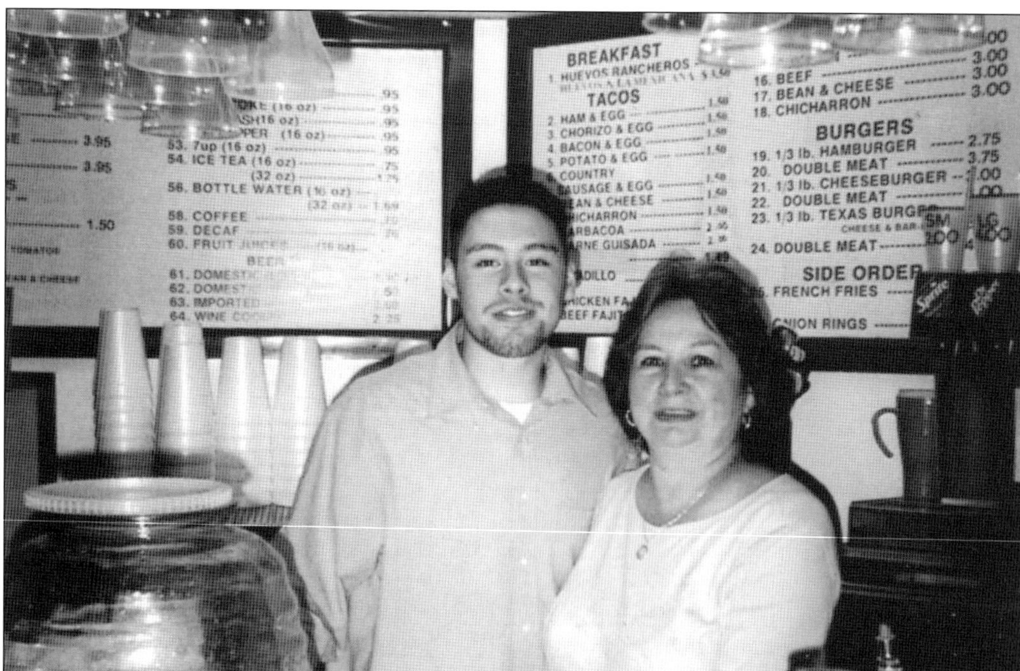

La familia Reyes ha vendido en el mercado desde finales de 1950s. Son considerados vendedores originales por estar en el negocio desde antes de la renovación de 1976. James Reyes está en la tercera generación de vendedores en el mercado. Sus abuelos vendían alimentos y su padre fundó The Pepper Tree. En los 1970s sus padres, Alex y Alicia Reyes, establecieron Casa de Artes. Ahora, James y su madre, Alicia (Alice), manejan Ranchero Grill & Tap. (Cortesía de Alicia Reyes.)

Seis

El Centro de Artes

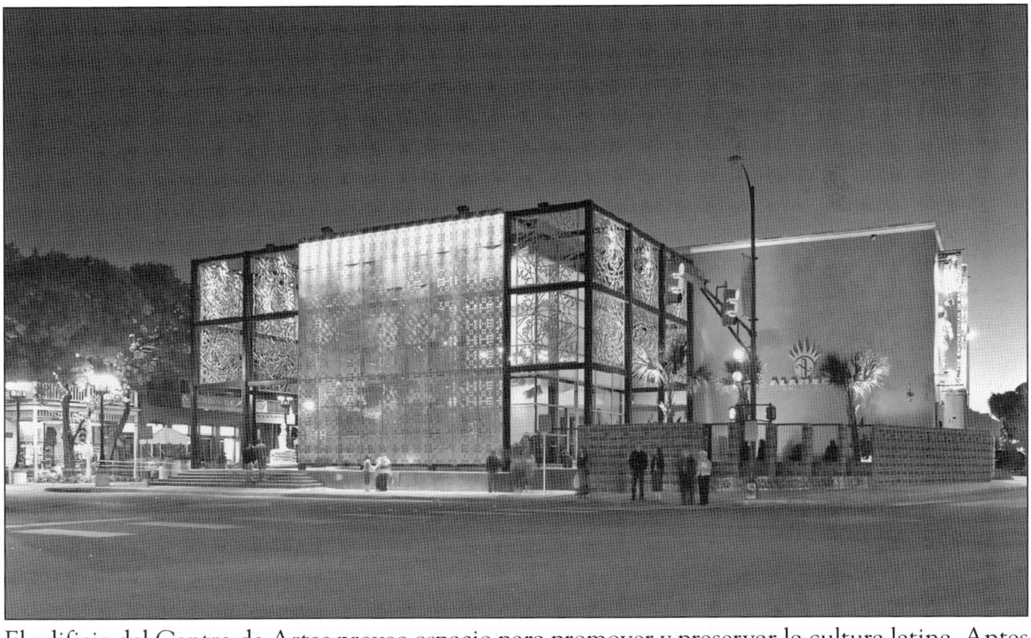

El edificio del Centro de Artes provee espacio para promover y preservar la cultura latina. Antes de que el Museo Alameda abriera en 2007, podía ser rentado para eventos. Más recientemente albergó el Texas A&M University–Centro de Artes Educativas y Culturales de San Antonio. Actualmente hay en el edificio un estudio de televisión para KWEX 41 Univisión y oficinas de la organización San Antiono Tricentennial Commission. (Fotografía de Al Rendón, cortesía de La Familia Cortez Restaurantes)

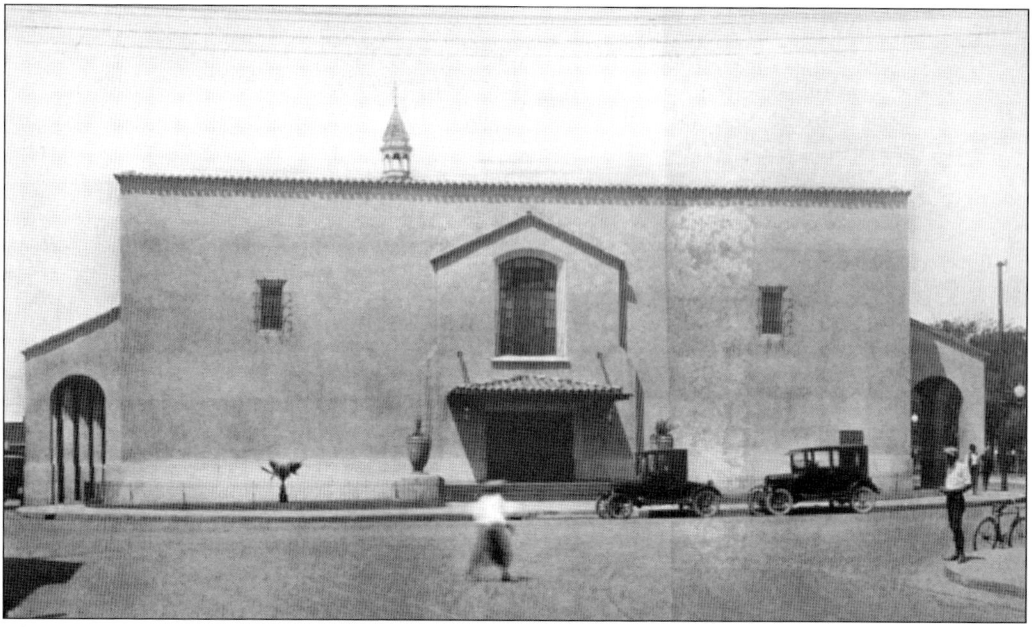

El anexo de la Casa del Mercado Municipal fue construido frente al viejo mercado en los 1920s; se puede ver la cúpula al fondo. Ahora que el mercado tenía una planta refrigeradora, cada puesto tenía espacio de almacenamiento en frío. Los puestos de los vendedores estaban en el primer piso y los baños estaban en el entre piso, también había una oficina para el jefe del mercado, almacenamiento en seco para cada puesto y un área para la música. (Cortesía de David Peché.)

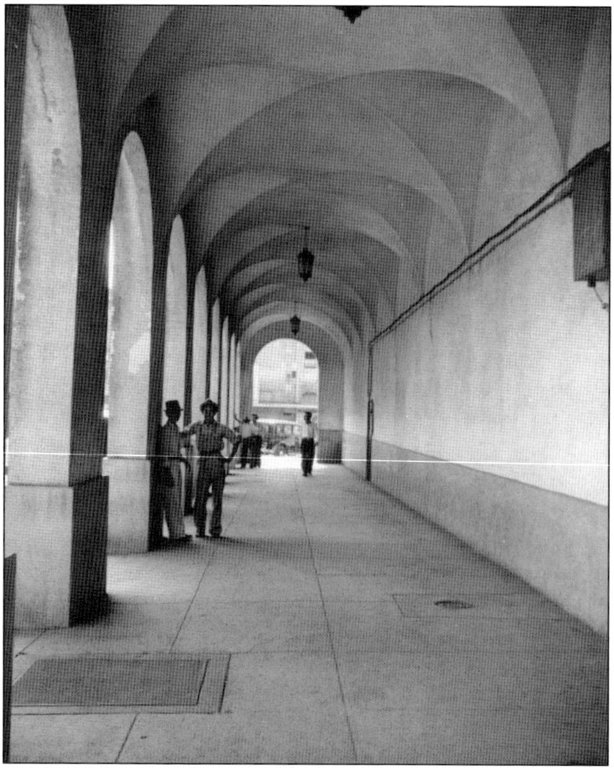

El edificio después conocido como Centro de Artes tenía pasillos de arcada en ambos lados de la estructura. Esta fotografía tomada en los 1930s muestra lo que se perdió durante la renovación del edificio. En los diseños originales del arquitecto Beverly W. Spillman ambos edificios anexos debían tener arcadas con techos abovedados sombre las aceras. (Cortesía de la División Texana, Bibliotecas Públicas de San Antonio, colección de postales.)

Esta fotografía de finales de 1920s muestra el interior del anexo. Había puestos para carne, verduras, leche, aves de corral y pescado. A principios de 1940s, los puestos estaban ocupados por Saenz Brothers Florist, Piggy Wiggly Store No. 34 (que tenía tres puestos), City Market Café, Medellin's Market, Benjamin Pottery y Theodore's Flower Shop. Había tres mercados de pescado: Auberlen's, Tarin's y Alpert's. (Cortesía de David Peché.)

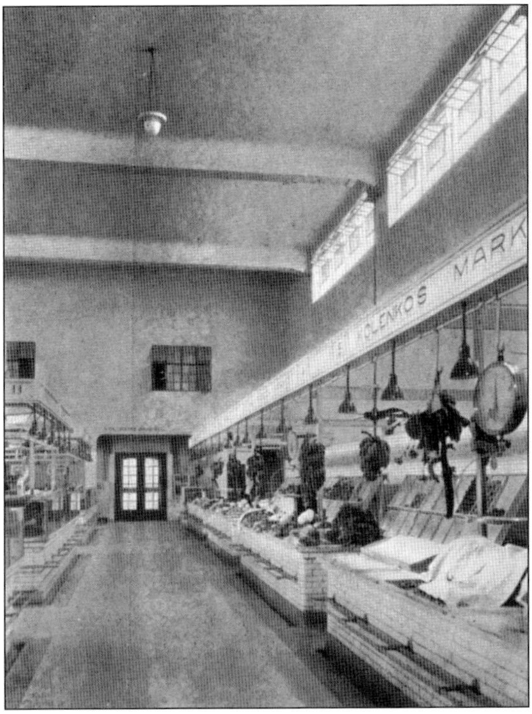

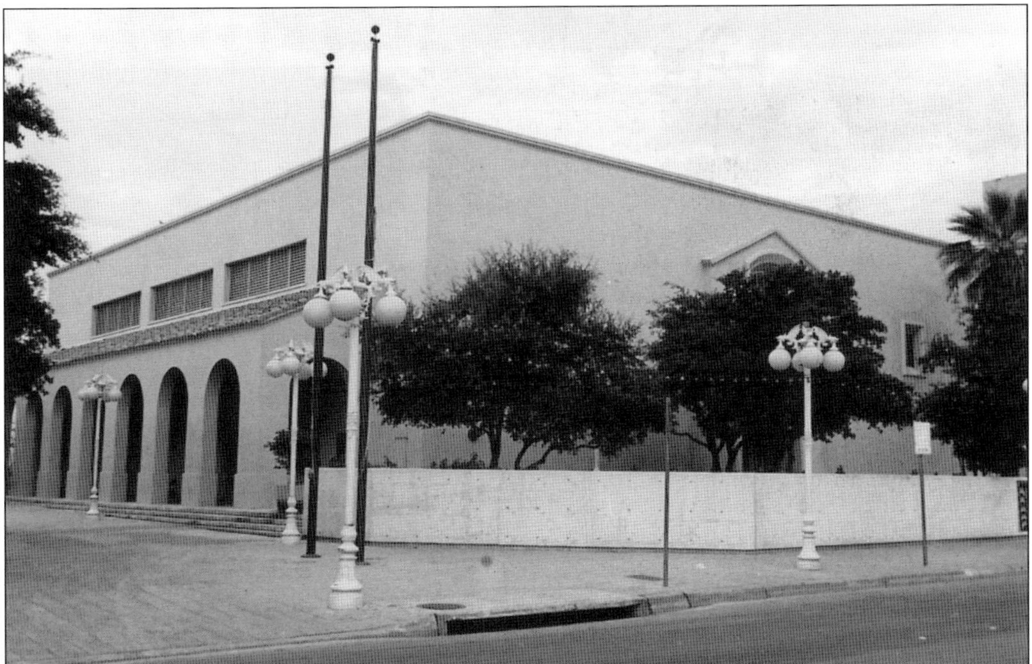

Se puede ver el Centro de Arte en esta fotografía tomada para la encuesta de recursos del centro de San Antonio 1981–1982. En *The History of San Antonio's Market Square* (1988), Mary Ann Noonan Guerra escribió que el antiguo mercado de carne y pescados era ahora el Centro de Artes, "disponible para fiestas, fiestas privadas, encuentros políticos y muestras de arte." (Cortesía de la Fundación de la Sociedad de Conservación de San Antonio.)

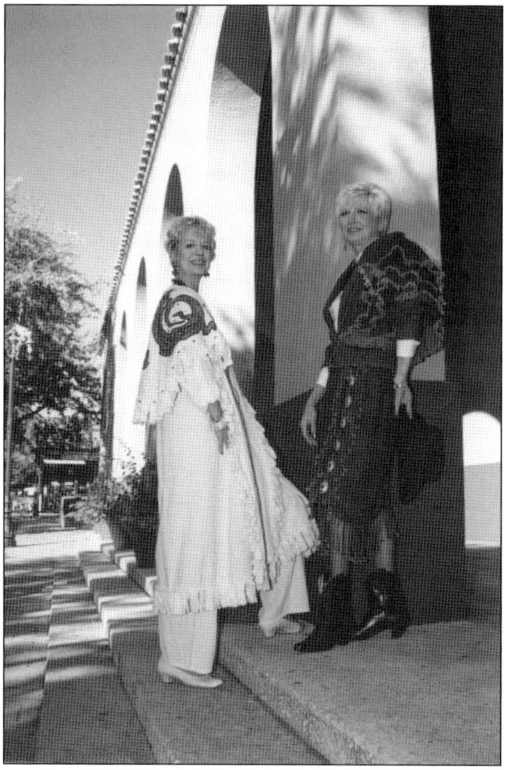

Estas modelos posando afuera del Centro de Artes en Produce Row en 1996 llevan lo último en ropa del suroeste. Los días de carritos tirados por mulas que bajaban Produce Row desaparecieron a principios de los 1940s. Produce Row y la calle Concho se convirtieron en centros peatonales en 1976. (Cortesía de la Ciudad de San Antonio, Oficina de la Secretaria Municipal de Archivos y Registros.)

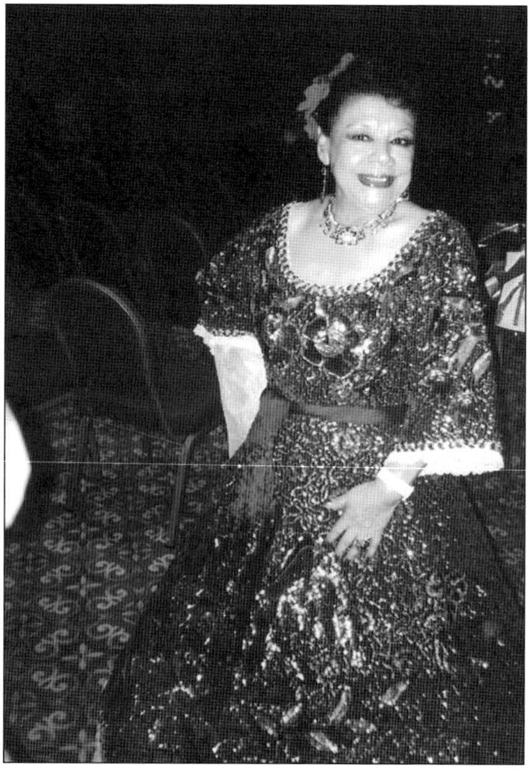

Beatriz Llamas "La Paloma del Norte" ha actuado en Plaza del Mercado toda su carrera que se extiende a más de cinco décadas. El vestido fue hecho por su madre y ella agregó todos los adornos a mano. Cuando tenía 15 años, Beatriz necesitaba un traje de charro que costaba $68, dinero que su familia no tenía, entonces su madre pagó el traje trabajando para la señora que se lo había vendido. (Cortesía de Beatriz Llamas.)

Lydia Mendoza fue cantante de Tejano, conjunto y música tradicional mexicana. Su familia se cambió a San Antonio en 1928. Mendoza y sus hermanas se presentaban por la ciudad incluyendo Plaza del Zacate. En 1999 se ganó la Medalla Nacional de Artes. Rita Vidaurri, de las Tesoros de San Antonio, cantó con Mendoza en la Plaza del Mercado. Mendoza murió en 2007 en San Antonio a la edad de 91 años. (Cortesía de Al Rendón.)

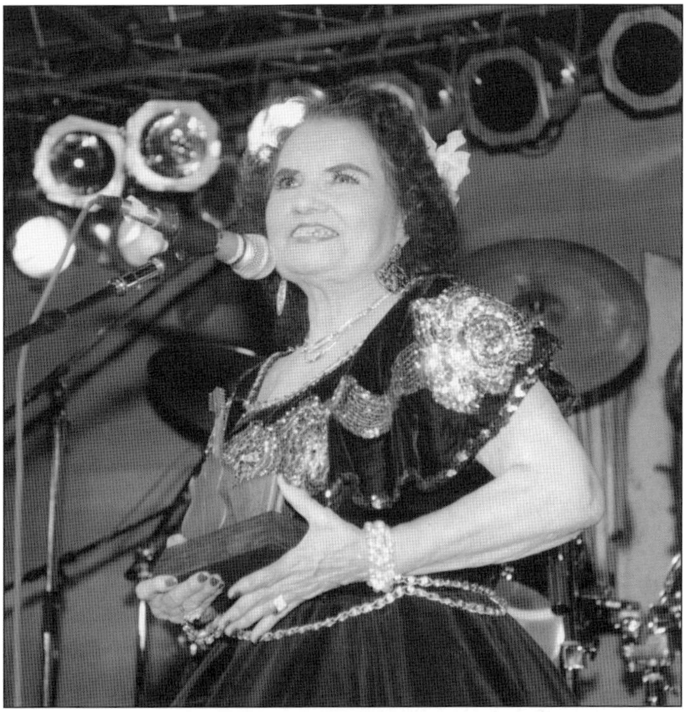

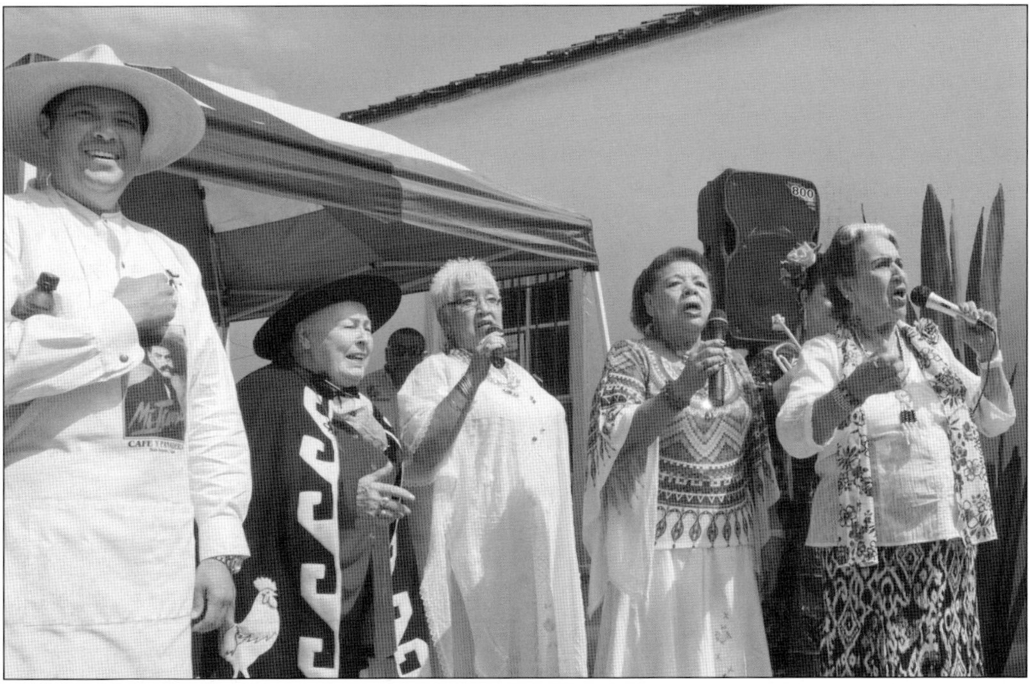

Cada miembro de las Tesoros de San Antonio tenía su propia carrera internacional. Se unieron a través del Centro de Paz y Justicia Esperanza y algunas todavía siguen actuando. De izquierda a derecha están Michael Cortez, Janet Cortez ("Perla Tapatía"), Blanca Rodríguez ("Blanquita Rosa"), Beatriz Llamas ("La Paloma del Norte"), y Rita Vidaurri ("La Calandria"). Perla Tapatía murió en 2014. (Fotografía de Al Rendón, cortesía de La Familia Cortez Restaurantes.)

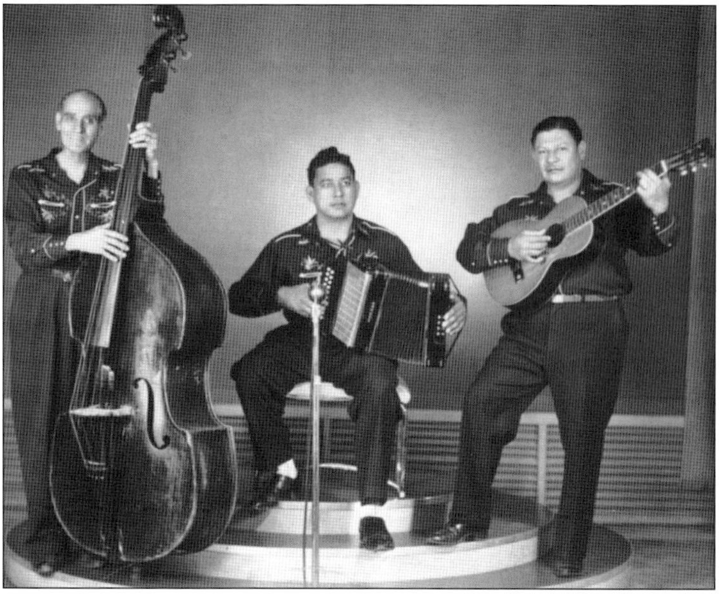

Santiago Jiménez Sr. y sus Valedores están en esta fotografía de 1940s. De izquierda a derecha están Ismael Gonzales, Santiago Jiménez y Manuel González. Santiago Jiménez Sr. fue pionero de la música de conjunto. Fue inducido al Salón de la Fama de Música Tejana en 1993 y al Salón de la Fama y Museo de la Música de Conjunto de Tejas en 2003. Sus hijos Santiago Jr. y Leonardo "Flaco" son acordeonistas. (Cortesía de UTSA Colecciones Especiales–ITC, fotografía 82-85.)

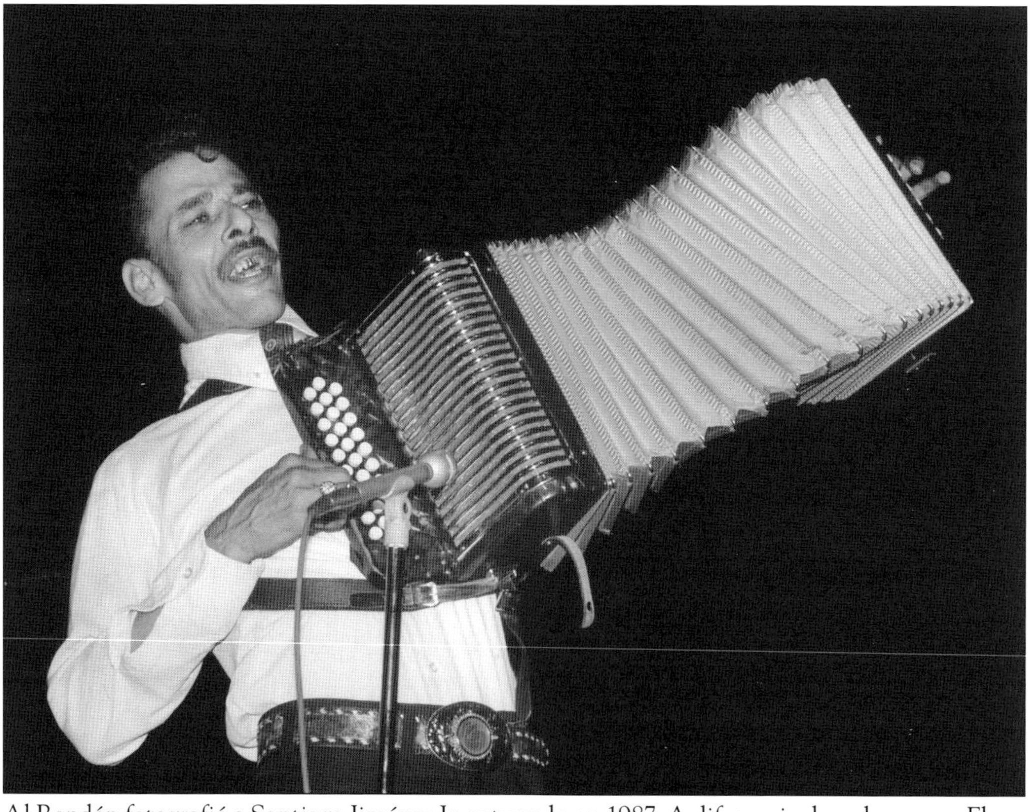

Al Rendón fotografió a Santiago Jiménez Jr. actuando en 1987. A diferencia de su hermano Flaco que mezcla muchos estilos de música, Santiago toca Tex-Mex tradicional. En 2015, Flaco gano un Grammy Lifetime Achievement Award y Santiago recibió la Medalla Nacional de Arte entregada por el presidente Obama el 22 de septiembre del 2016. Santiago y su bajo sexto, Woody Rodríguez, tocan en Carnitas la mayoría de los domingos. (Cortesía de Al Rendón.)

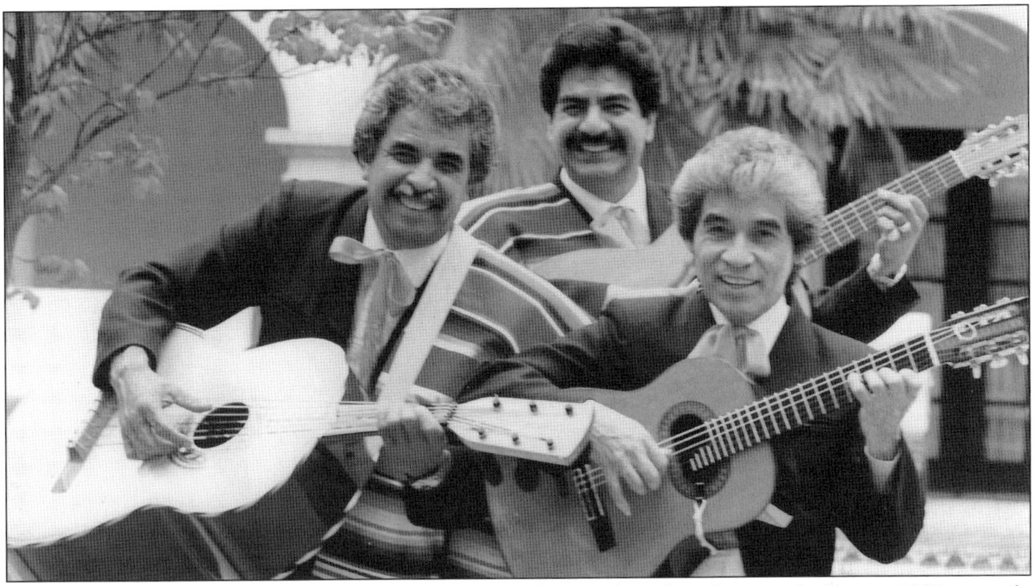

Estos trovadores han tocado en Plaza del Mercado por décadas. Fotografiados en 1983 son, de izquierda a derecha, Francisco "Poncho" Pérez con el guitarrón, José López ("El Indio") con la guitarra y Seferino "Chepe" Solís con el requinto. Poncho vino a San Antonio de México en 1964 cuando tenía 19 años. Recuerda que el área era violenta, había prostitutas y pachucos que llevaban navajas y no tenían miedo de usarlas. (Cortesía de Francisco Pérez.)

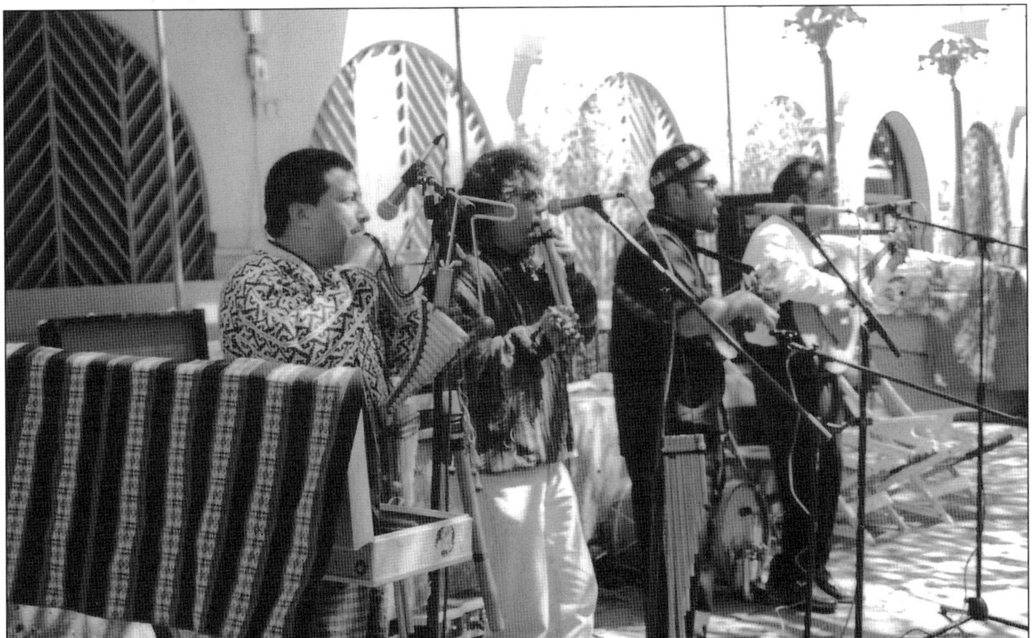

Los 1990s trajeron un nuevo sonido a San Antonio y Plaza del Mercado, música de los Andes. La mayoría de estos músicos llegaron a los Estados Unidos de Argentina, Bolivia, Chile, Colombia, Ecuador y Perú. Ya que la música tiene raíces latinas, fue bien aceptada y todavía la podemos escuchar en el centro comercial Rivercenter en el Paseo del Río. Este grupo está tocando afuera de El Mercado en Produce Row. (Cortesía de Joanne Gonzales.)

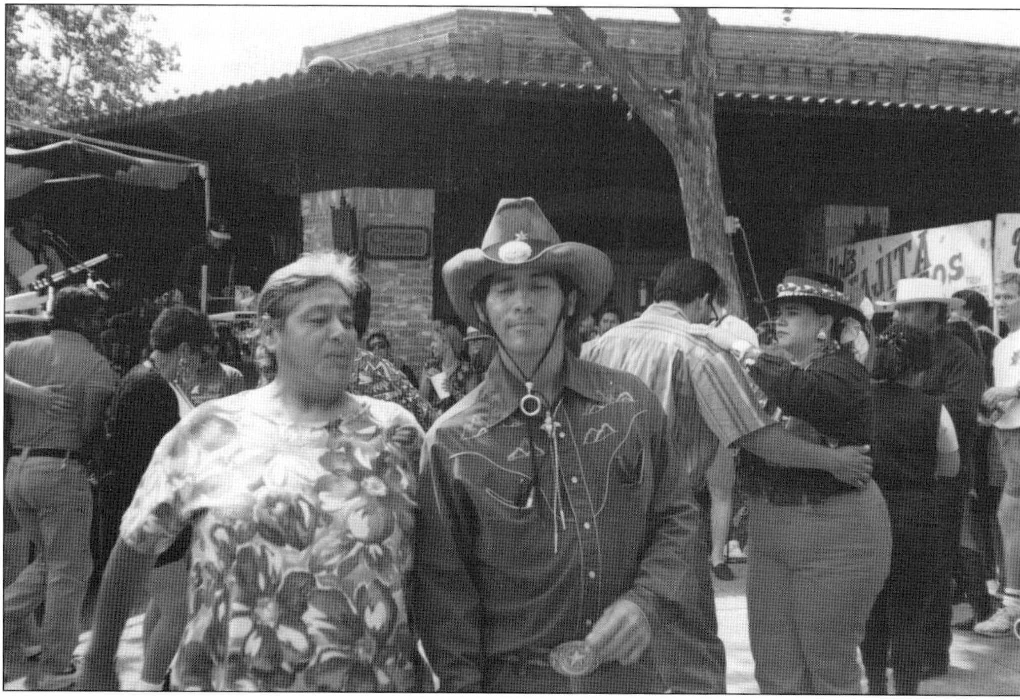

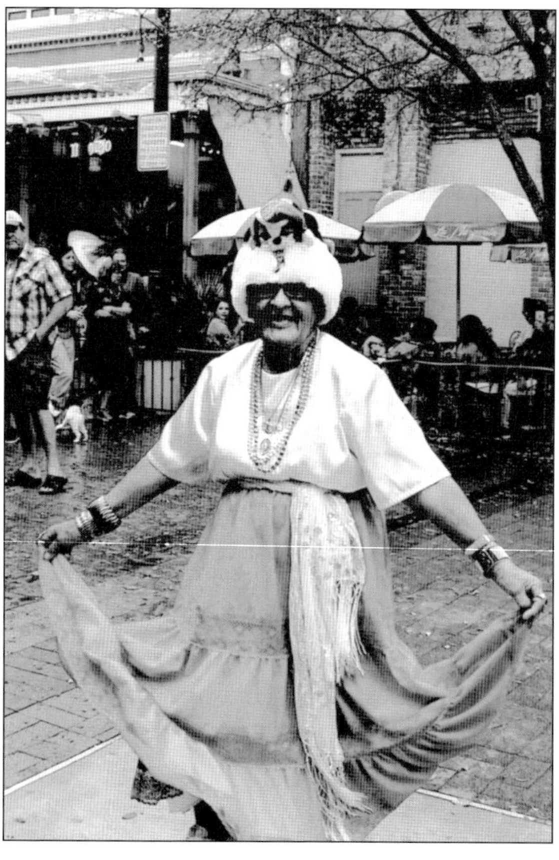

El baile es una gran parte de las culturas tejana y mexicana. En Plaza del Mercado se puede disfrutar de bailes folklóricos y conjuntos de country western. Durante Fiesta San Antonio y otros festivales el baile tiene lugar en el centro comercial peatonal. Dos bailarines regulares posan aquí en 1994 y también hay un caballero que entretiene al público vestido de Elvis Presley. La música y el baile juntan a personas de todas las edades. (Colección del autor.)

Miss Margaret, como es conocida por los regulares del mercado, disfruta vestirse con trajes de fiesta y bailar; ha bailado durante eventos por los últimos cinco años. Se puede ver aquí llevando una falda tradicional mexicana en 2015 durante la Bendición de los Animales; el sombrero de Santa Claus está adornado con un juguete de peluche. (Colección del autor.)

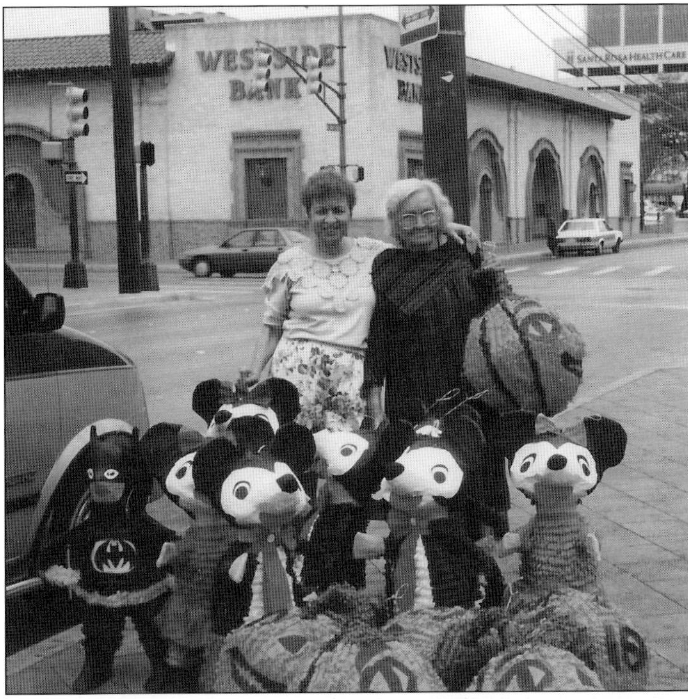

¡No es una fiesta a menos que haya una piñata! Mary Perales y su madre, Elena, de Perales Imports, posan con su entrega. La familia Perales compraba las piñatas de la Sra. Vásquez en el mercado local. *Texas Monthly Magazine* mencionó Piñata Land en la calle South Alamo 709 y Piñatas de Peña en camino Blanco 1832 en 1981. La mayoría de las piñatas vendidas en el mercado hoy viene de México. (Cortesía de Mary Perales Valdez.)

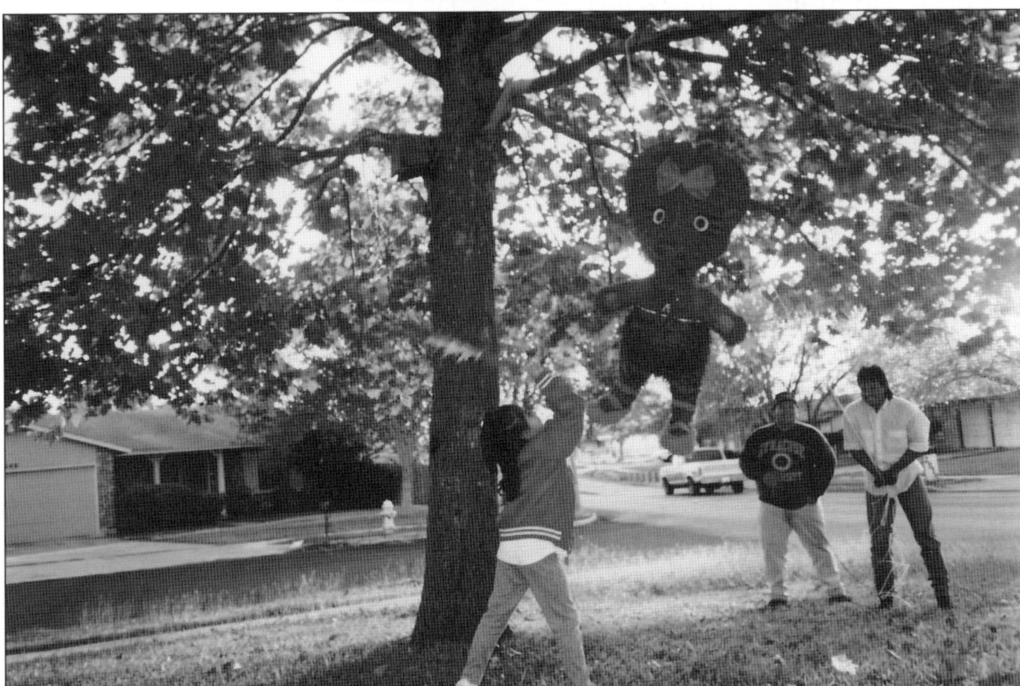

Las piñatas se cuelgan de los árboles o algún tipo de viga. El objetivo es subir y bajar la piñata y mantener a la persona balaceando el palo hasta que la rompa; algunas veces la persona con el palo es vendada de los ojos. Tradicionalmente se llenan las piñatas con dulces y juguetes pequeños. En esta fotografía de los 1990s, Phillip León Jr. mueve la piñata mientras Paul Galván lo mira. (Cortesía de Phillip and Alice León.)

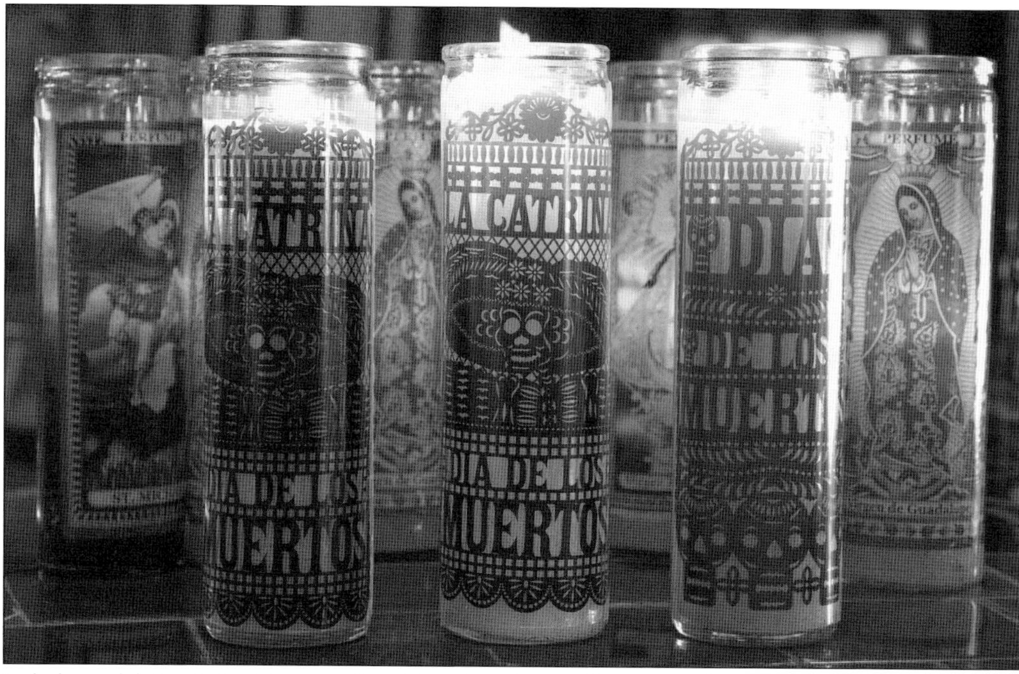

Veladoras del Día de los Muertos, San Miguel y Nuestra Señora de Guadalupe iluminan el camino y guían a los espíritus a la tierra para visitar a los seres queridos dejados atrás. Hay numerosas celebraciones del Día de los Muertos en San Antonio; una de las más grandes es en Plaza de Mercado. Esta tradición se ha conservado como patrimonio cultural. (Fotografía Al Rendón, cortesía de la Familia Cortez Restaurantes)

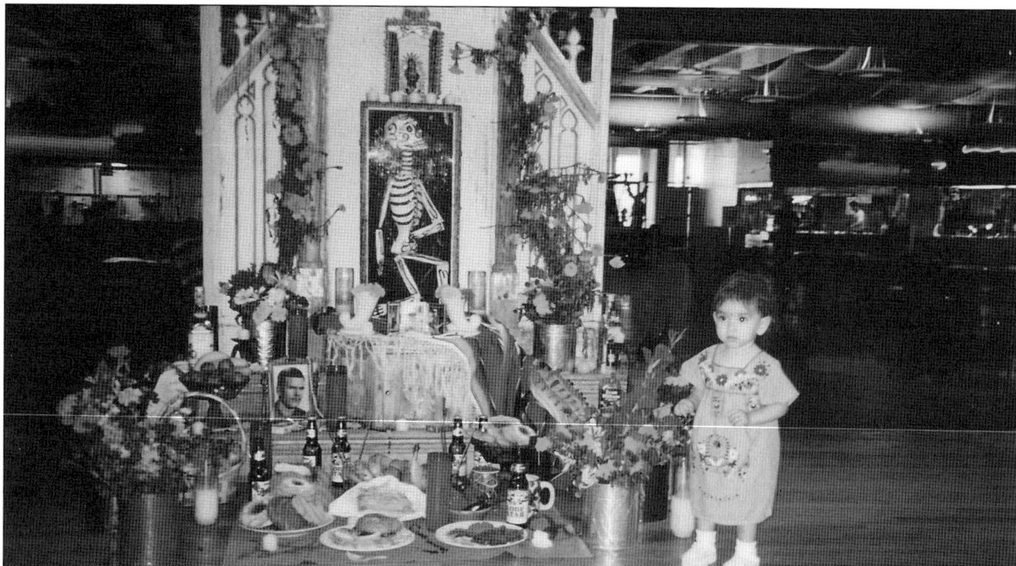

Madalina Junco, nieta de María Perales Valdez de Perales Imports, está parada junto al altar del Día de los Muertos de 1999 en Plaza del Mercado de Agricultores. Entre las flores en el altar hay caléndulas "flor de muerto." Por la apariencia de las ofrendas muchas con botellas de cerveza y whiskey, los difuntos disfrutaban de una bebida; también disfrutaban donas, hamburguesas y comida mexicana. (Cortesía de Mary Perales Valdez.)

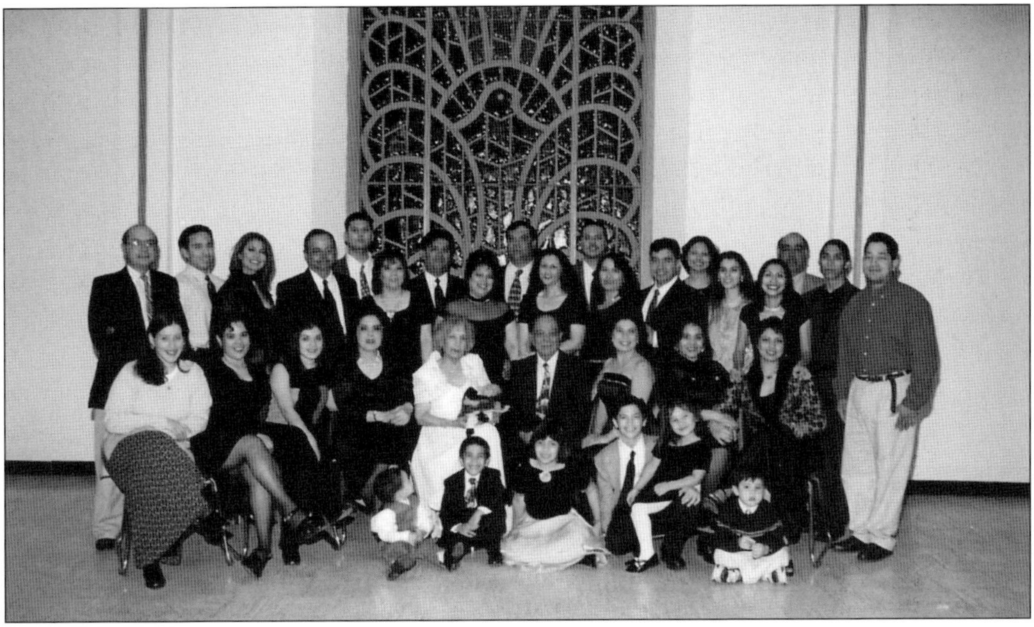

La familia González celebra el 50º aniversario de boda de Susan y Rene González (centro) en el Centro de Artes el 28 de diciembre de 1997. Dela, Thelma, Rene, Blanca, Rita y Ruth honraron a sus padres con una recepción y baile. El logo de la Plaza del Mercado en el vitral sirve como telón de fondo para el retrato de la familia. (Cortesía de Thelma González.)

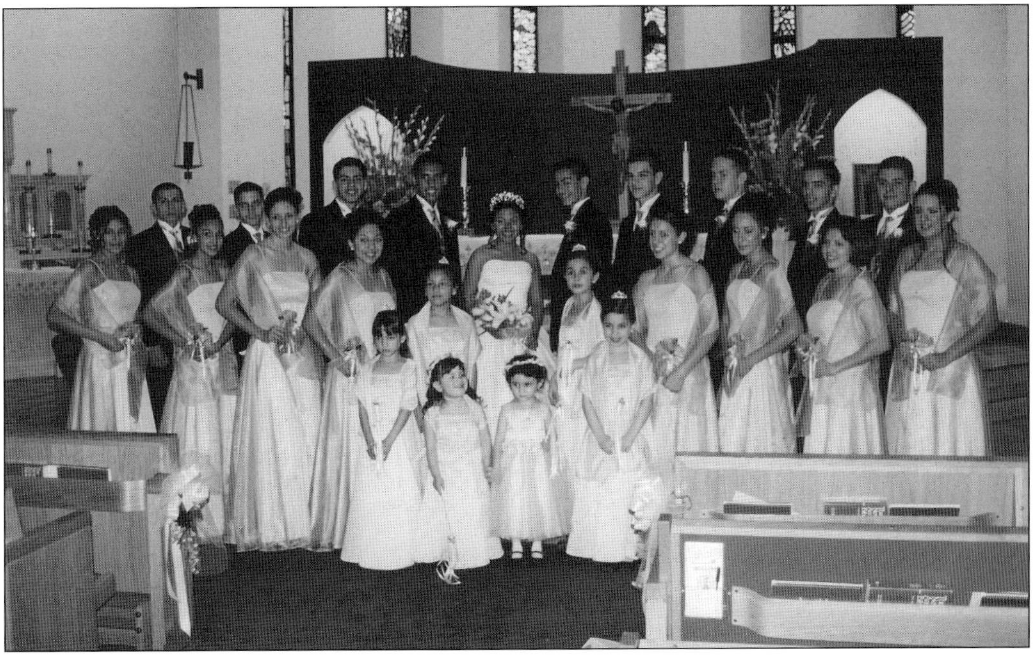

El Centro de Artes también era rentado para quinceañeras. Una quinceañera es un acontecimiento de celebración en las familias hispanas tradicionales. Esta celebración religiosa en 2003 en honor del 15º cumpleaños de la debutante Melessa Chriselda Rodríguez se llevó acabo en la iglesia de St. George Maronite. En el centro están Rodríguez y su chambelán, Nathaniel Jay Mireles, se presentan con la corte de honor de Rodríguez. (Cortesía de Melessa C. Rodríguez.)

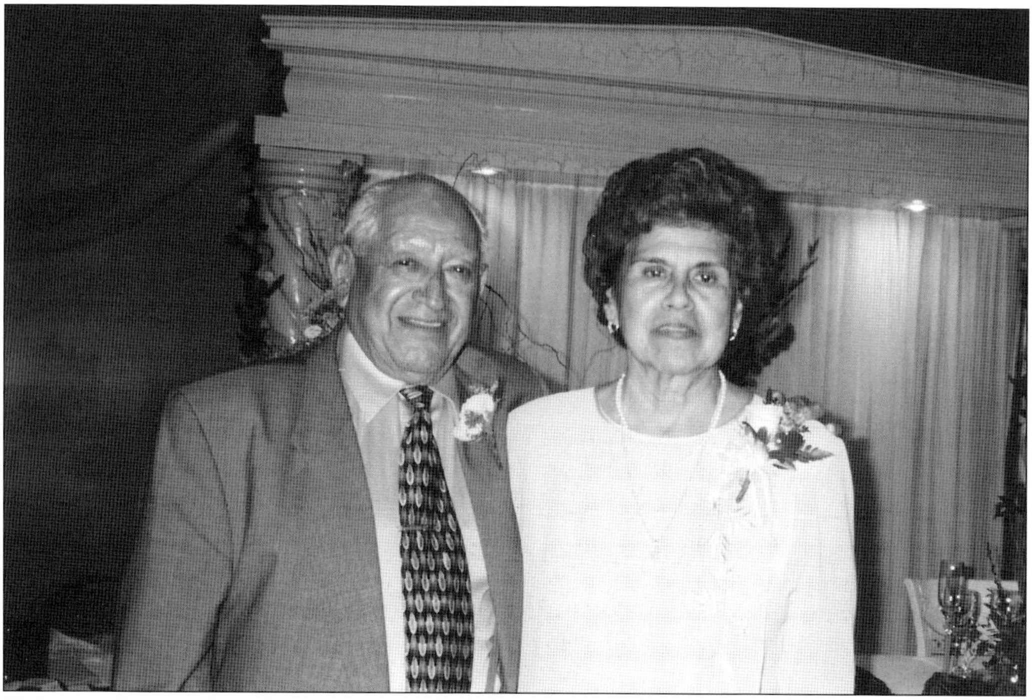

El Centro de Artes ha sido núcleo de la educación cultural latina y también ha sido responsable de preservar las tradiciones y contar historias. La familia es muy importante y los abuelos juegan un papel muy especial en una quinceañera y como lo han hecho al moldear a la niña en una joven. Los abuelos de Melessa Rodríguez, Alexander O. y Alice Rodríguez, fueron los padrinos de su vestido de princesa. (Cortesía de Melessa C. Rodríguez.)

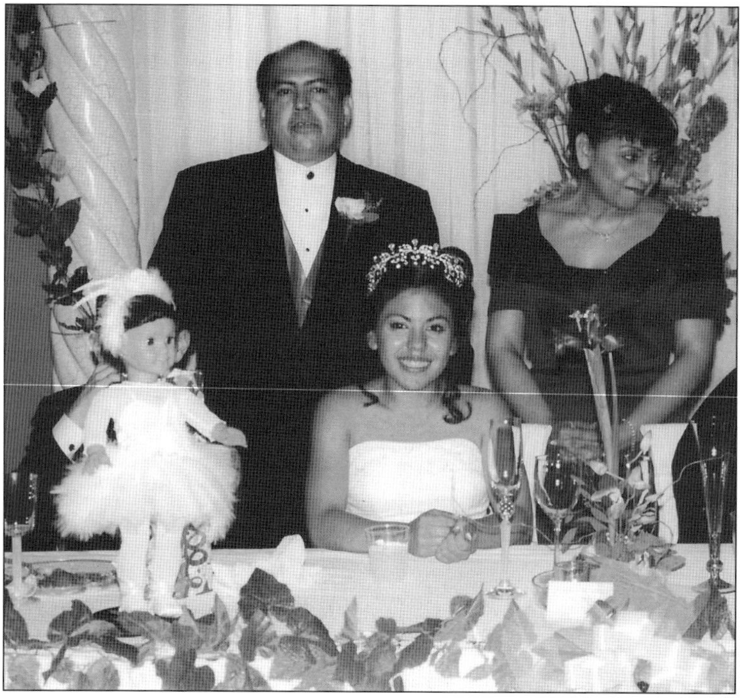

Parte de la ceremonia de quinceañera es la última muñeca que simboliza pasar de la infancia a la edad adulta. La muñeca de Melessa Rodríguez fue un regalo de su abuela materna, María M. Flores. En la fotografía, Rodríguez y su última muñeca están con sus padres, Michael H. y Mary Lou Rodríguez. La tiara fue un regalo de Robert Kniejski e Irma Hernández. Otros artículos fueron regalos de la familia y amigos. (Cortesía de Melessa C. Rodríguez.)

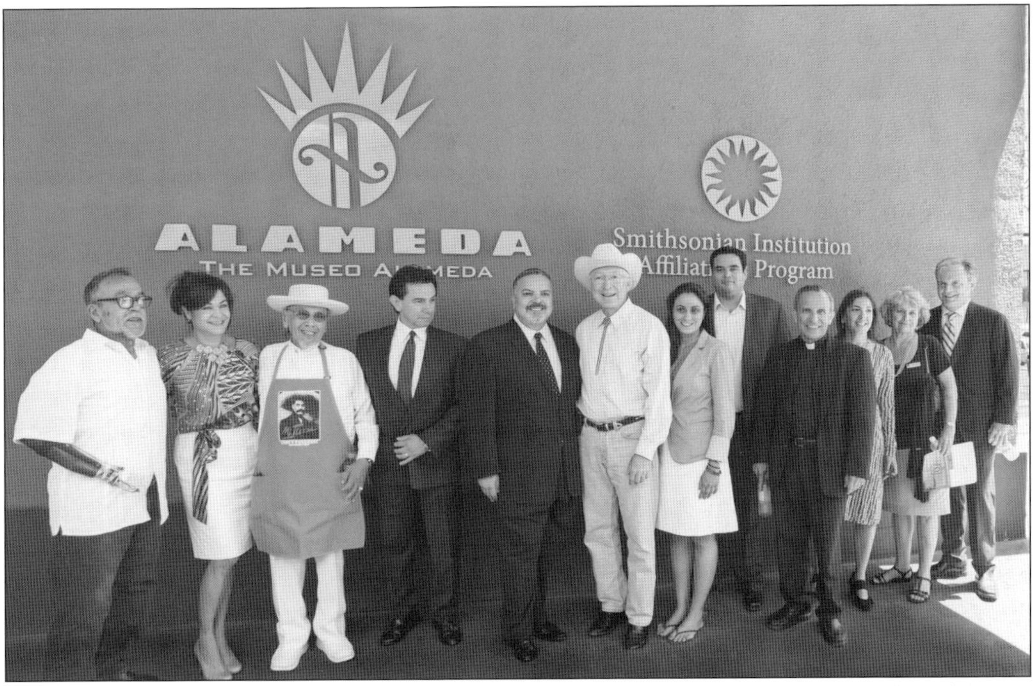

Este grupo está representado en abril de 2007 en la inauguración del Museo Alameda. Esta colaboración con la Institución Smithsonian tenía 11 galerías y 20,000 pies cuadrados de espacio para exhibiciones que contaban la historia de la experiencia latina en los Estados Unidos. Fue un gran concepto, pero la realidad del financiamiento del museo se hizo aparente. El Museo Alameda cerró sus puertas el 30 de septiembre de 2012. (Fotografía de Al Rendón, cortesía de la Familia Cortez Restaurantes.)

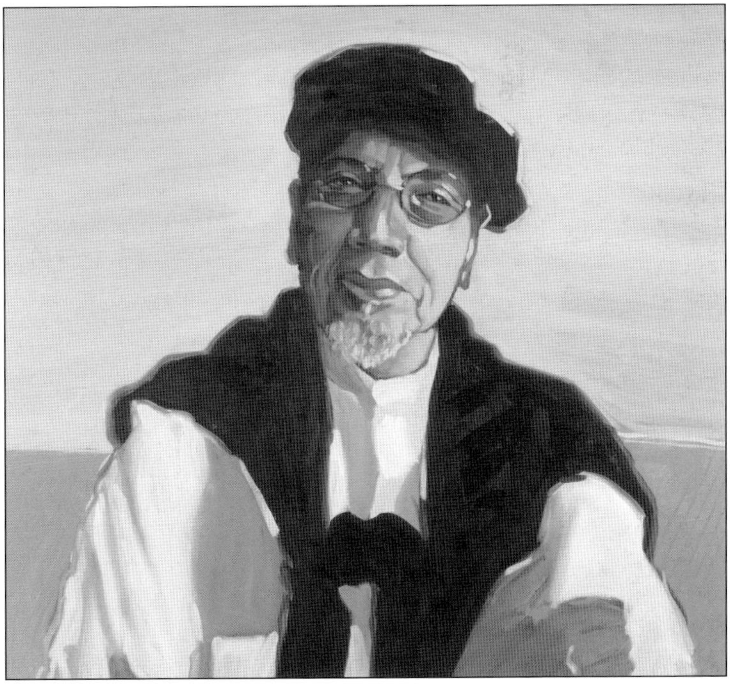

El retrato de Jorge Cortez, de la Familia Cortez Restaurantes, fue pintado por Lionel Sosa en 2013. Se exhibió en Centro de Artes y Sosa Galleries. Sosa ha tenido éxito en las carreras de mercadotecnia, escritura y pintura. Es el fundador de Sosa, Bromley, Aguilar & Associates, ahora Bromley Communications. Esta agencia se convirtió en el mayor negocio publicitario hispano en los Estados Unidos. (Cortesía de Leonel Sosa.)

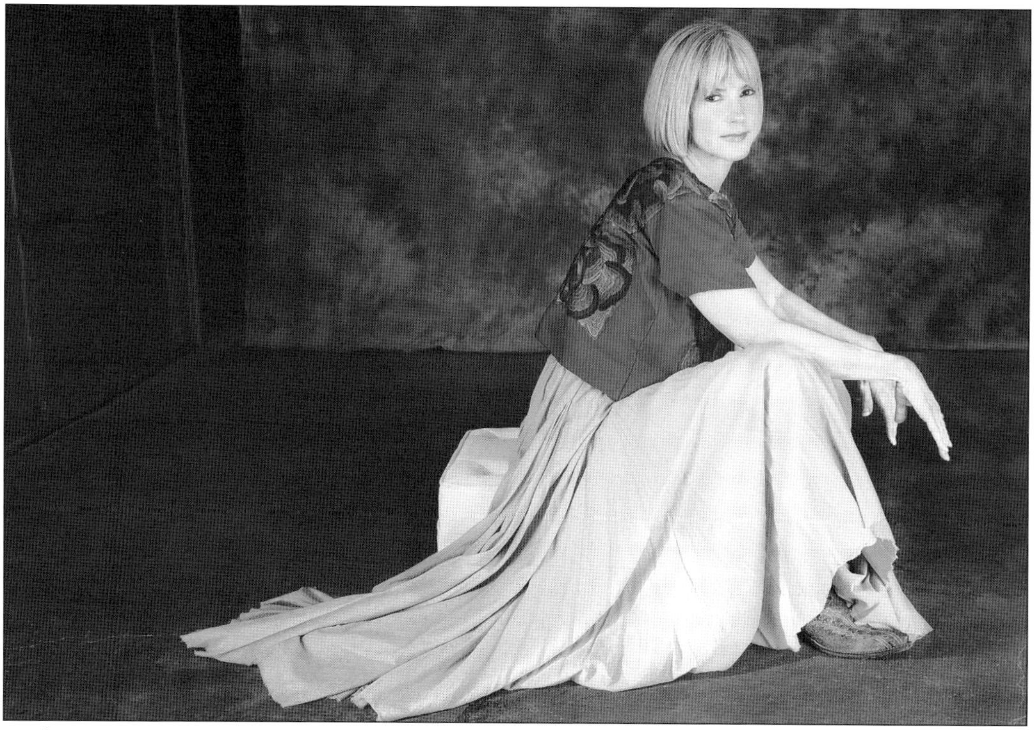

Kathy Sosa empezó su carrera como pintora en 2006; se le comisionó para pintar un retrato de Martha Stewart para la Conferencia de Mujeres Texanas. Sosa expuso por todo Texas y los Estados Unidos. En 2007 y 2008 exhibió en el Museo Alameda y en 2008 también exhibió en Plaza del Mercado en la Galería Ortiz. En 2015, Sosa y Verónica Castillo presentaron piezas en la exposición El Árbol de la Vida en Centro de Artes. (Cortesía de Kathy Sosa.)

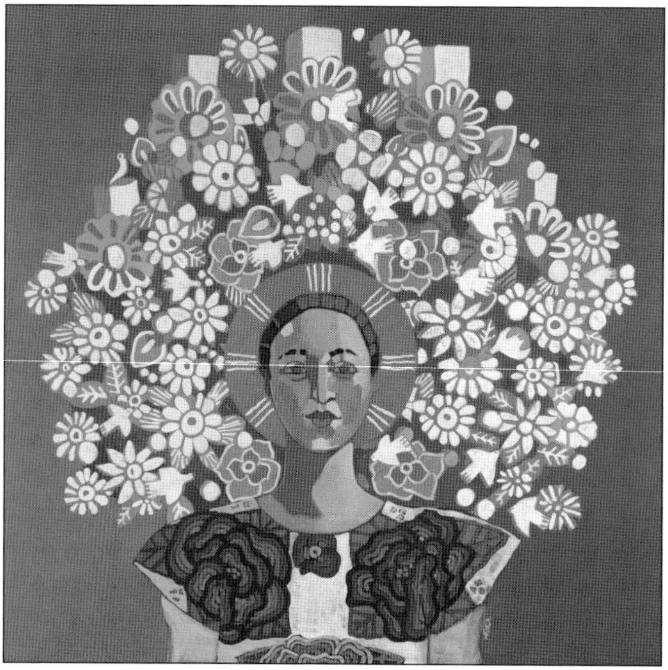

Reina De Las Flores No. 2 On My Mind de Kathy Sosa estuvo en exposición en la exhibición de El Árbol de la Vida. Esta exposición fue una celebración de cultura, tradición e innovación. Según su biografía, en 2007, Sosa comenzó a explorar la expresión artística del mestizaje, la mezcla de pueblos, raza, etnias, lengua, hábitos, ideas y culturas que caracterizan la región fronteriza entre Texas y México y que ha sido su hogar desde la niñez. (Cortesía de Kathy Sosa.)

Siete

Dinastía de la familia Cortez

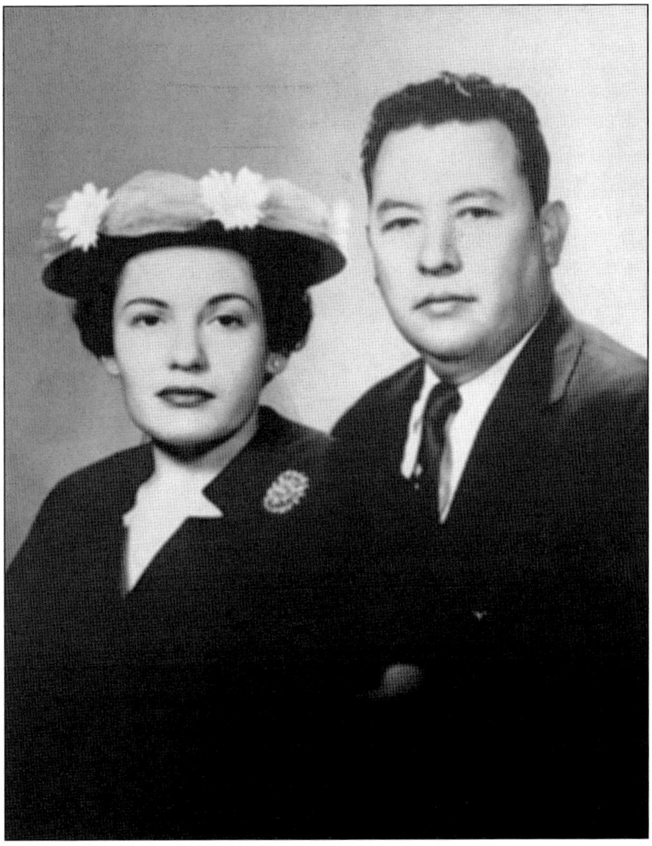

El restaurante Mi Tierra, un sitio destacado, celebró su 75º aniversario en 2016. Pedro y Cruz Cortez fundaron el negocio en 1941, abrieron el café Jamaica con tres mesas para atender a los agricultores y trabajadores en el centro del Mercado Municipal. La familia Cortez ha sido instrumental en mantener Plaza del Mercado como una parte vital de la historia de San Antonio. A través de los esfuerzos combinados de la ciudad, la familia Cortez y los vendedores, Plaza del Mercado es un destino turístico. (Cortesía de La Familia Cortez Restaurantes.)

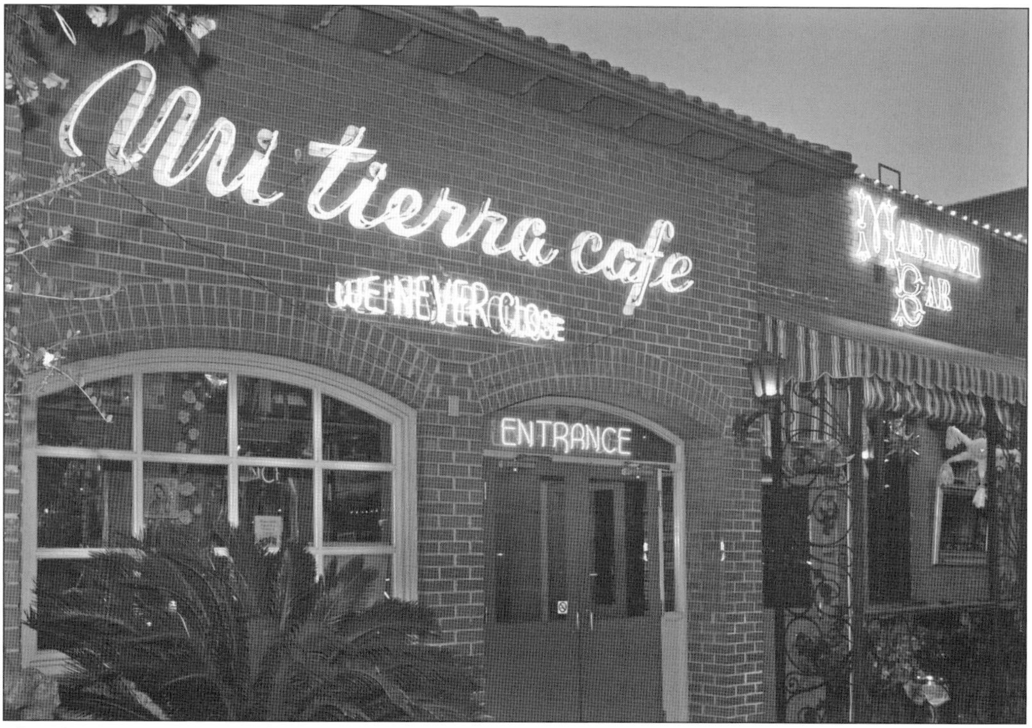

El café Mi Tierra y Pandería empezó en 1951. El café Jamaica continúo haciendo negocios. El letrero de la entrada dice "Nunca cerramos." El restaurante está abierto las 24 horas, 365 días al año. Se agregó el Mariachi Bar a Mi Tierra en 1989. El mariachi de restaurante Henry Gómez toca la vihuela por las noches y de día es un respetado compositor. (Fotografía de Al Rendón, cortesía de La Familia Cortez Restaurantes.)

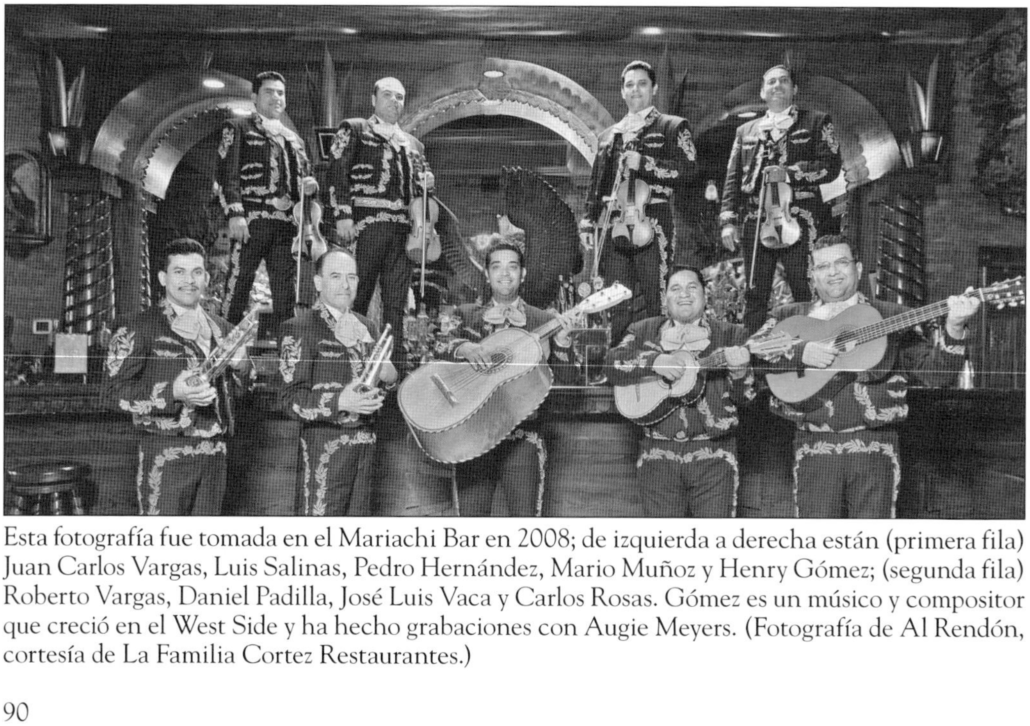

Esta fotografía fue tomada en el Mariachi Bar en 2008; de izquierda a derecha están (primera fila) Juan Carlos Vargas, Luis Salinas, Pedro Hernández, Mario Muñoz y Henry Gómez; (segunda fila) Roberto Vargas, Daniel Padilla, José Luis Vaca y Carlos Rosas. Gómez es un músico y compositor que creció en el West Side y ha hecho grabaciones con Augie Meyers. (Fotografía de Al Rendón, cortesía de La Familia Cortez Restaurantes.)

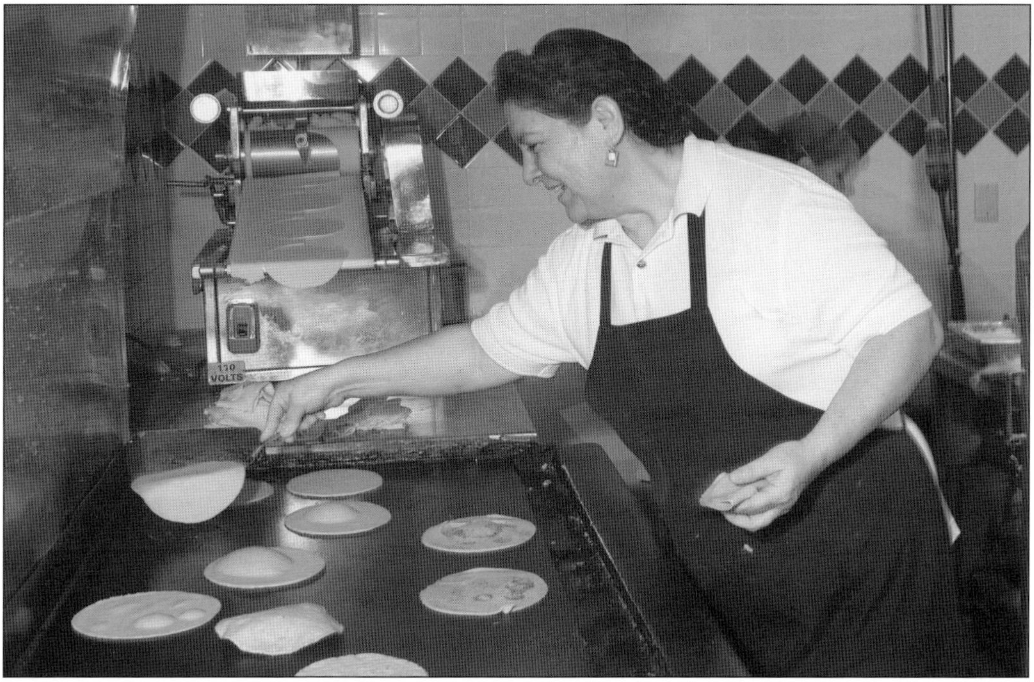

El hacer sus propias tortillas en Mi Tierra se alínea con los principios de Don Pedro Cortez: "Enorgullécete de tu trabajo, haz lo mejor que puedes hacer, planea tu trabajo correctamente, no cortes esquinas a expensas de la calidad o seguridad." Anastasia Ortega está orgullosa de su habilidad para hacer tortillas; ha estado con Mi Tierra por 25 años. (Fotografía de Al Rendón, cortesía de La Familia Cortez Restaurantes.)

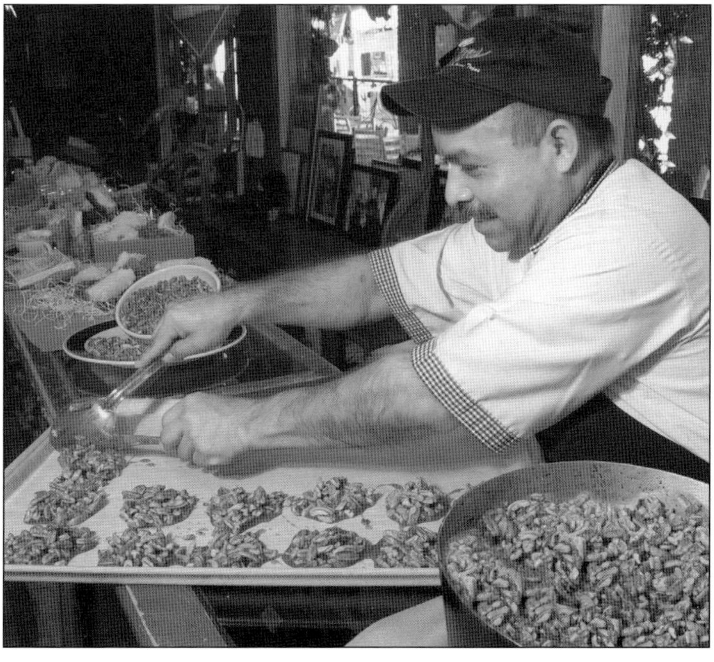

Tesoro Torrentera hace dulces de nuez desde cero usando nueces texanas. Torrentera ha estado haciendo dulces en Mi Tierra por más de 25 años. Los dulces son hechos en el restaurante usando ingredientes naturales y sin conservadores. Otros dulces ofrecidos son cocadas, caramelos, cacahuates, cáscaras de naranja acarameladas y calabaza. Estos dulces fueron vendidos en vitrinas por vendedores ambulantes en los primeros días. (Fotografía de Al Rendón, cortesía de La Familia Cortez Restaurantes.)

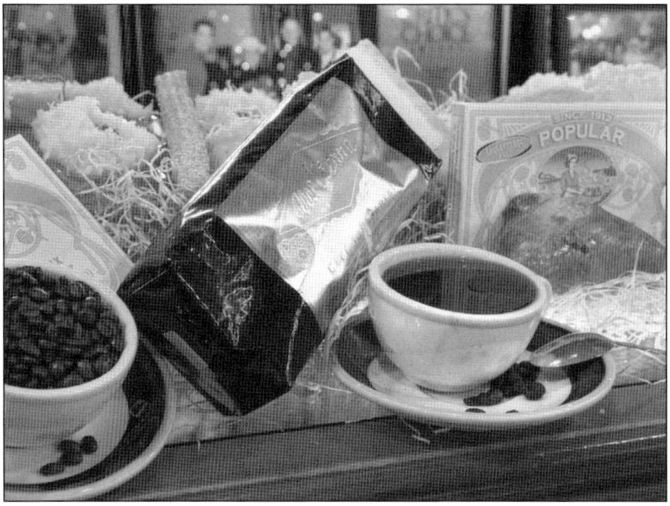

En 1941, los agricultores y vendedores de alimentos que se levantaban temprano querían una taza fuerte de café. La mezcla especial de café en Mi Tierra continuó mucho después de que los vendedores de alimentos dejaran el mercado. Los clientes querían preparar este café en casa y hace 10 años, Mi Tierra comenzó a ofrecer su propia línea de granos de café enteros, una mezcla de granos colombianos y mexicanos de Chiapas. (Fotografía de Al Rendón, cortesía de La Familia Cortez Restaurantes.)

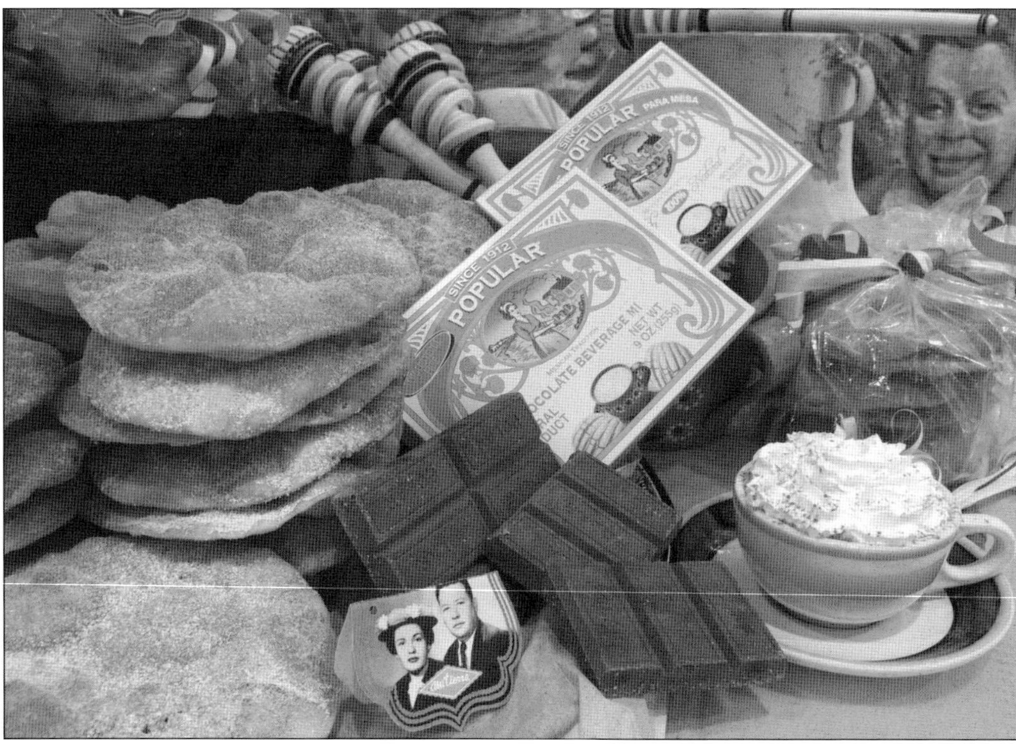

Mi tierra usa La Popular, chocolate auténtico de Monterrey, Nuevo León. Hace algunos años, en apreciación del producto que han disfrutado desde su infancia, Michael y Pete Cortez recorrieron la fábrica. Pete no toma café o bebidas calientes, para enfriar el chocolate le agrega crema batida y le espolvorea canela. Esta se convirtió en la bebida de chocolate de la firma servida hoy. (Fotografía Al Rendón, cortesía de La Familia Cortez Restaurantes.)

El pan del Día de los Muertos se hornea a finales de octubre y principios de noviembre para los altares del Día de los Muertos y las festividades. El pan en Mi Tierra ha sido horneado por dos panaderos maestros, Ricardo Montalvo y José Reynaga. Este altar es en honor a Adela González Gardena Mireles de Casa Mireles, Don Pedro y Cruz Cortez. (Fotografía de Al Rendón, cortesía de La Familia Cortez Restaurantes.)

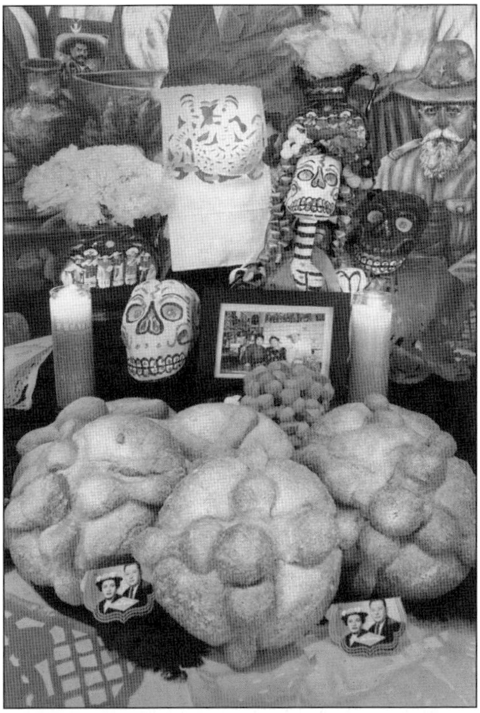

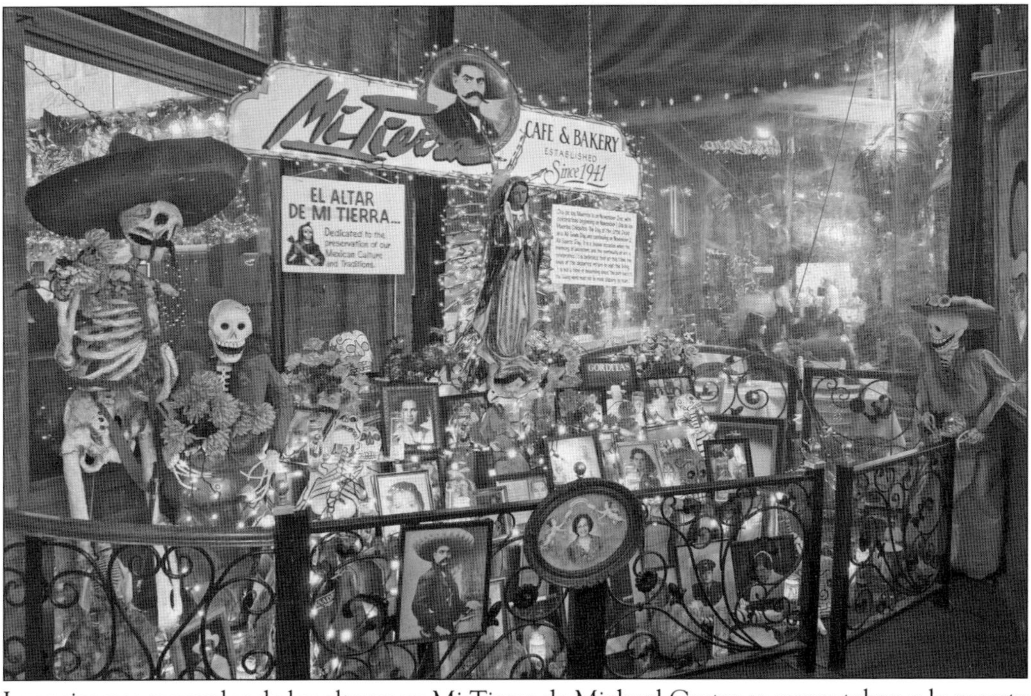

Los primeros recuerdos de los altares en Mi Tierra de Michael Cortez se remontaban a la muerte de la reina de la música tejana, Selena Quintanilla. Un retrato de Quintanilla fue puesto en el restaurante y la gente empezó a traer veladoras, flores y fotografías de sus seres queridos, agregándolos al memorial. Actualmente, Deborah Cortez investiga y diseña las adiciones a los altares de Cortez. (Fotografía de Al Rendón, cortesía de La Familia Cortez Restaurantes.)

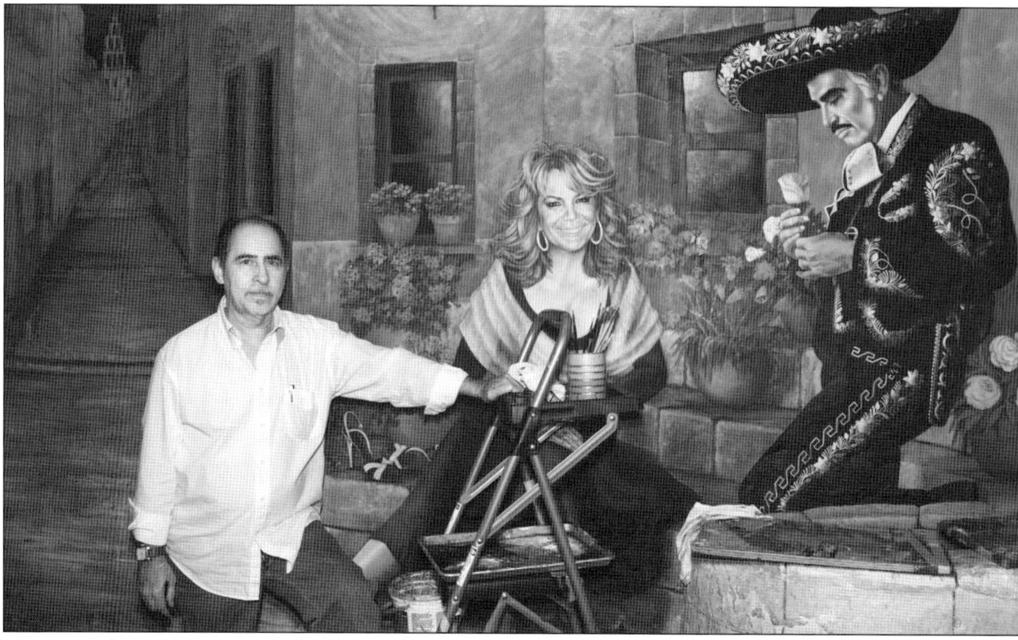

El mural de Vicki Carr y Vicente Fernández pintado en 2010 por el artista Roberto Ytuarte es parte de las series *American Dreams* para La Familia Cortez Restaurants, que empezó en 1990 con el artista Jesús Garza. Los murales están en línea con la misión de la familia de servir comida de calidad mientras honra y preserva la cultura, tradiciones latinas y la historia de los inmigrantes. (Fotografía de Al Rendón, cortesía de La Familia Cortez Restaurantes.)

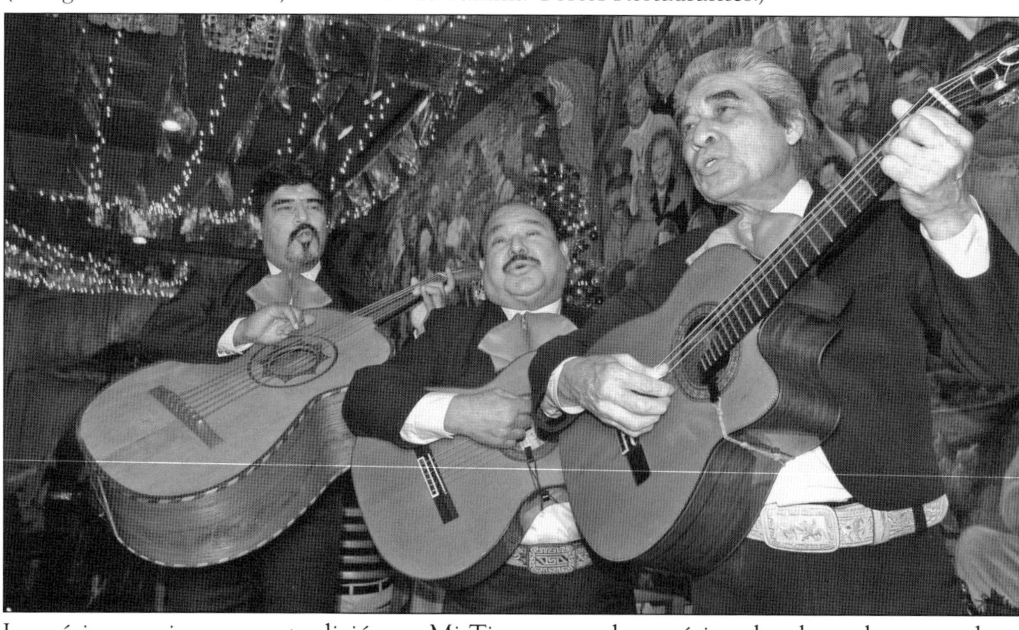

La música en vivo es una tradición en Mi Tierra y muchos músicos locales se han ganado su sueldo durante décadas dentro de las paredes del restaurante; son guitarristas solitarios, trovadores, mariachis y tríos. Los músicos en este trío son, de izquierda a derecha, Ismael Santander, José Uvalle y Seferino "Chepe" Solís. Chepe ha estado tocando en Plaza del Mercado y Mi Tierra por 60 años. (Fotografía de Al Rendón, cortesía de La Familia Cortez Restaurantes.)

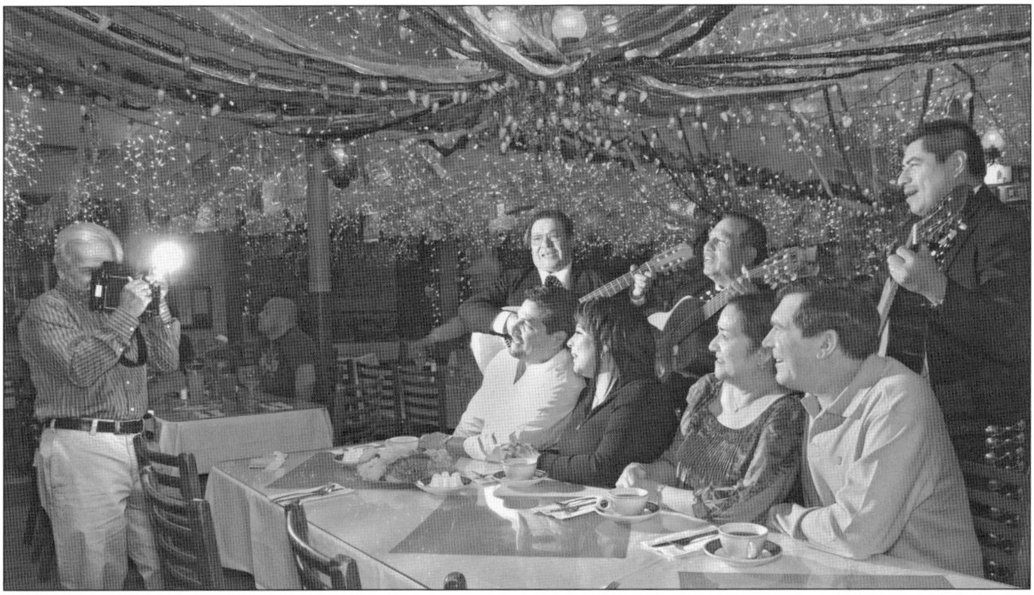

El fotógrafo Antonio García, conocido como "Hollywood" en Mi Tierra, documenta celebraciones y reuniones para los visitantes. Los músicos son, de izquierda a derecha, José Luis Frausto Sr., Francisco Martínez y Adrián López. En los 1970s Frausto tocó con el mariachi Chapultepec y fundó el Trio los Pepes. Actuó en Mi Tierra por más de 40 años. (Fotografía de Al Rendón, cortesía de La Familia Cortez Restaurantes.)

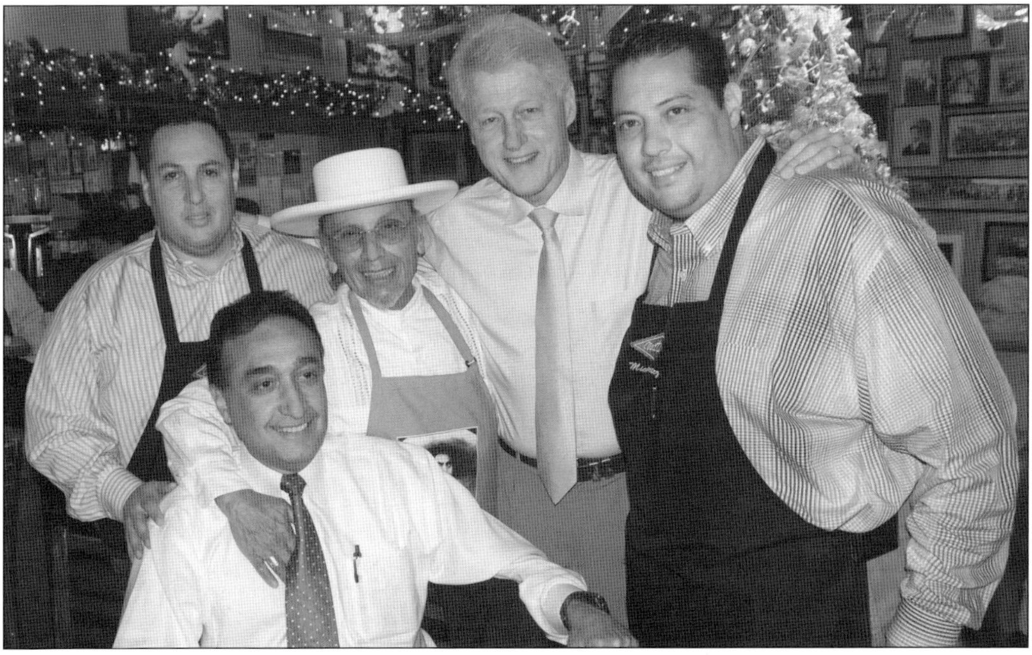

El expresidente Bill Clinton se reúne con Henry Cisneros en Mi Tierra en 2010. Clinton designó a Cisneros como secretario de Vivienda y Desarrollo Urbano en 1993, cargo que desempeñó hasta 1997. Cisneros fue alcalde de San Antonio de 1981 a 1989. De izquierda a derecha están Pete Cortez, Cisneros, Jorge Cortez, Clinton y Michael Cortez. (Fotografía de Al Rendón, cortesía de La Familia Cortez Restaurantes.)

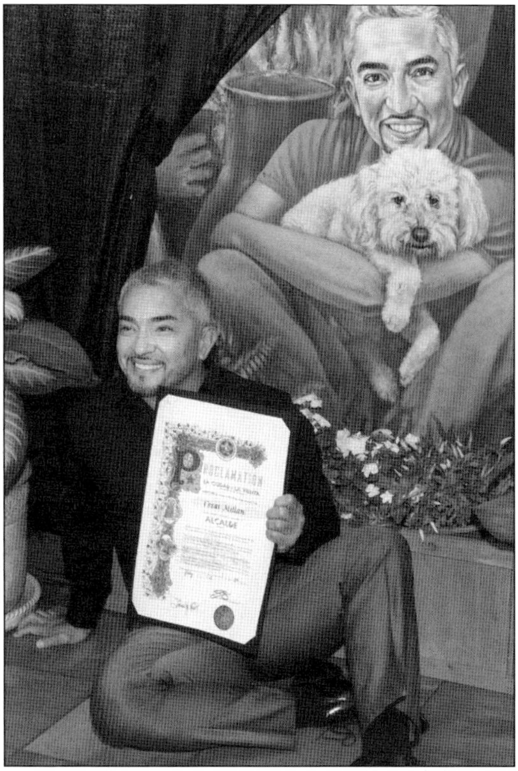

Cesar Millán, conocido como el "Dog Whisperer", se sienta frente a su mural en Mi Tierra sosteniendo una proclamación emitida por el alcalde de San Antonio el 18 de julio de 2013. Millán fue declarado alcalde de San Antonio por un día. Su historia de éxito está en línea con las historias de inmigrantes que La Familia Cortez Restaurantes trabaja para preservar. (Fotografía de Al Rendón, cortesía de La Familia Cortez Restaurantes.)

Abel Elizalde, empleado de Mi Tierra, y su ayudante se encargaron de colocar a la Virgen de Guadalupe en el altar del restaurante. La Virgen está en la entrada de Produce Row. El altar de la entrada de la calle Dolorosa presenta una vitrina que originalmente estaba en la tienda de Berta Mireles, después fue propiedad del artista Franco Mondini-Ruiz y luego fue utilizada en una exposición botánica en el antiguo Museo Alameda. (Fotografía de Al Rendón, cortesía de La Familia Cortez Restaurantes.)

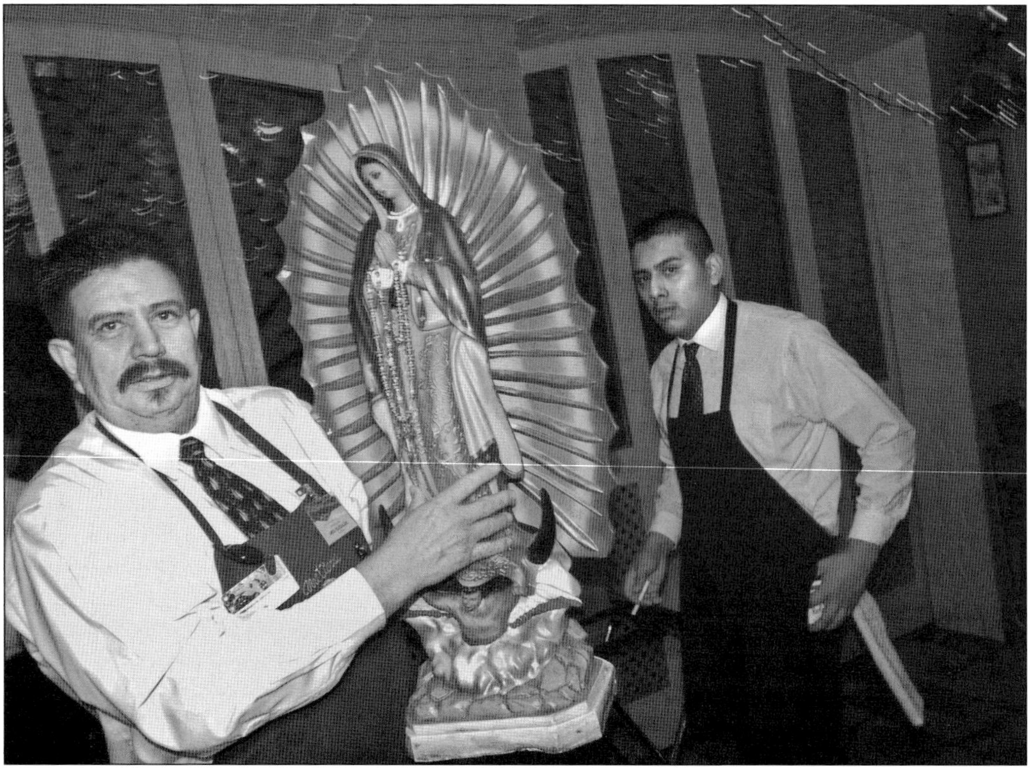

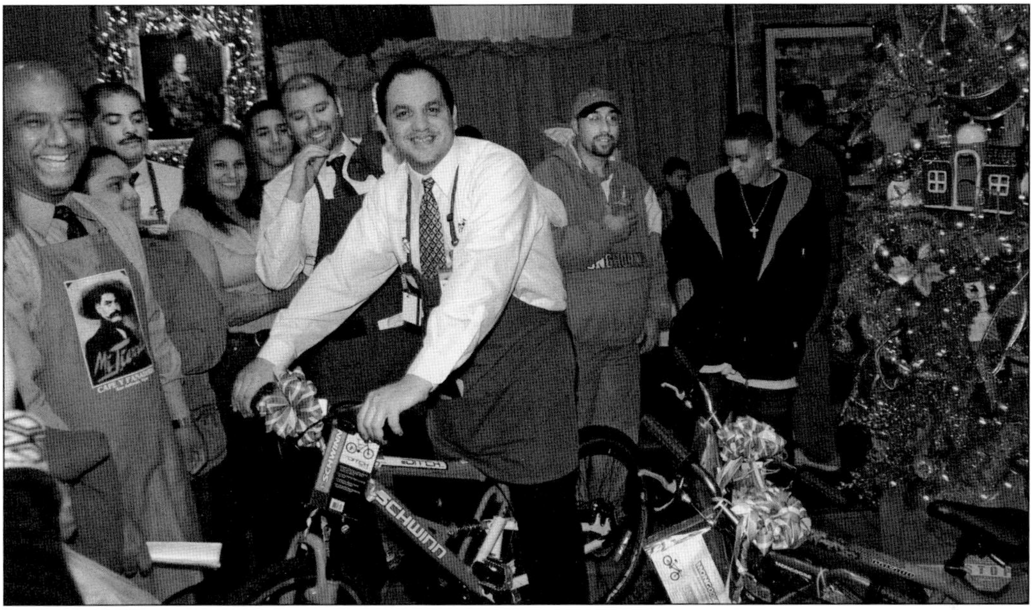

La fiesta anual de Navidad toma mucha planificación y debe hacerse en turnos. Mi Tierra está abierto todo el año, siete días a la semana y 24 horas al día. Los empleados esperan con interés la rifa de regalos, que podrían ser desde bicicletas hasta televisores de pantalla grande. A la izquierda llevando un delantal de Mi Tierra está Brian Vanderputt. (Fotografía de Al Rendón, cortesía de La Familia Cortez Restaurantes.)

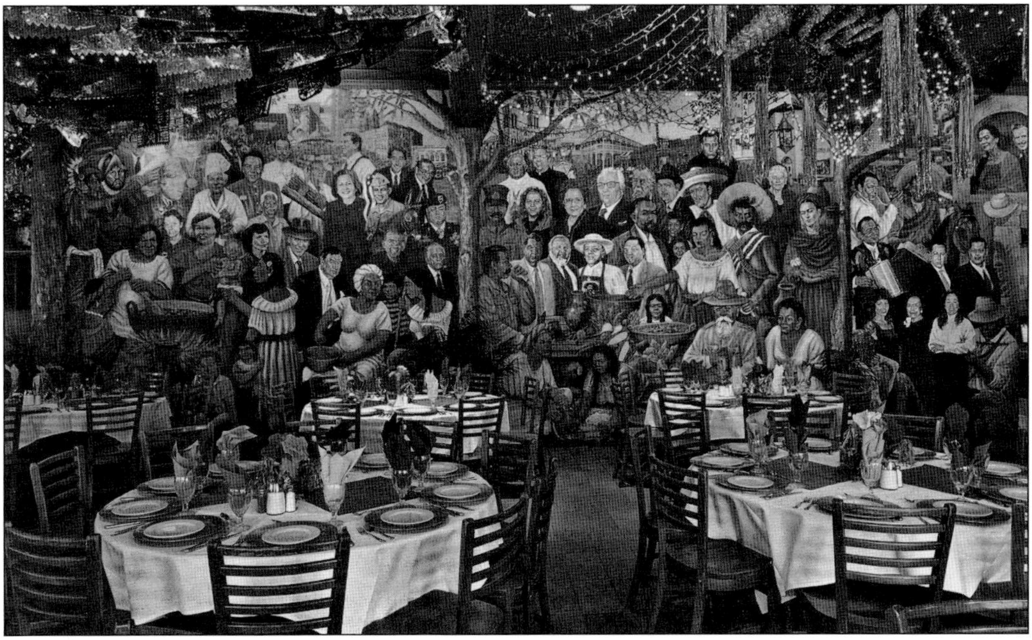

Los murales en Mi Tierra celebran la vida de celebridades locales, nacionales e internacionales; miembros de la familia Cortez; y amigos y políticos; todos ellos añadidos a la atmosfera festiva. Familias vienen de todas partes para celebrar cumpleaños, días festivos, bodas y recepciones después del funeral. La fiesta nunca para; las decoraciones de luces, papel picado y piñatas se quedan todo el año. (Fotografía de Al Rendón, cortesía de La Familia Cortez Restaurantes.)

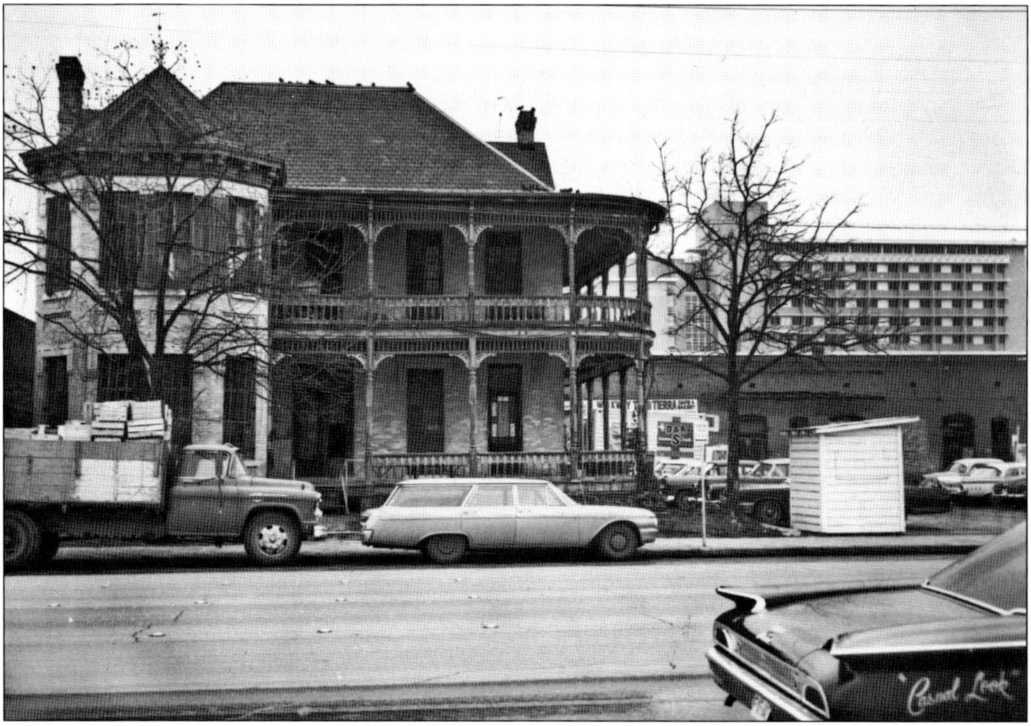

Presentada aquí en noviembre de 1970 está la casa de Eli Arnaud en la calle Buena Vista 217. Mi Tierra es visible al fondo. Arnaud construyó la casa para su esposa, Willomena, y para sus ocho hijos. Luego la casa sería conocida como la residencia de Charles Arnaud. En 1961, Don Pedro Cortez compró la cuadra completa. Después, la case fue demolida para expandir el estacionamiento de Mi Tierra. (Cortesía de UTSA Colecciones Especiales–ITC, fotografía 82-533.)

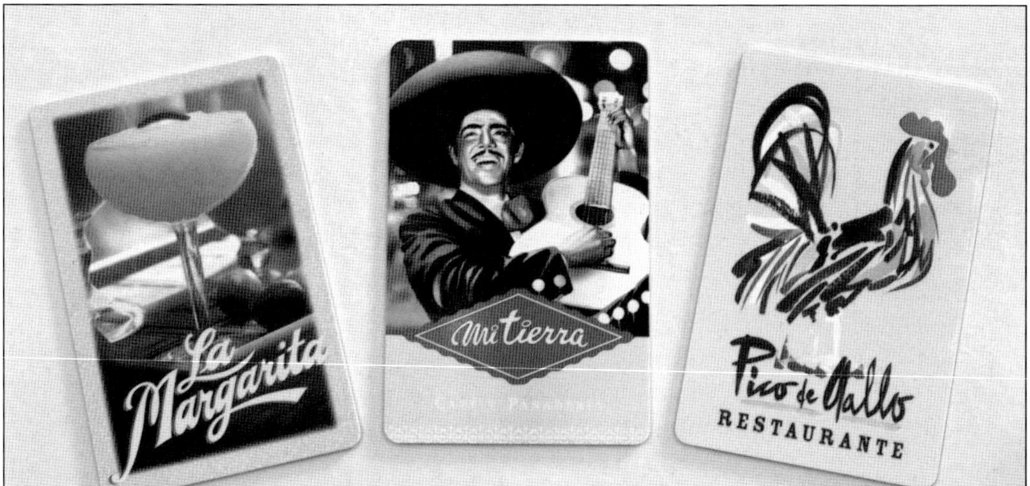

En 1979 La Familia Cortez abrió La Carreta Mexican Steakhouse y en 1991 fue remodelada y cambio el nombre a Pico de Gallo. El tercer restaurante, La Margarita, se estableció en 1981, uno de los primeros restaurantes en ofrecer fajitas candentes en San Antonio. Ya que esta fotografía fue tomada a principios de los 1990s, Viva Villa Taquería no está representada. (Fotografía de Al Rendón, cortesía de La Familia Cortez Restaurantes.)

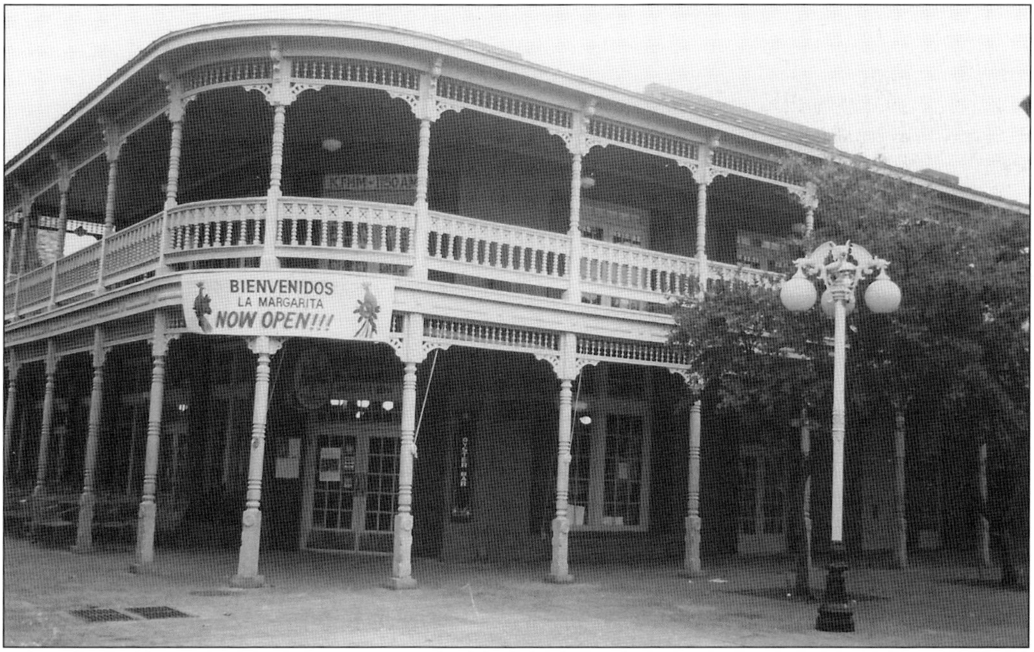

Esta fotografía fue tomada en 1981. Los soportes del porche, balaustradas y otros detalles decorativos fueron recuperados por La Familia Cortez cuando la casa Arnaud fue demolida y luego agregados al exterior de La Margarita en Produce Row 120. El directorio de 1927 enlista a Wah Yuen Quong en Produce Row 120; en 1948 la familia Quong todavía estaba ahí, pero para 1977 el edificio estaba vacante. (Cortesía de la Fundación de la Sociedad de Conservación de San Antonio.)

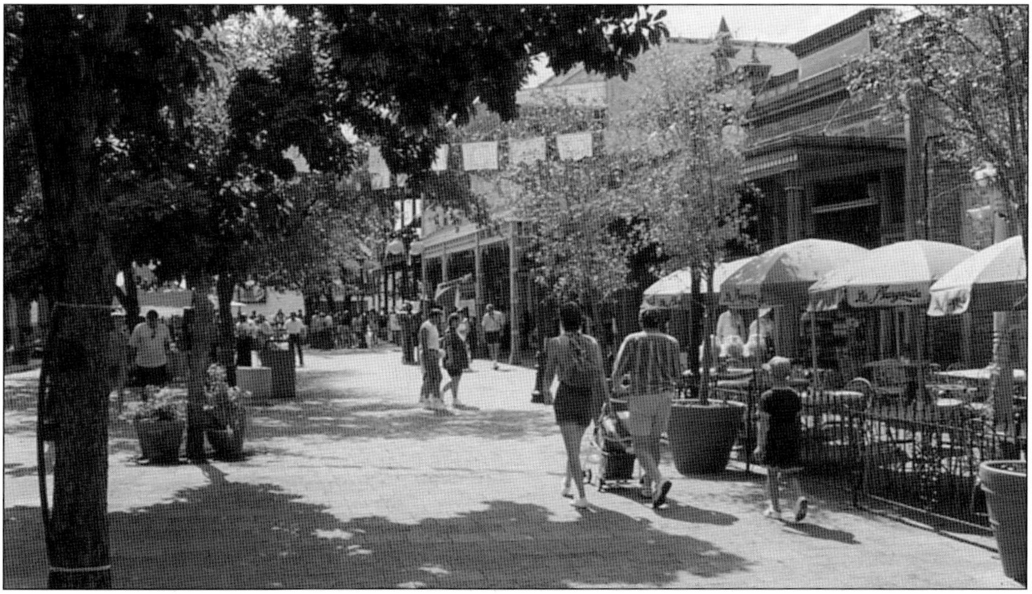

Hoy, Produce Row y Plaza del Mercado son seguros día y noche, muy lejos de 1950s cuando el área de la Casa del Mercado Municipal incluía las calles Laredo, San Saba, Matamoros y Houston. Había puñaladas y tiroteos entre las 40 tabernas y clubes nocturnos, puestos de fruta, cafés y cerca de 500 residentes. (Cortesía de la Ciudad de San Antonio, Oficina de la Secretaria Municipal de Archivos y Registros.)

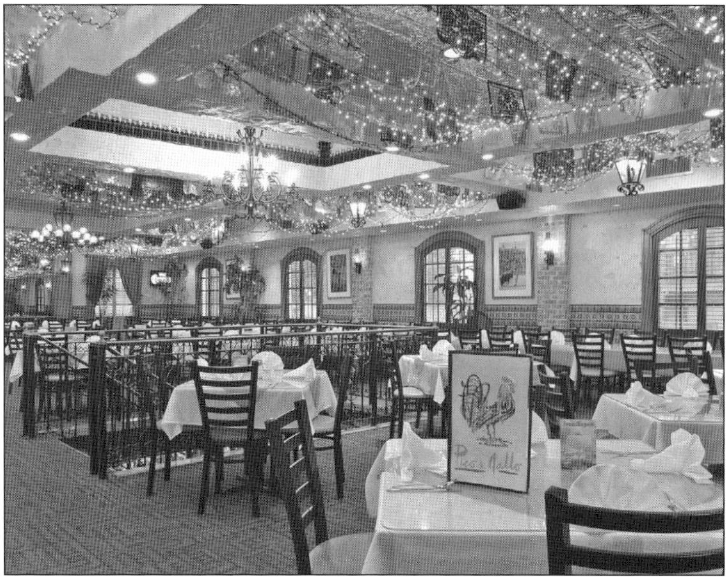

Pico de Gallo es el antiguo restaurante de la familia Cortez La Carreta Mexican Steakhouse, que abrió en 1979 y remodelado y renombrado en 1991. La sala de fiestas de arriba ha acogido décadas de familias celebrando la vida. El restaurante se localiza a unas cuadras de Plaza del Mercado en la calle South Leona 111. Hay música de mariachi en las noches. (Fotografía de Al Rendón, Cortesía de La Familia Cortez Restaurantes.)

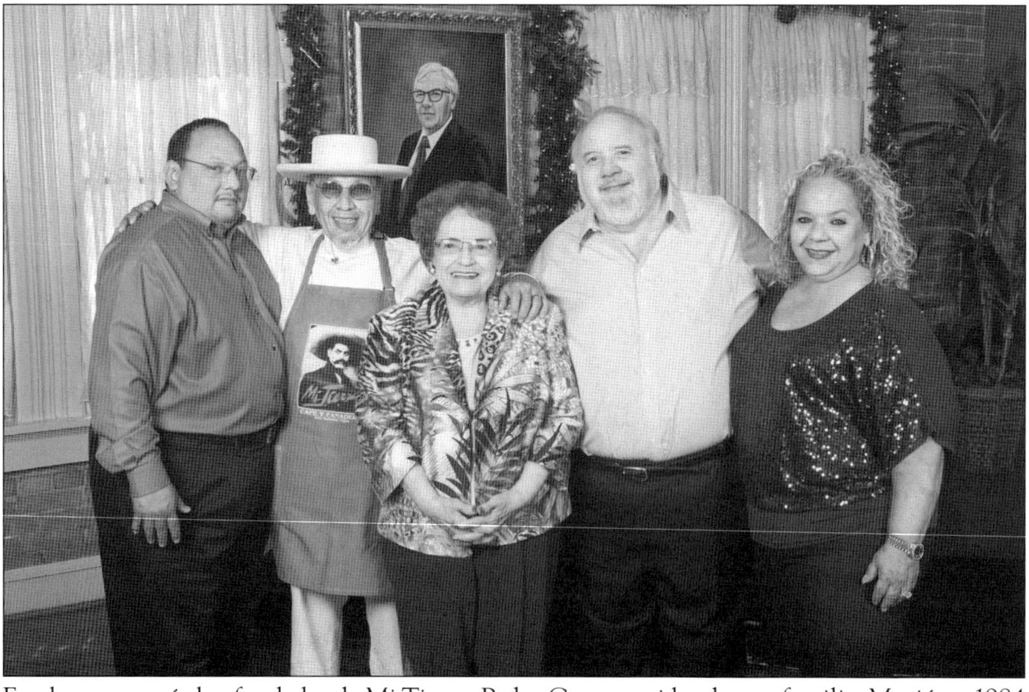

En el retrato está el cofundador de Mi Tierra, Pedro Cortez, cuidando a su familia. Murió en 1984 dejo manejando el negocio a su esposa, Cruz (centro), e hijos, de izquierda a derecha, Rubén, Jorge, David y Rosalinda Cortez-Pouya. No se encuentra Manuel quien murió en 1995. La Familia Cortez continua con la visión de Pedro: "Crecer/fortalecer la cultura y la comunidad." (Fotografía de Al Rendón, cortesía de La Familia Cortez Restaurantes.)

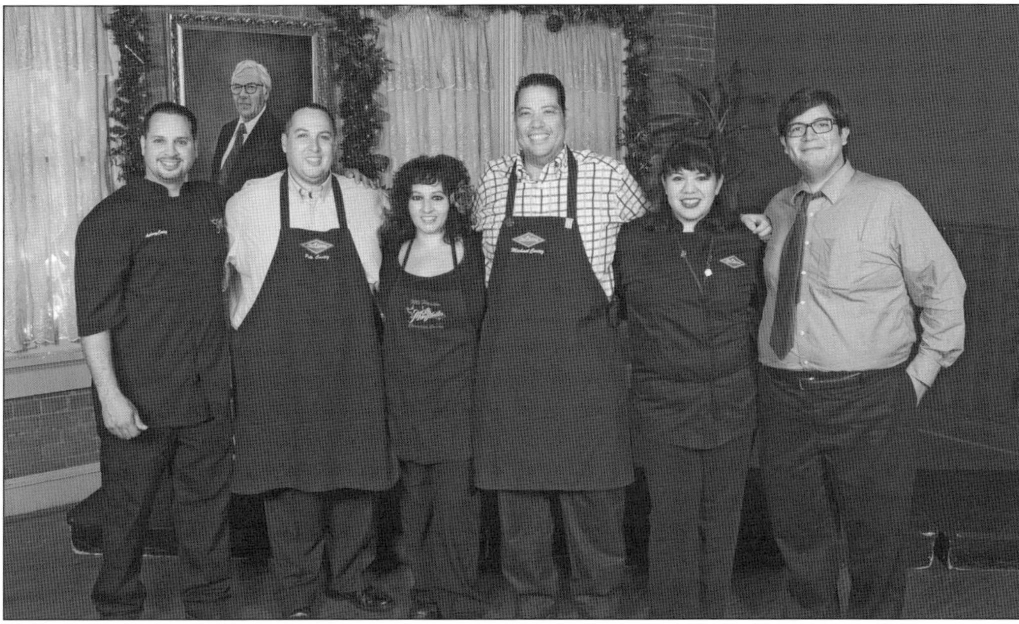

La tercera generación de la familia Cortez se presenta, de izquierda a derecha: Anthony, Pete, Christina de la Fuente, Michael, Angélica y Jonathan. Chef Raúl Salazar, de Mi Tierra, vio a los nietos crecer. La mayoría trabajó en el negocio de la familia durante los veranos. Salazar ha estado con la familia Cortez por 45 años y hace 15 años, la familia premió su lealtad con una llave del cuarto de las especias. (Fotografía de Al Rendón, cortesía de La Familia Cortez Restaurantes.)

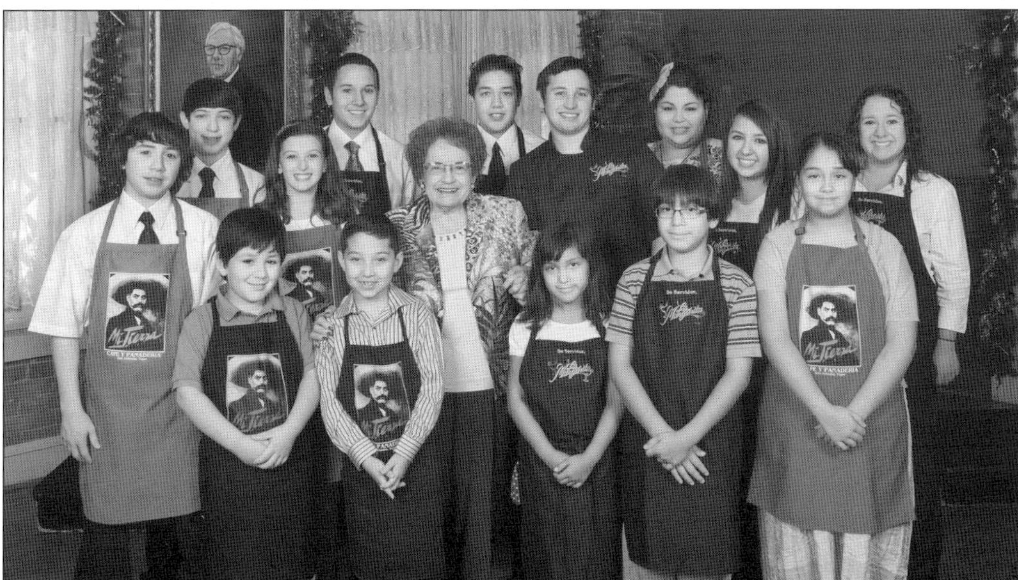

La matriarca de la familia Cortez, Cruz (centro), se presenta aquí con la cuarta generación: Noah de la Fuente, George Peter Cortez, Sophia Pacheco, Ashley Cortez, Christopher de la Fuente, Sarah Cortez, William de la Fuente, Yasmin Pouya, Victoria Cortez, Anthony Cortez, Manuel Cortez, Elijah Cortez, Audrey Cortez y Joshua Pacheco. Esta generación de La Familia Cortez Restaurantes celebrará el 100º aniversario en 2041. (Fotografía de Al Rendón, cortesía de La Familia Cortez Restaurantes.)

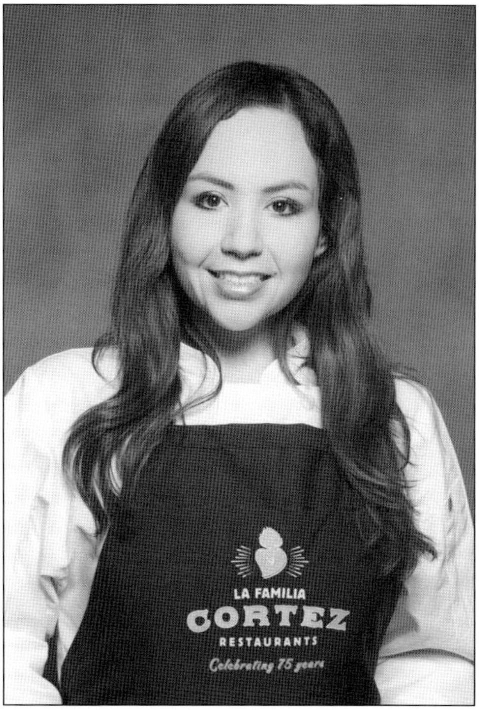

Cariño Cortez-Haass, hija de Jorge Cortez, es la gerente de proyecto de la última aventura culinaria de la familia. Viva Villa Taquería, el hogar de Revolutionary Tacos, abrió en 2015. Como graduada del Culinary Institute of America en Hyde Park, chef Cariño utiliza sus iniciativas culinarias y habilidades en mercadotecnia para traer a una nueva generación de *foodies*. (Fotografía de Al Rendón, cortesía de La Familia Cortez Restaurantes.)

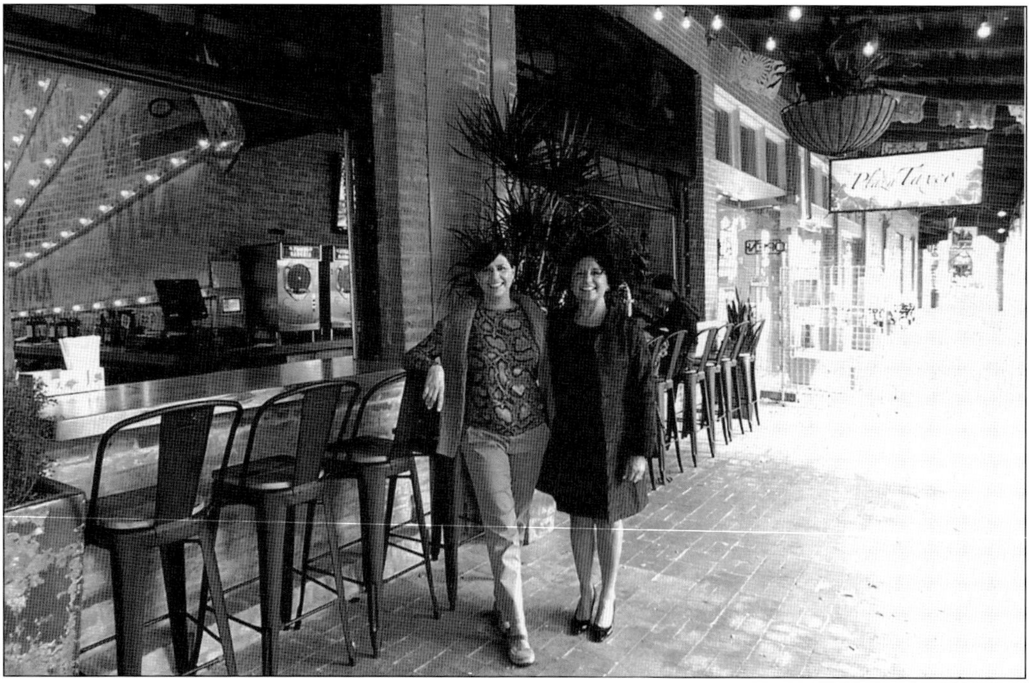

Nancy Lara (izquierda) y Edna Campos Gravenhorst, fundadoras de Sazón in the City, posan afuera del bar de Viva Villa Taquería. Nancy y Edna son ambas embajadoras certificadas de turismo en la ciudad de San Antonio. Las organizadoras de eventos se centran en la historia local, el patrimonio y la hospitalidad. Junto a Viva Villa Taquería esta Plaza Taxco seguida de los estudios de televisión de *SA Live* en KSAT12. (Colección del autor.)

Ocho

RENOVACIÓN URBANA

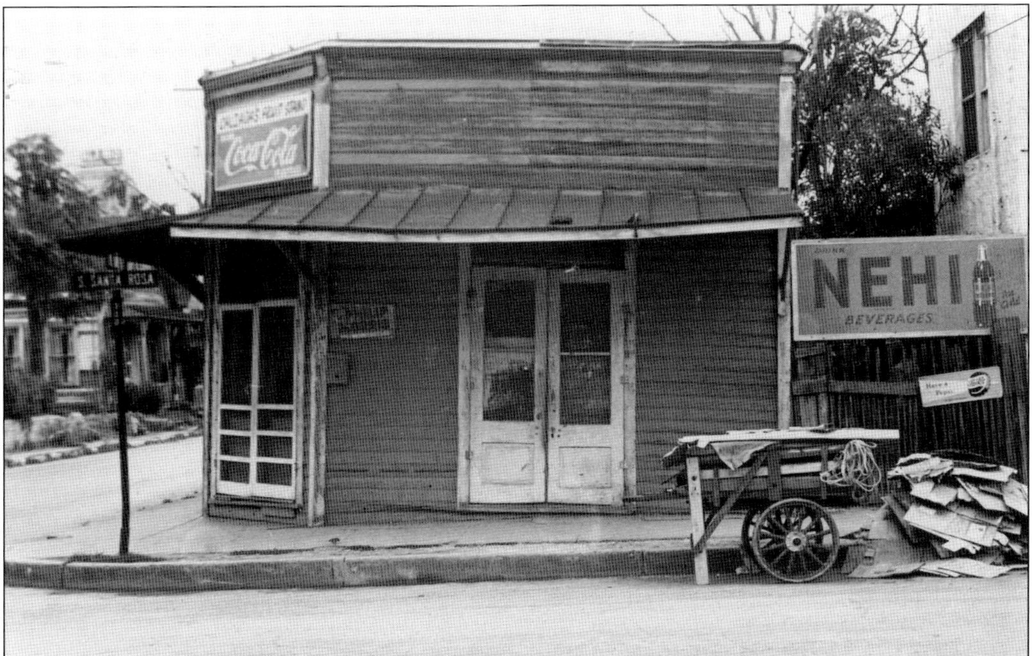

La renovación urbana cambió Plaza del Mercado y sus alrededores. Muchos negocios se relocalizaron y otros desaparecieron. Un documento de 1966 en la colección de Francisco Chapa en el Proyecto Rosa Verde dice: "La renovación urbana es un medio para revitalizar y modernizar nuestra ciudad y eliminar plagas y deterioro a través de la reurbanización y rehabilitación de zonas en declive." Calzadas Fruit Stand, en la avenida South Santa Rosa 300, se reubicó al camino Fredericksburg 529. (Cortesía de la División Texana, Bibliotecas Públicas de San Antonio.)

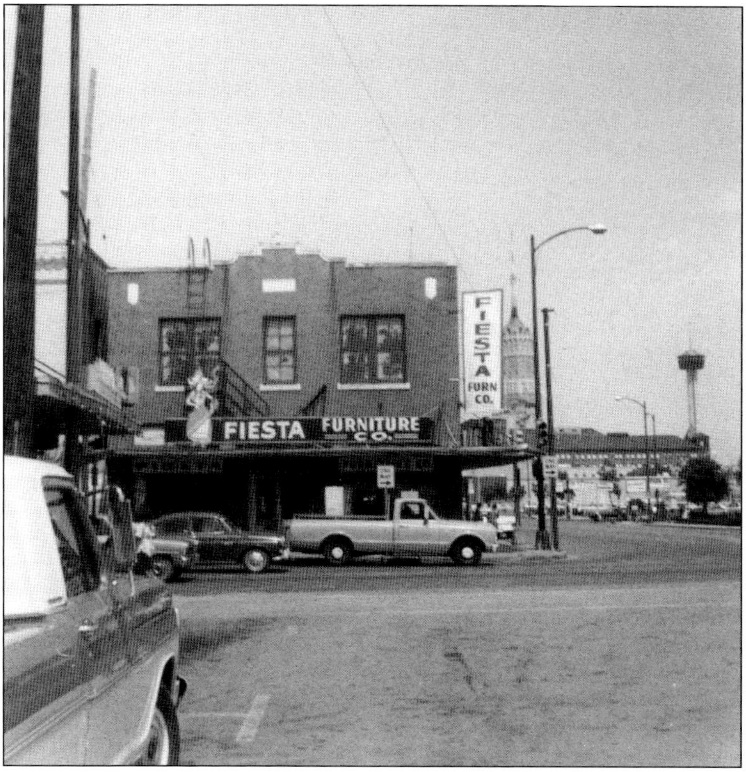

Fiesta Furniture Company, representada en 1970, se localizaba en la avenida South Santa Rosa 126. A la derecha están Tower Life Building y la Torre de las Américas. La tienda cambió a cuatro empleados de un edificio de 4,000 pies cuadrados a otro de 3,000 pies cuadrados en la calle North Medina 114. El propietario comentó: "Mi negocio permanecerá en el área central de negocios." (Cortesía de la División Texana, Bibliotecas Públicas de San Antonio.)

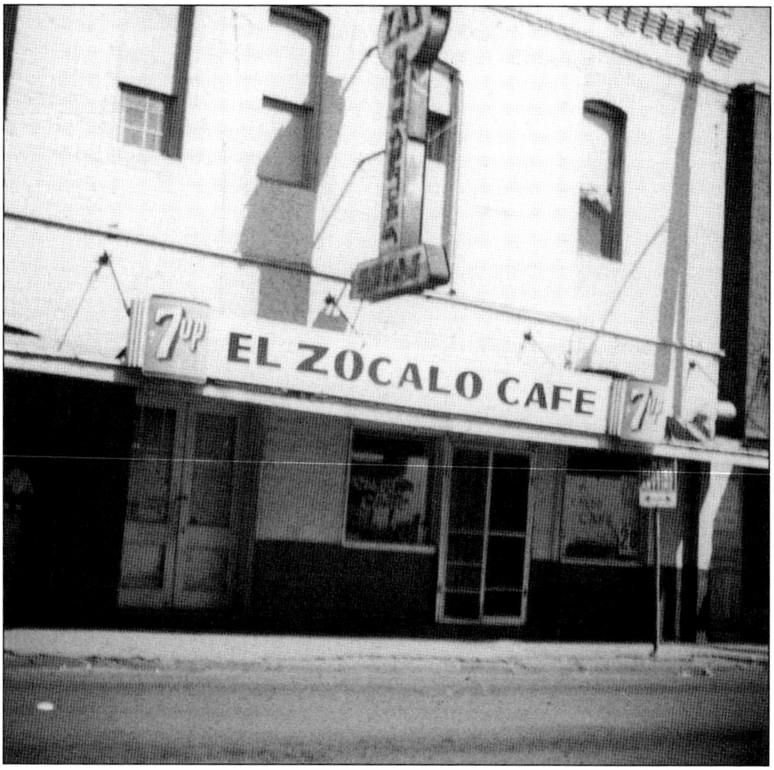

En 1970, Elena Rentería fue propietaria de El Zócalo Café en la avenida South Santa Rosa 120. Rentería vivía arriba en un departamento de cinco habitaciones. En la hoja de trabajo de renovación urbana declaró sus ingresos comerciales como $300 y su renta $200. Fue reubicada a un departamento en la calle Palo Blanco 214. No hay mención de la relocalización del negocio. (Cortesía de la División Texana, Bibliotecas Públicas de San Antonio.)

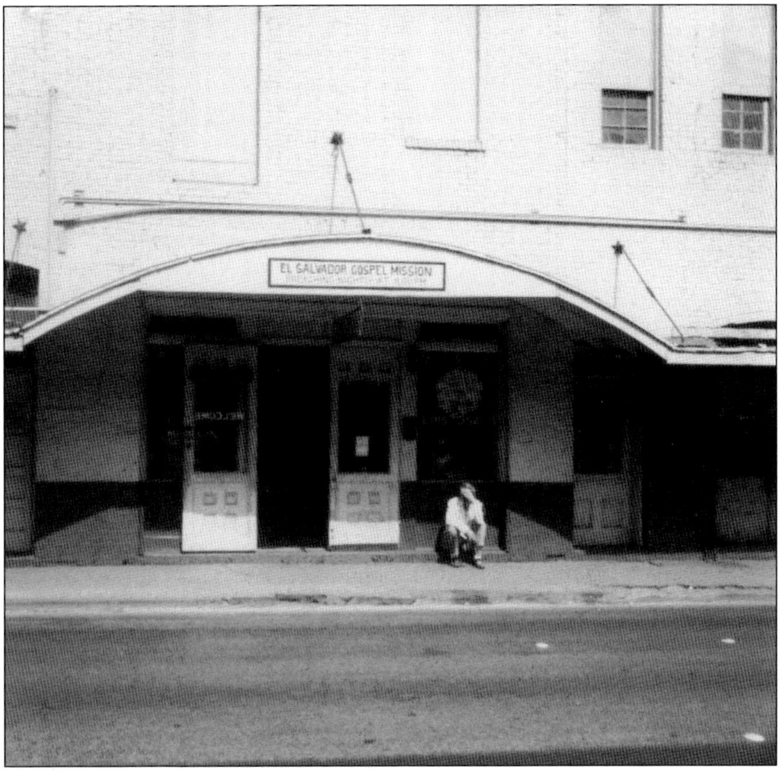

El Salvador Gospel Mission en la avenida South Santa Rosa 112 cerró después de que esta fotografía fue tomada en 1970. Debido a su edad el predicador decidió jubilarse en lugar de relocalizarse. El letrero en el edificio de 3,500 pies cuadrados anuncia la predicación cada noche a las 8:00 p.m. (Cortesía de la División Texana, Bibliotecas Públicas de San Antonio)

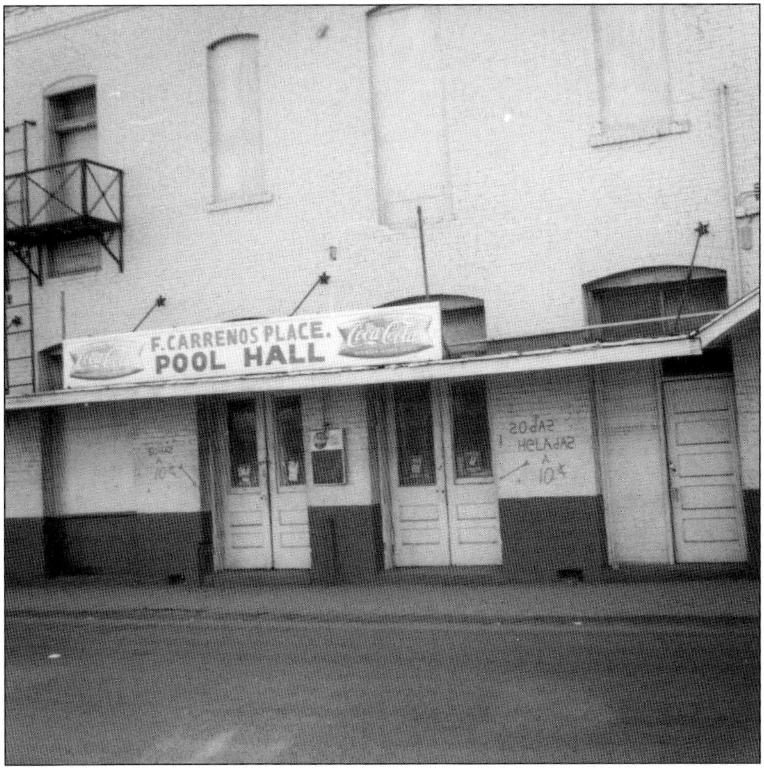

El negocio de F. Carreño en la avenida South Santa Rosa 110 empezó a declinar antes de 1970 y como único propietario le fue difícil mantener el edificio de 4,000 pies cuadrados. En su hoja de renovación urbana, declaró su ingreso anual bruto como $3,600. En lugar de reubicarse eligió cerrar el salón de billar donde vendía refrescos fríos a 10¢. (Cortesía de la División Texana, Bibliotecas Públicas de San Antonio.)

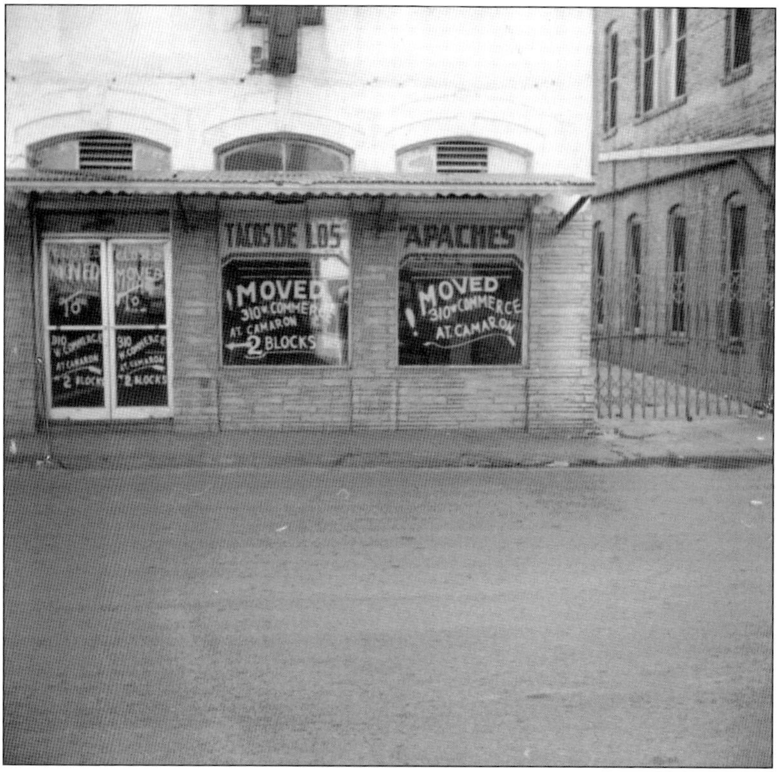

En 1969, cuando Tacos De Los Apaches en la calle South Santa Rosa 104 fue fotografiado, las ventanas anunciaban su relocalización a la calle West Commerce 310. Rogelio González, propietario del café, rentaba el espacio de 20 por 70 pies a $175 la semana. Cuando llegó la hora del traslado, la salud de González estaba declinando y decidió liquidar el negocio en lugar de cambiarse. (Cortesía de la División Texana, Bibliotecas Públicas de San Antonio.)

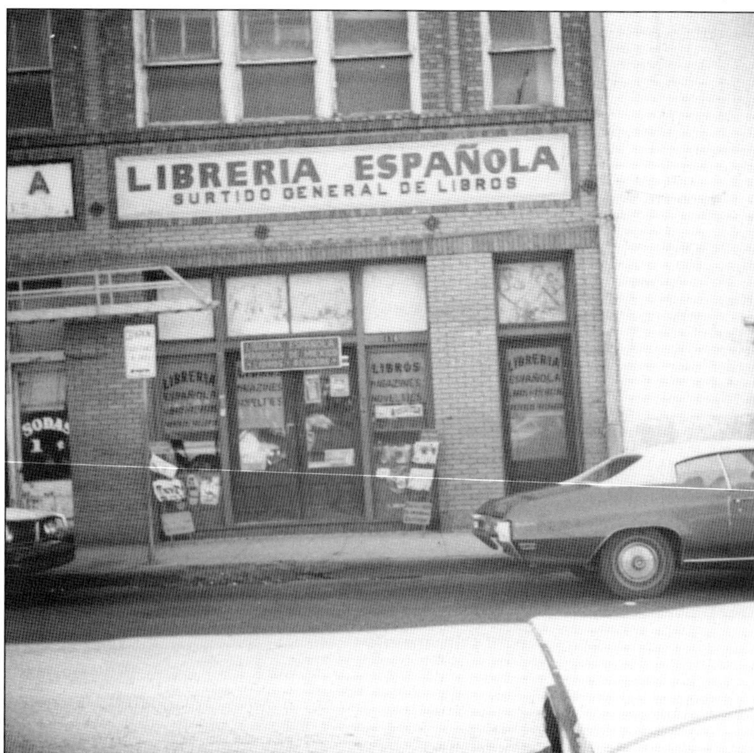

Librería Española, tienda de libros en español en la calle North Santa Rosa 116, empleaba a dos personas y le iba bien en un área de 525 pies cuadrados. En 1970 su ingreso bruto anual fue reportado en $46,266. La reubicación a la calle West Houston 219 dio al negocio espacio extra, 650 pies cuadrados, en un edificio más moderno y con más tráfico en la calle. (Cortesía de la División Texana, Bibliotecas Públicas de San Antonio.)

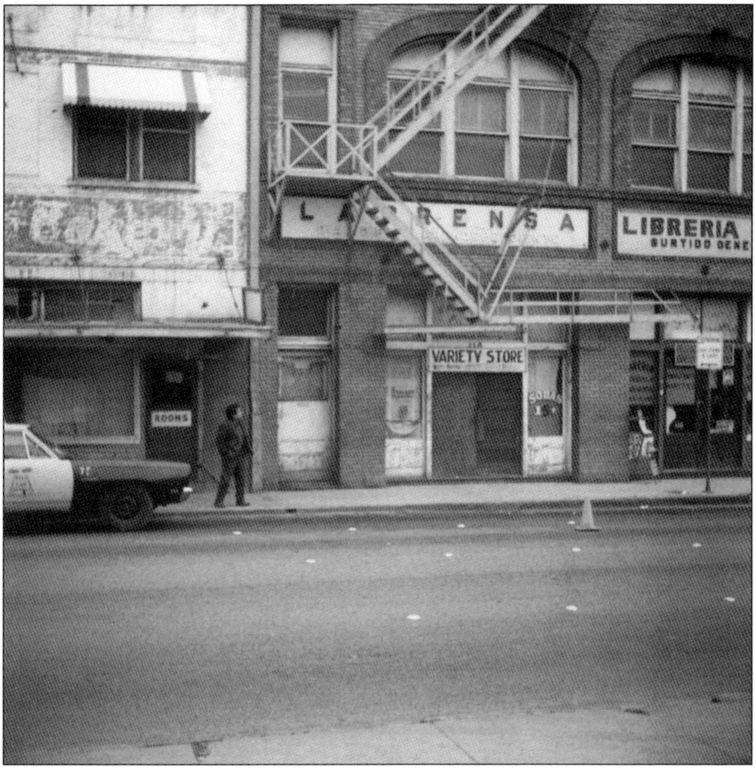

La Prensa periódico en español fue fundado por Ignacio Lozano en 1913. En 1927 se localizaba en la calle North Santa Rosa 118–120 y en 1942 estaba en la calle North Santa Rosa 120 con la librería Lozano al lado en la calle North Santa Rosa 118. Los oficiales fueron Ignacio Lozano, presidente; Leónides González, vicepresidente; y Alicia Lozano, secretaria. En 1971, *La Prensa* se encontraba en la calle North Santa Rosa 120. (Cortesía de la División Texana, Bibliotecas Públicas de San Antonio.)

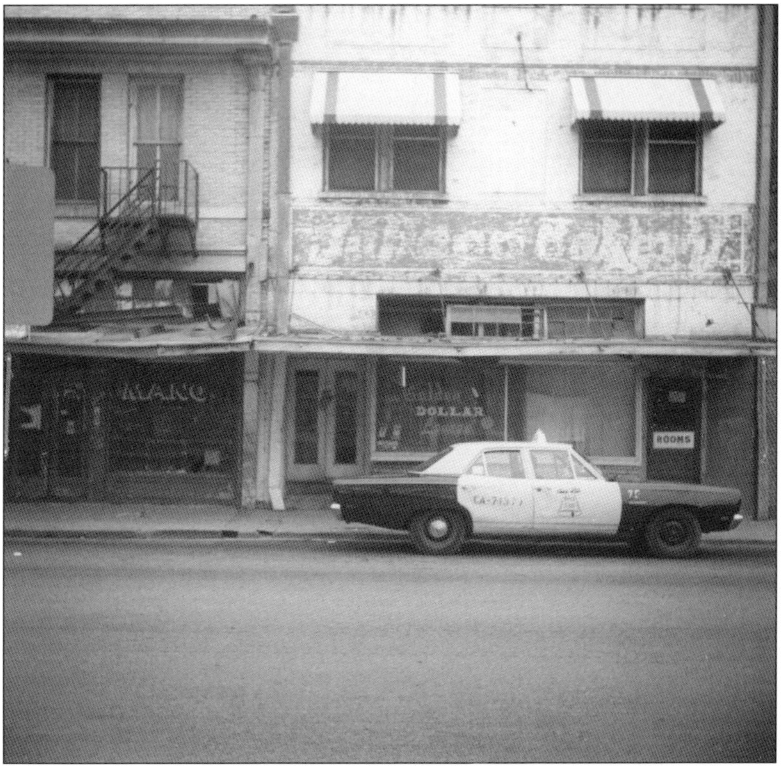

La señora Vargas fue propietaria de Golden Dollar Lounge en 1971, el edificio con cuartos para rentar arriba, se localizaba en la calle North Santa Rosa 122. Era un negocio pequeño con ventas anuales de $12,464. La propietaria era la única empleada. En lugar de reubicarse Vargas decidió cerrar el salón con el fin de perseguir otros intereses comerciales. (Cortesía de la División Texana, Bibliotecas Públicas de San Antonio.)

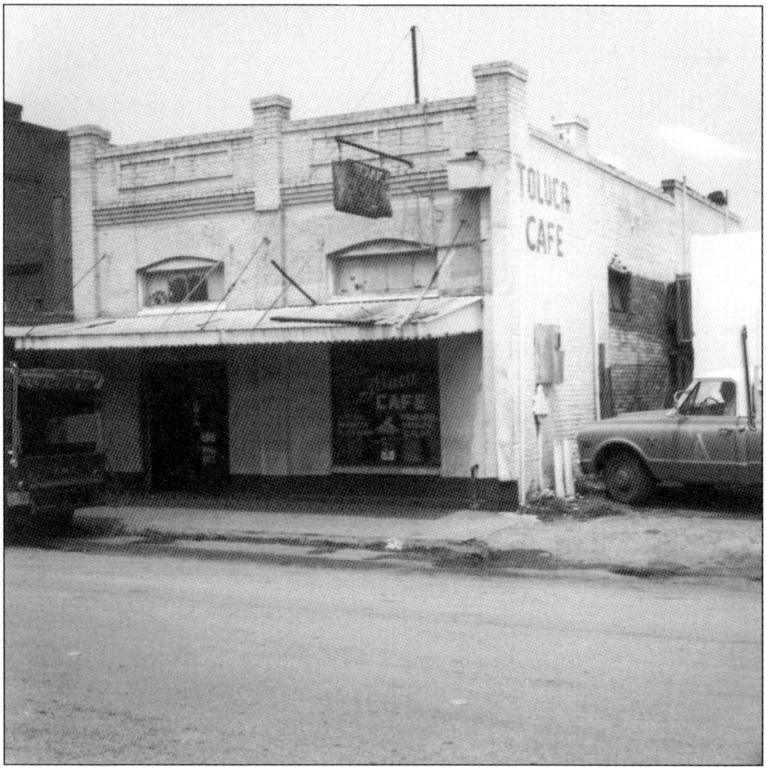

En 1970, el negocio de Arthur Siller, Café Toluca, iba en decadencia. El edificio en la calle South Concho 110 alojó la compañía Western Poultry en 1908 y en 1927 fue la ubicación de Lee Yee Café. Para 1942, Toluca Café Bar vendía cerveza ahí y el restaurante de Lorenzo Garza proveía la comida. Pascual De León vendía fruta en la calle South Concho 110 ½ en 1942. (Cortesía de la División Texana, Bibliotecas Públicas de San Antonio.)

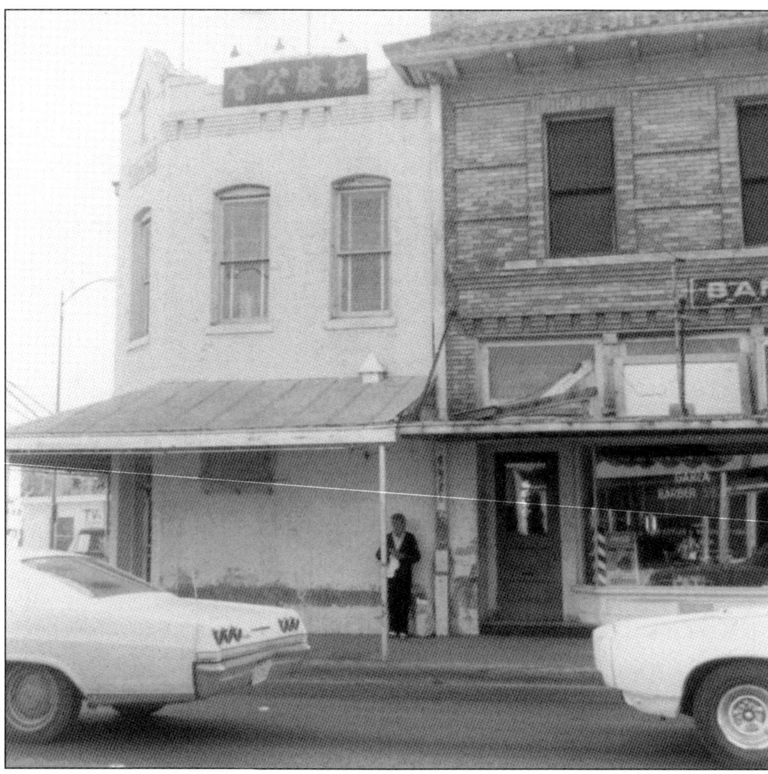

En 1942, la Asociación Hip Sing estaba ubicada en la calle West Houston 602 ½. Henry Woo era el secretario. Cuando esta fotografía fue tomada en 1969, la asociación se ubicaba en la calle North Laredo 127 al lado de la barbería Garza. La asociación construyó un edificio nuevo en la calle Buena Vista 414 y era del mismo tamaño que el anterior, 8,000 pies cuadrados. (Cortesía de la División Texana, Bibliotecas Públicas de San Antonio.)

En 28 años, Cohen's Army Store se expandió con dos frentes más de la tienda. En 1942 la tienda reubicada en la calle South Pecos 105–107 y administrada por Harry Cohen. En 1970, la dirección se extendió de 103 a 109 de la calle South Pecos. Cuando se reubicó a la calle North Elmendorf 506, la tienda se redujo de 14,000 a 8,000 pies cuadrados y fue de tres empleados a dos. (Cortesía de la División Texana, Bibliotecas Públicas de San Antonio.)

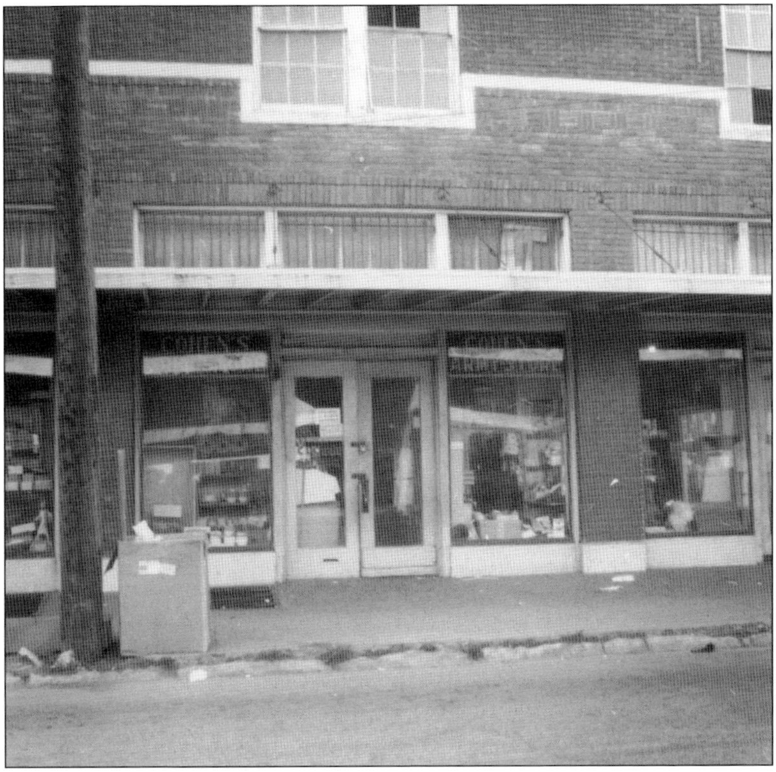

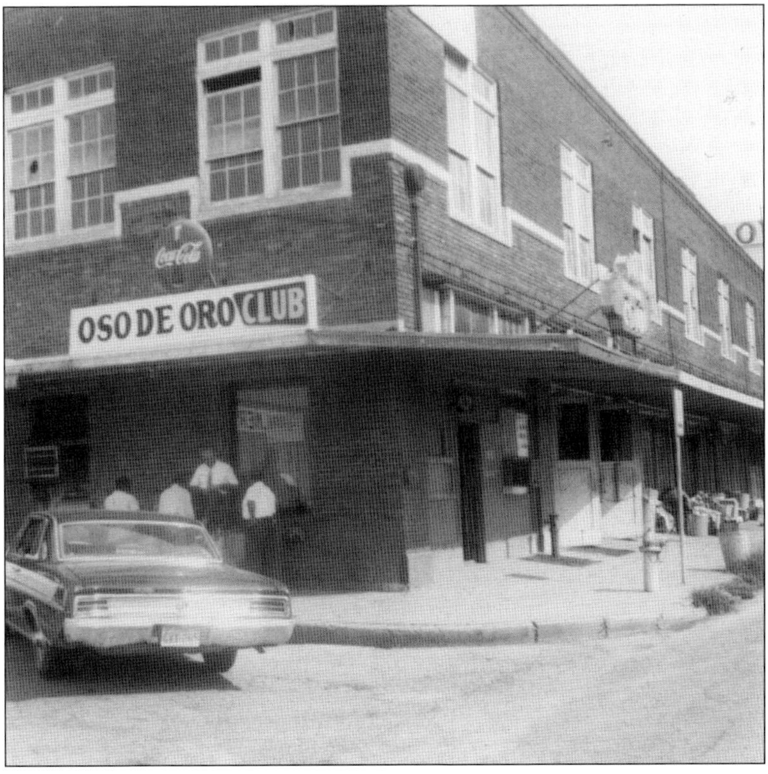

Hasta 1970, los caballeros que venían por una cerveza al Club Oso de Oro podían obtener la limpieza de sus zapatos delante del bar. En 1927 este edificio fue la residencia de León Lee, al lado estaba la Juvenile Manufacturing Company en la calle South Pecos 111. En los 1940s, aquí se ubicaba Pecos Restaurant y al lado estaba el New Twentieth Century Club. (Cortesía de la División Texana, Bibliotecas Públicas de San Antonio.)

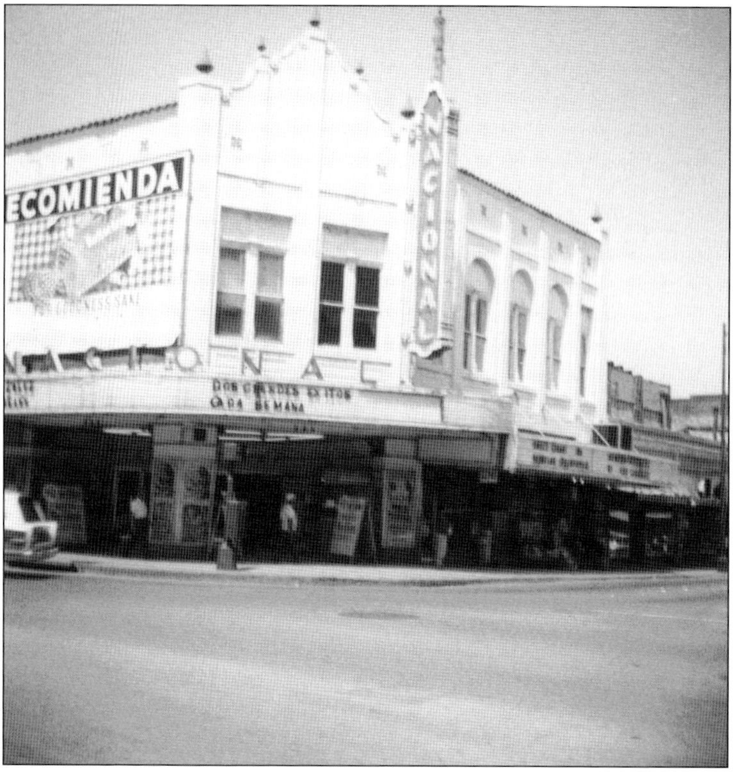

El Teatro Nacional, en la calle West Commerce 819, exhibía estrenos de películas mexicanas, también organizaba giras con artistas mexicanos que hacían sólo una aparición en Estados Unidos. El Teatro Nacional fue fotografiado en 1970 como parte de la renovación urbana porque dos de los inquilinos de los departamentos de arriba fueron reubicados. Rosario Moreno se cambió a la calle North Zarzamora 1115 y José Pardo a un departamento en la calle Devine 602. (Cortesía de la División Texana, Bibliotecas Públicas de San Antonio.)

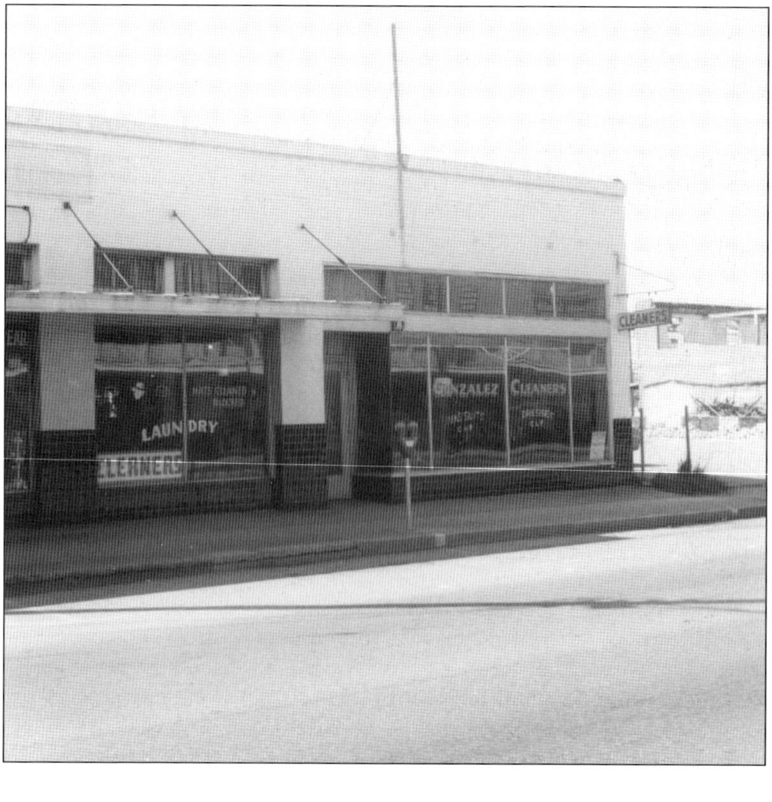

El edificio en la calle West Commerce 1212, que albergaba Gonzalez Cleaners en 1970, fue la ubicación de Henry C.S. Tire Dealer y Sieberling Rubber Company en 1942. Henry C.S. Smith vendía neumáticos al mayoreo. Cuando se le pidió a Elena González que comentara en la reubicación, dijo que se retiraría del negocio de la limpieza. (Cortesía de la División Texana, Bibliotecas Públicas de San Antonio.)

En los 1940s, esta ubicación en la calle West Commerce 1220–1226 era la Union Auto Supply & Furniture Company. Los oficiales eran Shrolly Goodman, presidente, y Benjamín Lessor, secretario-tesorero. La segunda ubicación era en la calle South Flores 1316–1318. En 1969, Israel Goodman y Ben Lessor tuvieron un segundo negocio, G. & L. Investment Company. Debido a su edad, en lugar de reubicarse cerraron el negocio. (Cortesía de la División Texana, Bibliotecas Públicas de San Antonio.)

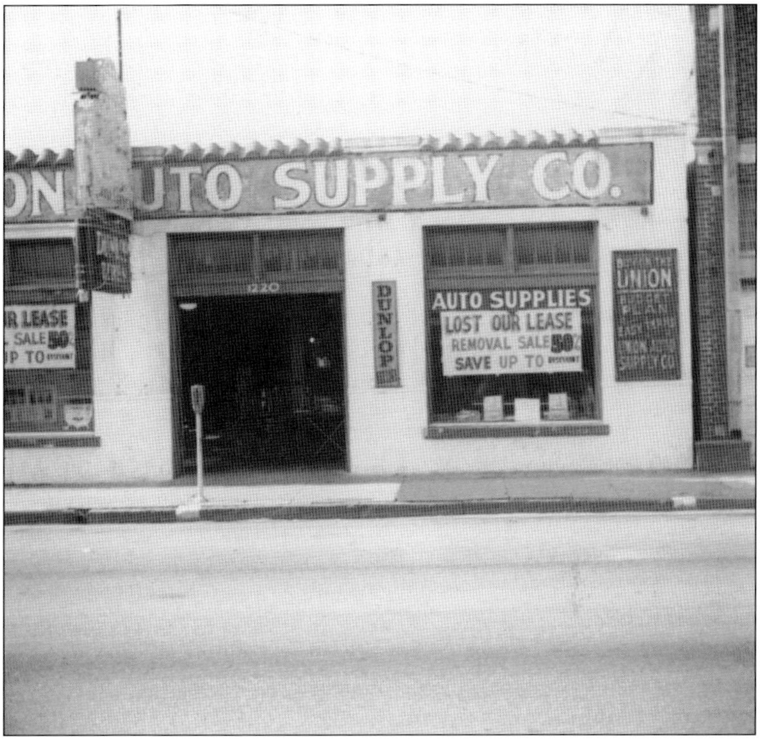

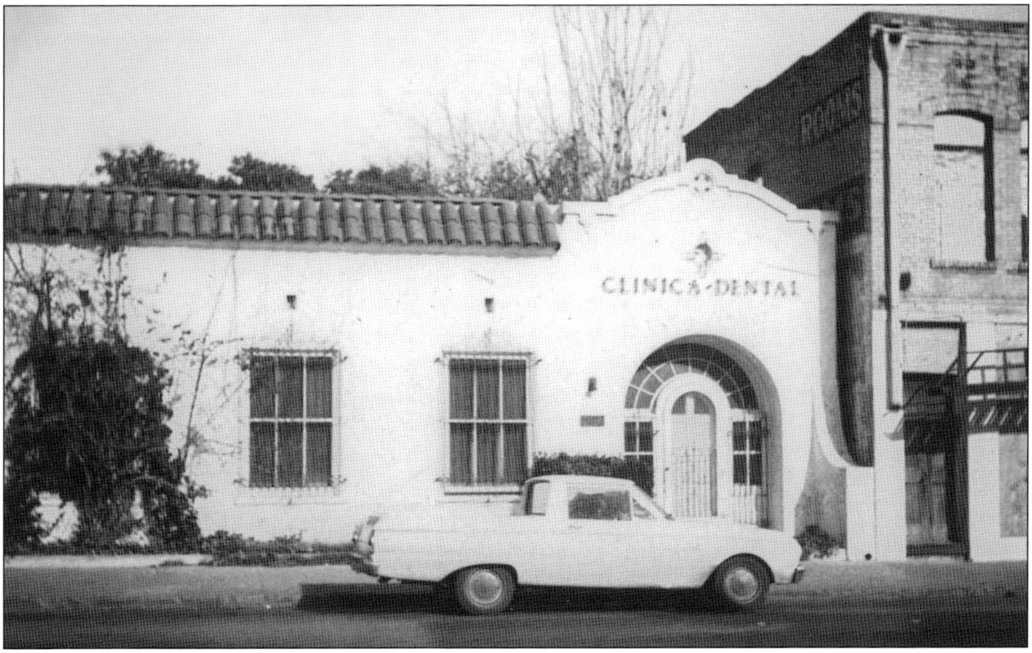

La oficina dental del Dr. Héctor Urrutia estaba en la calle West Houston 415 en 1970. En 1942 estaba más abajo en el 609 de la calle West Houston. Dr. Urrutia después se cambió a la suite 823 en el Medical Arts Building localizado en la calle East Houston 705. El Medical Arts Building, construido en los 1920s, ahora es el Hotel Emily Morgan. (Cortesía de la División Texana, Bibliotecas Públicas de San Antonio.)

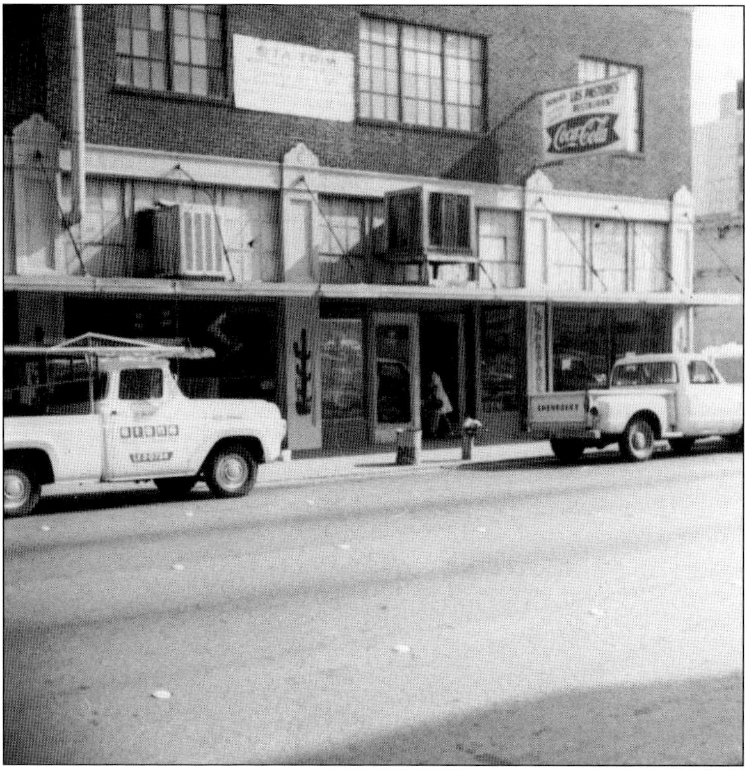

En 1969, con la ayuda del Departamento de Relocalización, Charles Doria obtuvo un préstamo de la Administración de Pequeños Negocios para mover Los Pastores Restaurant de la calle West Houston 309 a la calle Camarón 119. El espacio del restaurante se extendió de 28,000 pies cuadrados a 37,000 pies cuadrados. La esposa de Doria, Corrine, también era propietaria de un negocio. En 1942, Corrine's Beauty Shop estaba ubicado en la calle North Leona 510 ½. (Cortesía de la División Texana, Bibliotecas Públicas de San Antonio.)

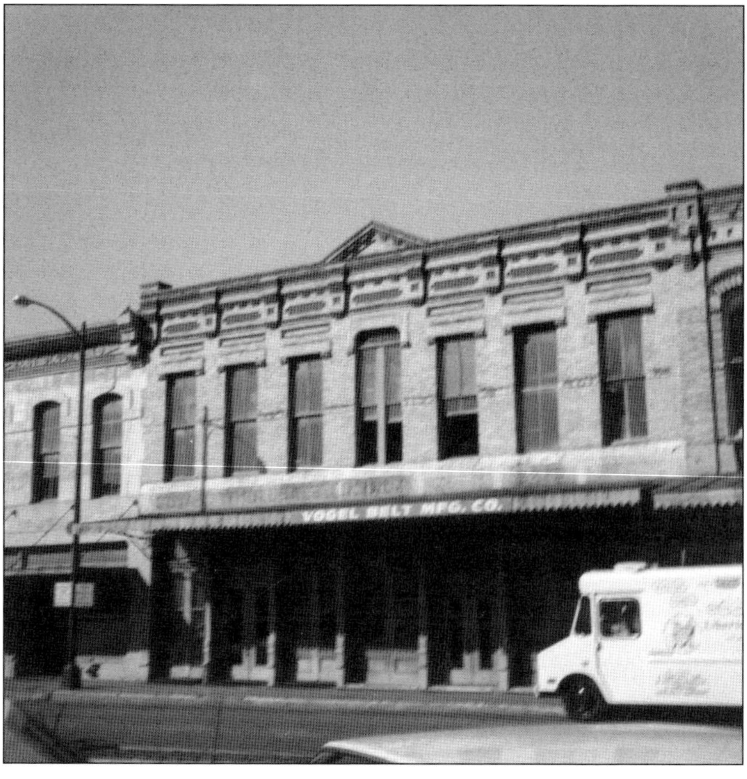

Adolf Vogel Leather Goods fue fundado en 1909 como fabricantes de artículos de cuero y ropa de cuero. Se ubicaba en Military Plaza 119 en los 1940s. Cuando esta fotografía fue tomada en 1970, se ubicaba en Military Plaza 115–117 y el nombre había cambiado a Vogel Belt Manufacturing Company. En esa época tenia 52 empleados. Esta compañía luego se cambió a su presente ubicación en la calle South Flores 1819. (Cortesía de la División Texana, Bibliotecas Públicas de San Antonio.)

Nueve

FESTIVALES Y CELEBRACIONES

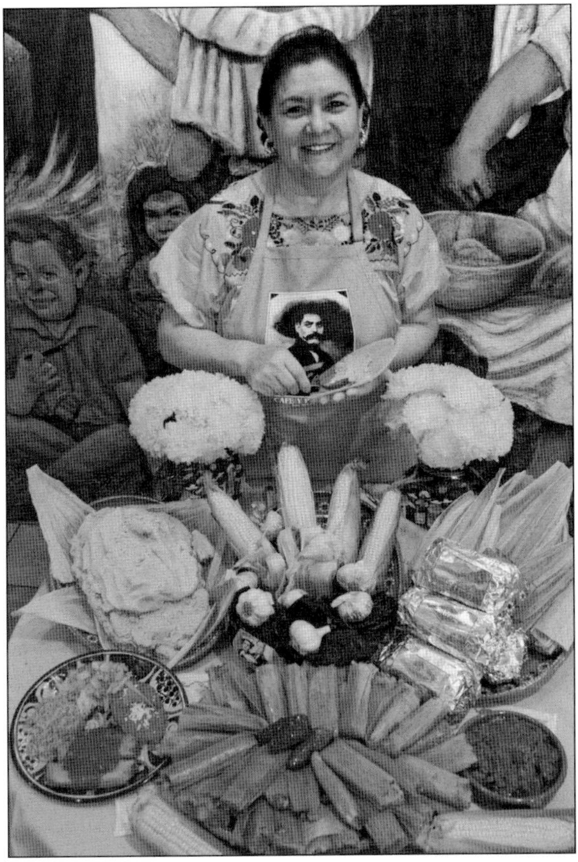

En honor a los antepasados y para ayudar a conservar las tradiciones mexicanas y mexico-texanas, La Plaza del Mercado ha proveído un escenario para las fiestas y celebraciones por más de un siglo. Las fiestas incluyen todos o alguno de estos elementos: comida y bebidas étnicas, música, baile, desfiles y decoraciones. Anastacia Ortega, de Mi Tierra, nos muestra masa para tamales, maíz, ajo, tamales, arroz y guacamole. (Fotografía de Al Rendón, cortesía de La Familia Cortez Restaurantes.)

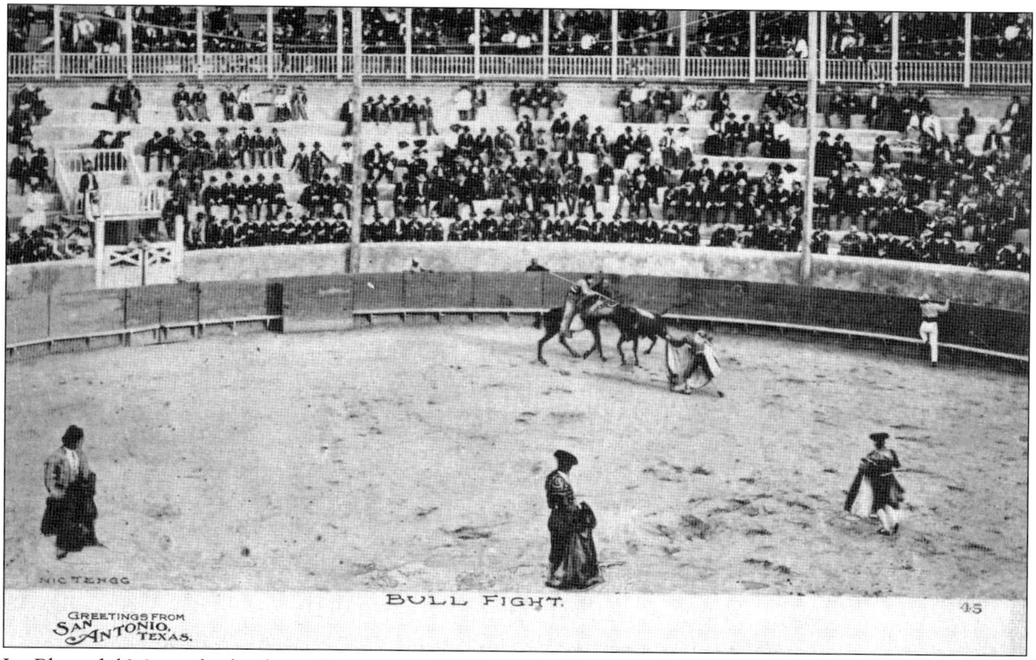

La Plaza del Mercado de ahora fue una vez El Mercado Municipal y La Plaza del Zacate. A principios de 1900s las corridas de toros trajeron un ambiente festivo al mercado. El 19 de abril de 1904 un anuncio en el *San Antonio Light* decía: "Gran corrida de toros en la parte este del Mercado de Zacate." El *San Antonio Daily* anunciaba el evento en la Plaza de Toros, en la equina suroeste de Plaza del Zacate, a las 5:00 p.m. (Colección del autor.)

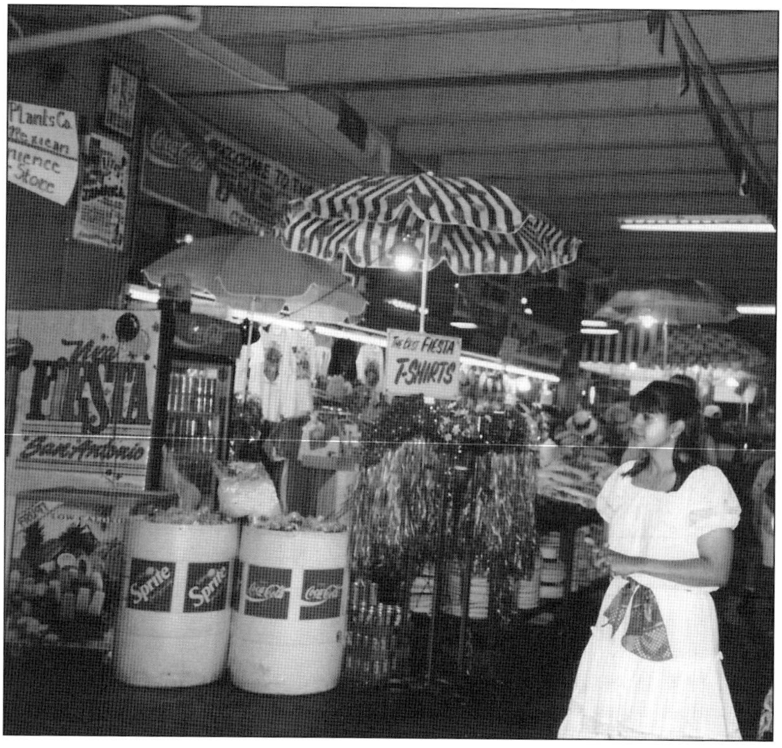

Fiesta San Antonio empezó en 1891 en honor a los héroes del Álamo y de la Batalla de San Jacinto. Numerosos eventos son presentados a través de la ciudad en el festival anual celebrado cada abril. La Plaza del Mercado es la anfitriona de Fiesta de los Reyes, así como de otros eventos durante esta época y como parte de Fiesta El Mercado. (Cortesía de Phillip y Alice León.)

Fiesta es el momento para que la familia y los amigos se reúnan. George y Connie Rivera empiezan a planear, con meses de anticipación, su grupo de asistentes para el Desfile de la Batalla de las Flores. Ya que algunos amigos se han cambiado por todos los Estados Unido, las invitaciones deben ser enviadas a tiempo para comprometerse en la reservación de asientos para el desfile. El desfile más grande y antiguo de Fiesta atrae multitudes de más de 350,000. (Cortesía de Nancy Lara.)

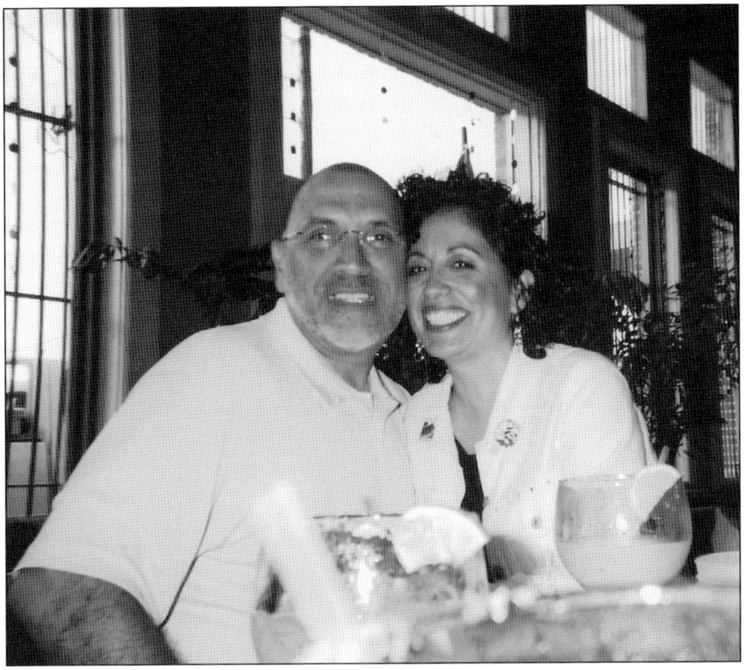

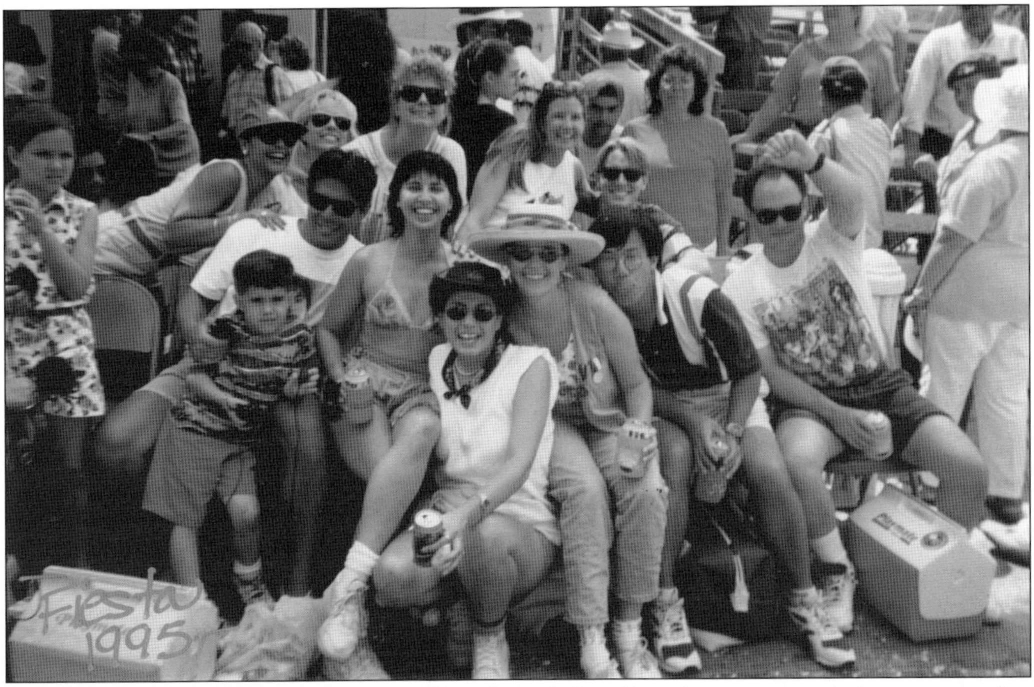

Los Rivera organizaron un grupo para el Desfile de la Batalla de las Flores en 1995, representados, de izquierda a derecha, (primera fila) Eddie Arriola, Nancy Lara, Alicia Tsandoula, Cherie DeVries y Roger Teng; (segunda fila) Edna Campos Gravenhorst, Sue Lagomarsino, Carol Hawkins y Julie y Kevin Kleck. Después del desfile es tradición festejar en Fiesta El Mercado. (Cortesía de Nancy Lara.)

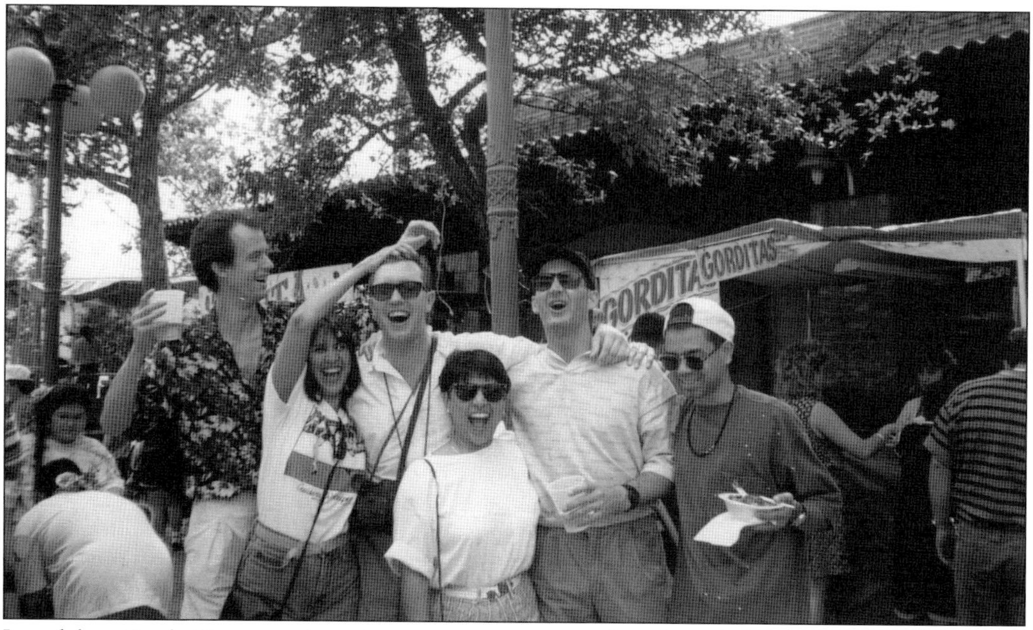

La celebración de Fiesta empieza al romper cascarones en la cabeza de los amigos. Los cascarones son cáscaras de huevo coloreadas y decoradas, llenas de confeti; son usados para celebraciones, tradicionalmente de Pascua. Amigos se reúnen para comer, beber y celebrar en Fiesta El Mercado de 1994; de izquierda a derecha están Randy Capps, Nancy Lara, Michael Dyer, Sue Carrisalez, Kevin Rickerson y Ken Smith. (Colección del autor.)

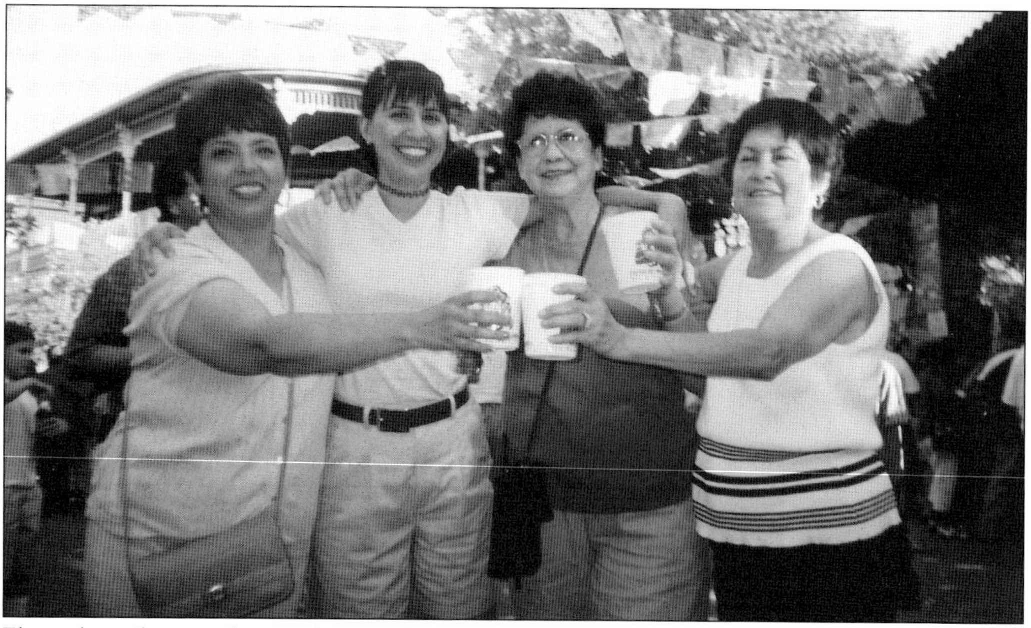

El papel picado es usado para decorar el interior y el exterior. Hojas de papel o plástico delgado son cortados en elaborados diseños y colgados en una cuerda para crear tiras de papel picado. Rosie Amaro, Nancy Lara, Mary Lara y Lupe Amaro están paradas debajo de las tiras de papel picado en Plaza del Mercado durante Fiesta 1999. El papel picado se usa comúnmente en días de fiesta, bodas, quinceañeras y en los altares del Día de los Muertos. (Cortesía de Nancy Lara.)

En la comunidad latina, una de las celebraciones más importante es la Fiesta de Quince Años. Los 15 años de una niña marcan el paso a la edad madura de una mujer. En esta fotografía Melessa Chriselda Rodríguez sonríe para su retrato oficial en su día especial. Costumbres para esta celebración en San Antonio hacen hincapié o se enfatizan en Dios, la familia, los amigos y padrinos con una misa, comida étnica y música de mariachi. (Cortesía de Melessa C. Rodríguez.)

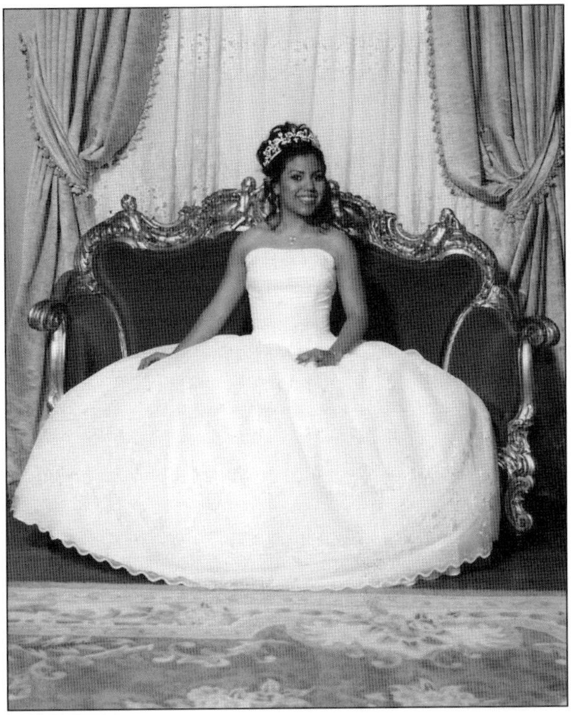

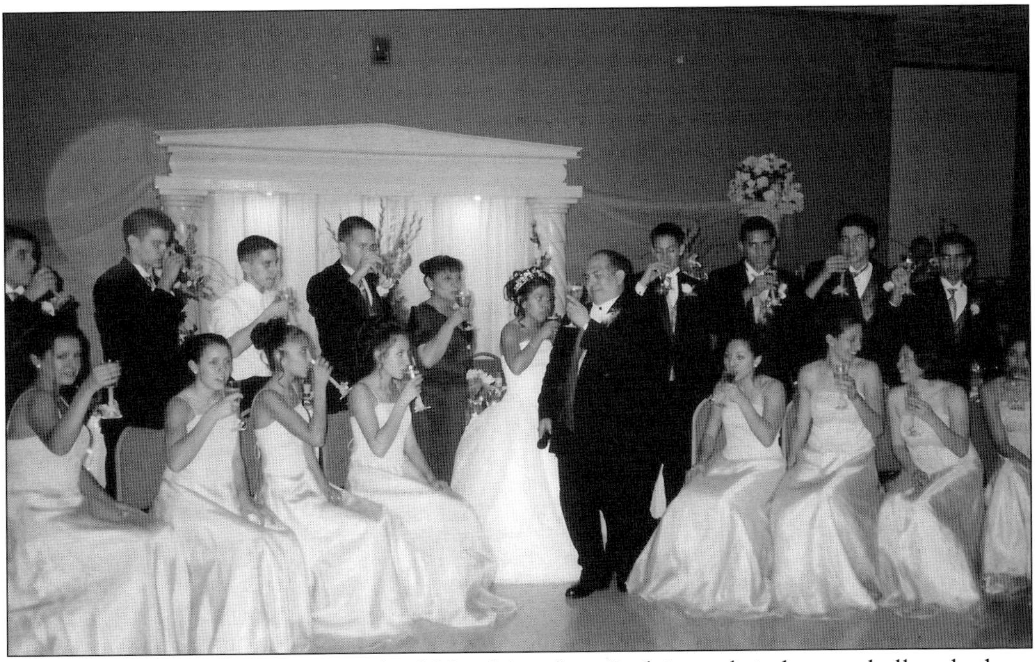

Los padres de la quinceañera, Michael H. y Mary Lou Rodríguez, brindan por la llegada de su hija a la edad adulta. La corte de honor de Melessa incluía a su chambelán Nathaniel Mireles, Amanda Rodríguez, Lauren Kniejski, Tess Rodríguez, Ashley Vera, Lauren Gonzales, Ashley Phipps, Dayna Fogle, Karen Rodriguez, Logan Barnes, Salvador Cuellar II, Michael Sandford, Javier Villegas, Jacob Ayala, Juan Padilla, Randall Zamora, y Rudy Valenzuela. (Cortesía de Melessa C. Rodríguez.)

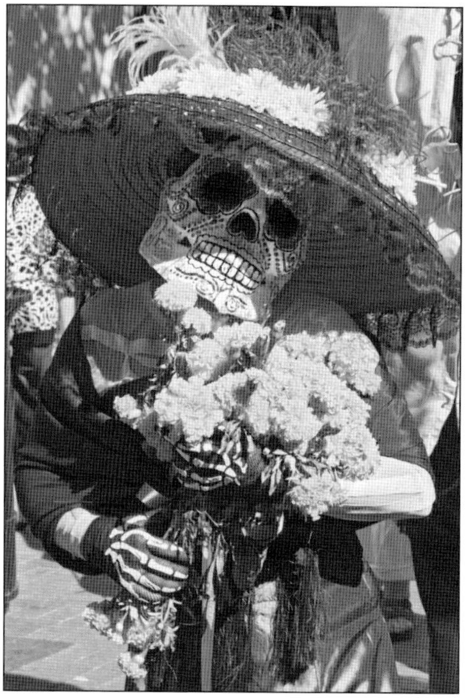

El Día de los Muertos es una festividad mexicana de varios días que mezcla creencias cristianas con antiguos ritos indígenas. Es el tiempo para honrar y rezar por los miembros de la familia y amigos que han partido. La gran dama de la muerte en México es La Catrina, un esqueleto femenino que lleva un sombrero con plumas. La Catrina fue fotografiada en Plaza del Mercado. (Fotografía de Al Rendón, cortesía de La Familia Cortez Restaurantes.)

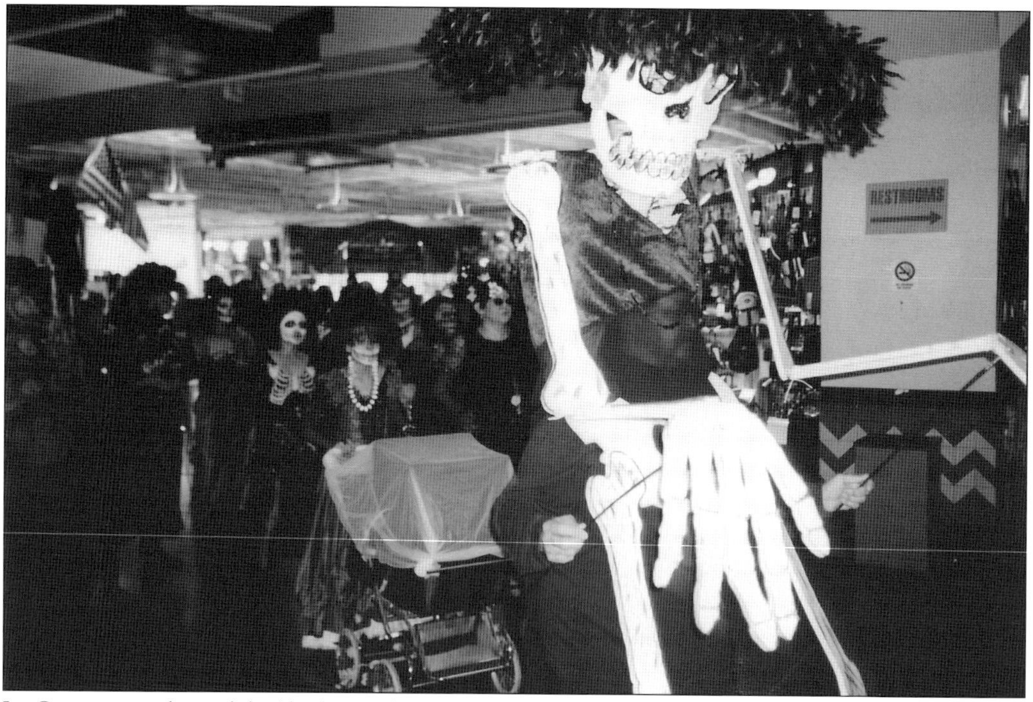

La Catrina encabeza el desfile de Día de los Muertos a través de la Plaza del Mercado de Agricultores en los 1990s. La procesión de títeres, tambores y danzas a través de la Plaza del Mercado es organizada por Las Monas Performance Group. Las Monas honran muñecas y marionetas animadas. En 2008, la tradición mexicana del Día de los Muertos fue inscrita en la Lista del Patrimonio Cultural Inmaterial de la Humanidad por la UNESCO. (Cortesía de Thelma González.)

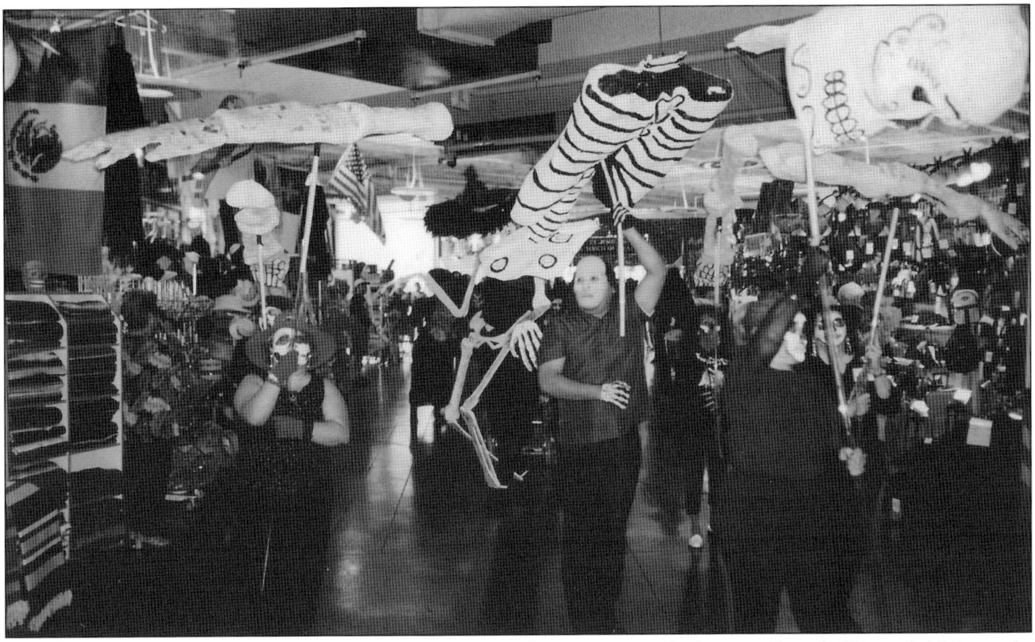

Miembros de La Monas Performance Group marchan a través de los pasillos de Plaza del Mercado de Agricultores e impresionan a los espectadores con sus artísticos móviles. Las Monas también han encabezado desfiles en La Villita y el Museo de Bellas Artes de Houston. En 2008, fueron galardonados con el Premio del Director del Desfile en el desfile de Fiesta Flambeau. En 2009, Las Monas ganaron el primer lugar con su recreación de Las Vegas. (Cortesía de Thelma González.)

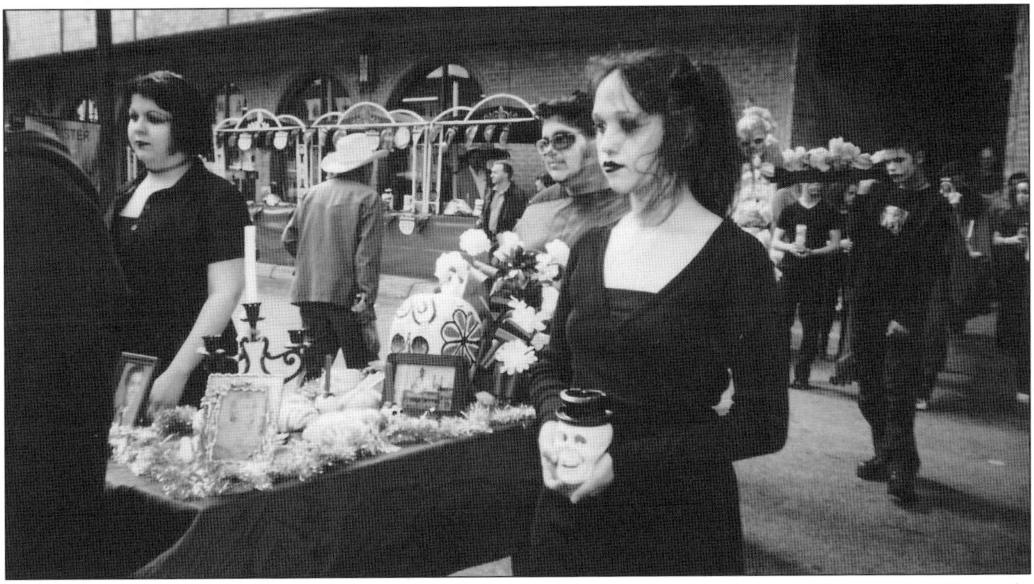

La celebración del Día de los Muertos se realiza en interiores y exteriores. Esta escena llena de actividad en la calle San Saba muestra a los espectadores vestidos de luto. Los altares que honran a los muertos se mezclan con puestos que alimentan a los vivos. Caléndulas (flor de muerto), velas y calaveras son parte de las decoraciones. Según Yolix Luna, artista de Plaza de Mercado, todos los elementos del altar son simbólicos. Las tres velas representan luz, fe y esperanza. (Cortesía de Joanne Gonzales.)

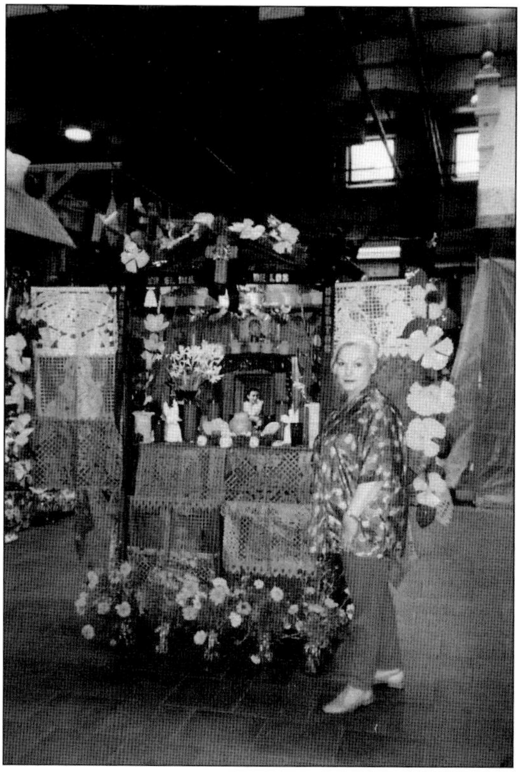

Este altar del Día de los Muertos de 1991 fue diseñado por Yolix Luna, dueña de Muñecas, Etc. El altar honra a su madre, Leonor L. de Cardero. Luna hace muchas de las decoraciones y utiliza una combinación de flores artificiales y frescas. En los 1970s, la granja Darson Persyn proporcionó flores al mercado para la celebración del Día de Todos los Santos el primero de noviembre y el Día de los Fieles Difuntos el 2 de noviembre. (Cortesía de Yolix Luna.)

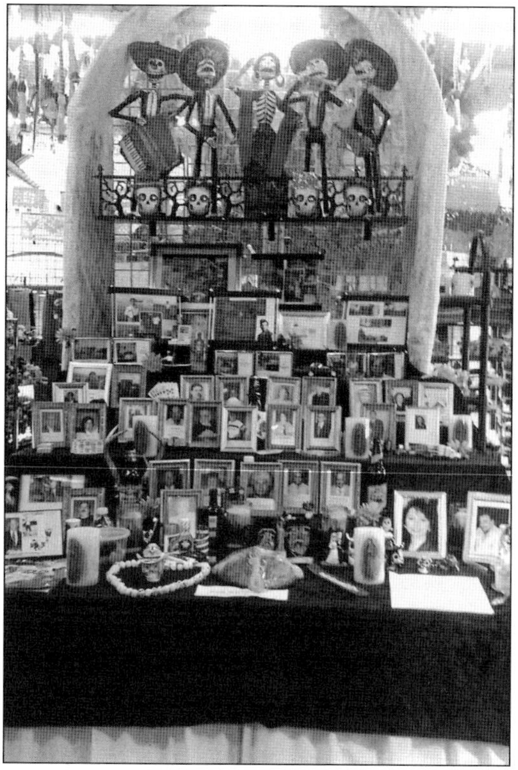

El altar de la comunidad presenta calaveras de una cantante y sus músicos. Se utilizan para llamar la atención a las fotografías de seres queridos y amigos. Las fotografías están rodeadas de elementos que representan alimentos, bebidas, juegos y deportes favoritos además de otros bienes mundanos que quedaron atrás. La Plaza del Mercado cuenta con una de las exhibiciones más grande de altares en San Antonio. (Cortesía de Thelma González.)

Diez

Plaza del Mercado hoy

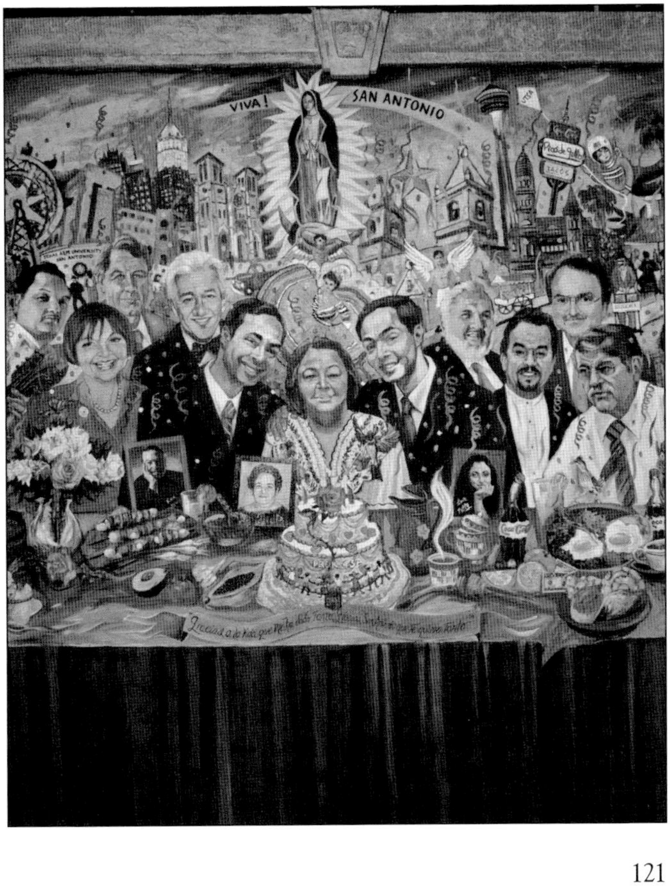

En 2018, San Antonio celebra su 300º aniversario y Plaza del Mercado celebra 118 años desde la terminación de la Casa del Mercado Municipal, establecida en el área como un mercado en 1900. Este mural en Pico de Gallo rinde homenaje al éxito de San Antonio. Rosie Castro (centro) e hijos Julián (alcalde de 2009 a 2014) y Joaquín están junto a líderes de la comunidad; los símbolos emblemáticos de la ciudad rodean sus imágenes. (Fotografía de Al Rendón, cortesía de La Familia Cortez Restaurantes.)

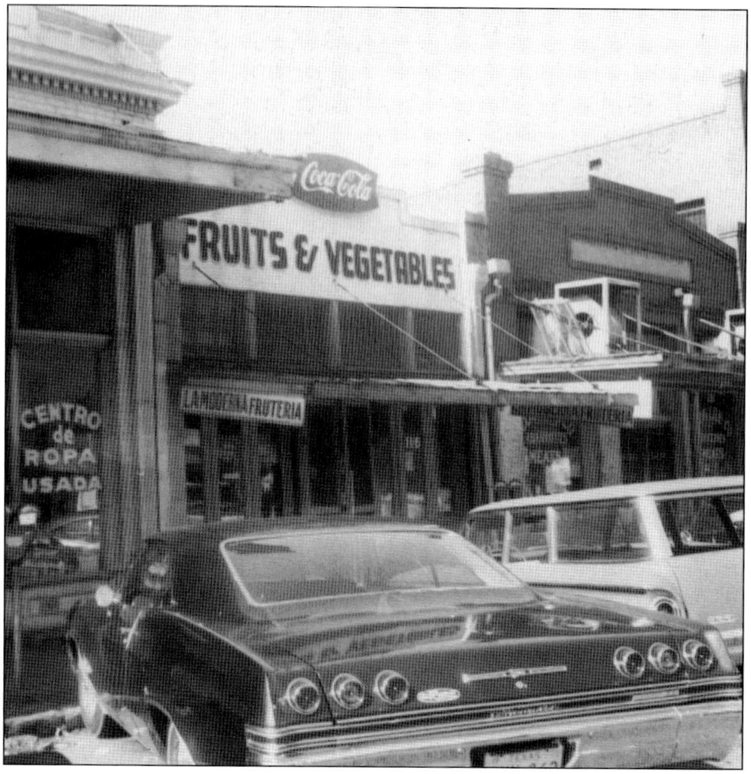

En 1970, el Centro de Ropa Usada estaba en Produce Row 114. La Moderna Frutería estaba en Produce Row 116 y Coon Lee's estaba en el Produce Row 120. El directorio de la ciudad enlistó a Sam Lung haciendo negocios en Produce Row 116 en 1927 y Jan Yuen ocupando ese espacio entre 1942 y 1943. En 1977, Produce Row 102, 106 ½, 108 y 114–122 estaban vacantes. Plaza Novelty estaba en Produce Row 112. Actualmente El Merkadito está enlistado en Produce Row 112. (Cortesía de la División Texana, Bibliotecas Públicas de San Antonio.)

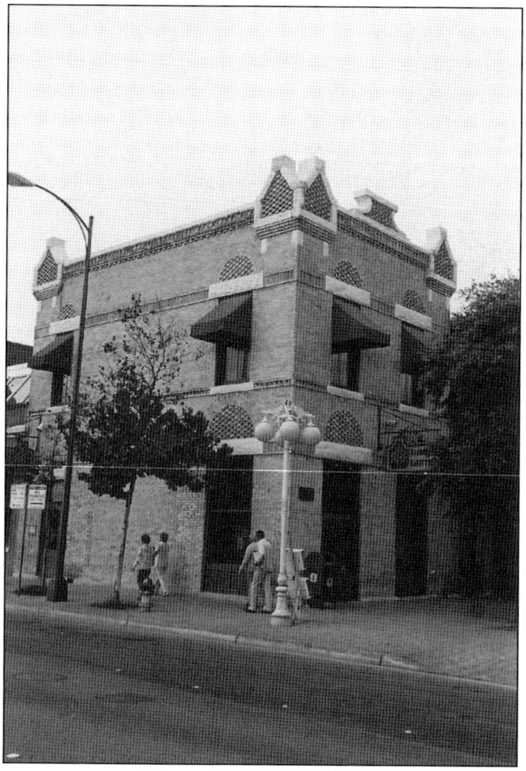

El edificio en Produce Row 102–104 fue fotografiado por la Encuesta de Recursos del Centro en 1981. Un permiso para remodelar el edificio se emitió en 1941 a Alex J. Uhl. Negocios de los 1920s a los 1970s fueron New Home Café, P.E. Flores, Modern Café, La Norteña, Garza Fruits, Las Cazuelas y Lalo's. Actualmente Cano Frutería esta en Produce Row 102. (Cortesía de la Fundación de la Sociedad de Conservación de San Antonio.)

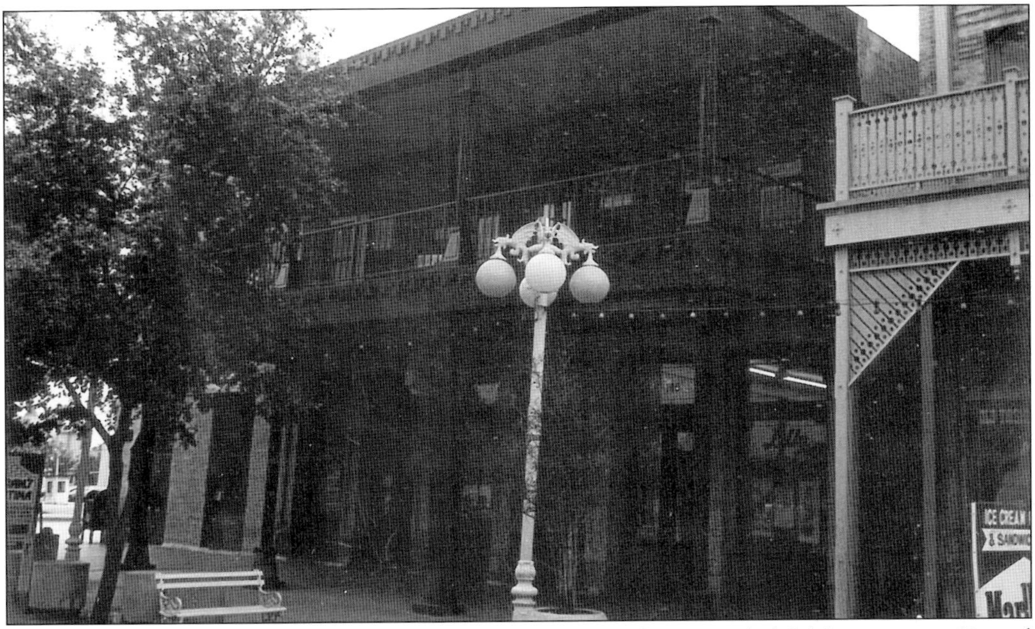

Botica Guadalupana, fundada en 1893 en Produce Row 106, fue propiedad del farmacéutico Daniel San Miguel. Las oficinas del médico incluyeron: en 1920s, S. Guzmán; en 1940s, Saturnino Guzmán Jr. y William Torres; en 1970s, Dr. Raúl C. Villafana. Teodula Méndez operó el hotel Guadalupe en Produce Row 106 ½ en los 1940s. El edificio Produce Row 104–106 actualmente es Viriana Jewelry and Crafts. (Cortesía de la Fundación de la Sociedad de Conservación de San Antonio.)

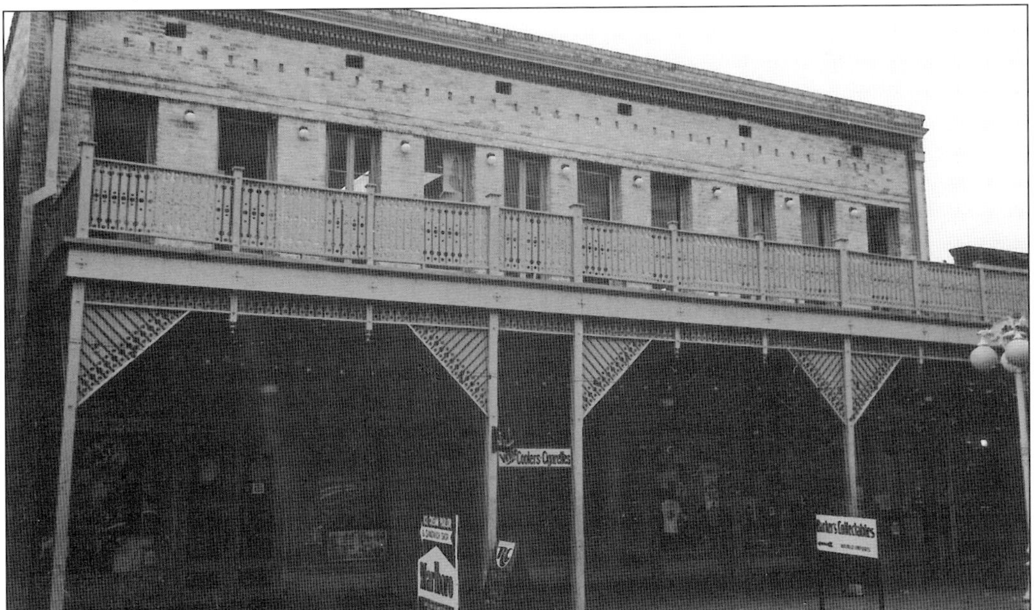

En los 1920s, Produce Row 108–110 albergó Chong Fat y San Pedro Drug Store. En los 1940s, El Nopal Café, la farmacia, oficinas y el Hotel San Pedro estuvieron en el edificio. En los 1970s Alamo Meat & Fruit y Cadena's Fruit Stand estaban en Produce Row 110. Hoy, El Mercado Glass Factory, The Cowboy Station y General Market se enlistan en Produce Row 110. (Cortesía de la Fundación de la Sociedad de Conservación de San Antonio.)

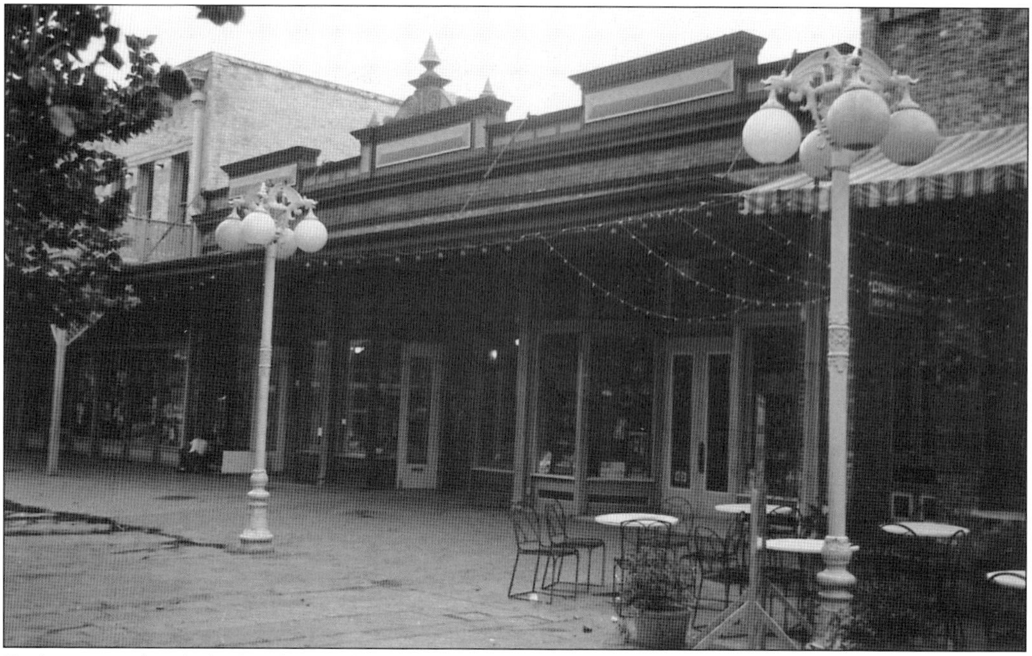

En los 1920s las fachadas de Produce Row 112–116 fueron el hogar de Wing Fat y Sam Lung. En los 1940s, Wing Fat, El Rancho Grande Fruit Stand y Jan Yuen Grocery estuvieron haciendo negocios allí. En 1968 Plaza Novelty estaba en el centro y Arevalo's Fruit Stand y La Moderna estaban en los extremos. El Merkadito y Casa Rivera son los negocios actuales ubicados aquí. (Cortesía de la Fundación de la Sociedad de Conservación de San Antonio.)

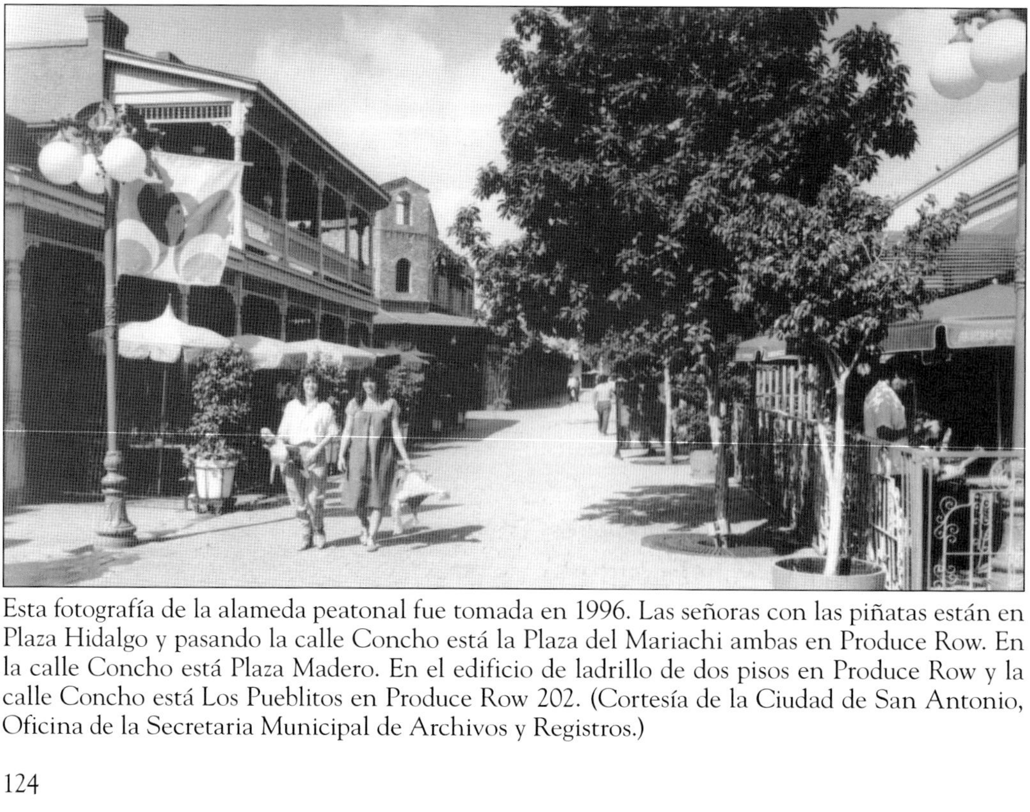

Esta fotografía de la alameda peatonal fue tomada en 1996. Las señoras con las piñatas están en Plaza Hidalgo y pasando la calle Concho está la Plaza del Mariachi ambas en Produce Row. En la calle Concho está Plaza Madero. En el edificio de ladrillo de dos pisos en Produce Row y la calle Concho está Los Pueblitos en Produce Row 202. (Cortesía de la Ciudad de San Antonio, Oficina de la Secretaria Municipal de Archivos y Registros.)

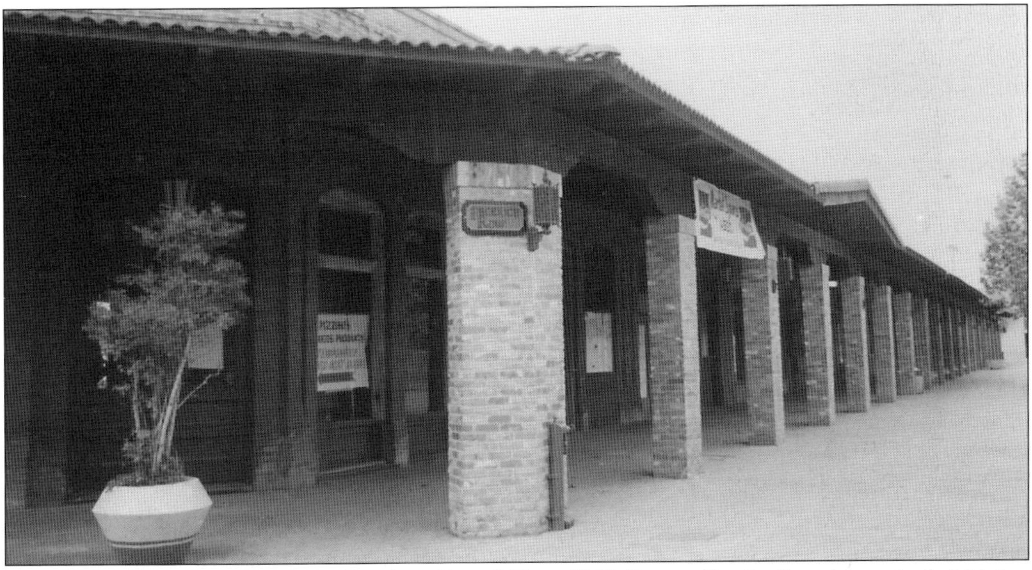

Frank Pizzini fundó su tienda en Produce Row 202 en 1891. Pizzini llegó a San Antonio de México a finales de 1870s y fue a trabajar con un comerciante italiano en la Plaza de Armas. En algún momento, Pizzini fue el mayor importador de chiles y vendió más de 200 hierbas diferentes. El letrero en la ventana de esta fotografía de los 1980s anuncia que Pizzini se ha mudado al lado. (Cortesía de la Fundación de la Sociedad de Conservación de San Antonio.)

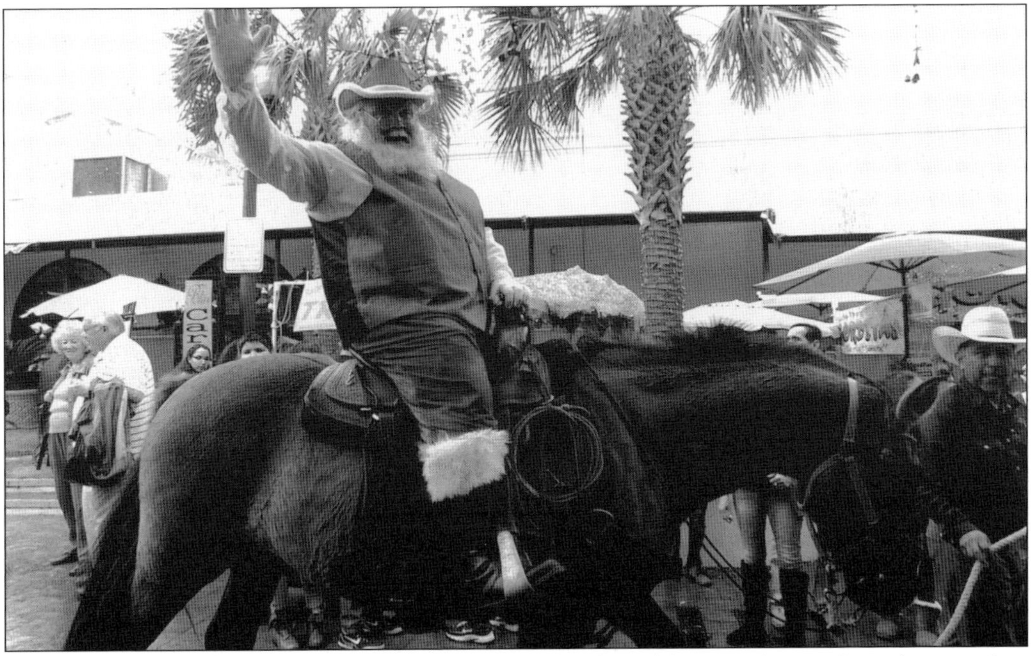

Este libro es una pequeña muestra de la historia de Plaza del Mercado y todavía hay muchas historias que se pueden contar. Si este libro le provoca curiosidad para explorar más de San Antonio y de Plaza del Mercado, entonces este proyecto ha cumplido su propósito. Como dice el dicho: "todas las cosas buenas deben llegar a su fin." Durante el evento de la Bendición de los Animales en 2015, Santa Claus se despide: Hasta luego y hasta que nos encontremos de nuevo. (Colección del autor.)

Comerciantes de Plaza del Mercado

El Mercado:
Artes Metálicas
Casa Grande
Cozumel Arts & Crafts
De La Luz Imports
Don Roman Inc.
El Alebrije
El Mercado Snack Bar
El Taxqueñito
Forever Yours
Galería Taxco
JB Leather Shop
Jesse's Jewelry
La Boutique International
La Morenita Imports
La Perla
Leather Creations
Little Bit of Texas
Little Mexico Imports
Magaly's
Maria's Imports
Maya Imports
Memories of Mexico
Mexico Lindo Imports
Mi Pueblito Arts & Crafts
Munchies
Muñecas Etc.
Naturaleza Celestial
Old Mexico Imports
Perales Mexican Imports
Silver Twins
Tesoro De México
Texas Choice
Texas Toms

Plaza del Mercado de Agricultores:
Angie's
Apparel and Hats
Baptismal Boutique
Boone's Café
Buendía Imports
Budweiser Souvenirs
Candy Bin
Clau's Beautiful Gifts
Chulerias
Del Sol
El Jumil–A Touch of Mexico
Fiesta Cut Outs
Fiesta Fun Company
Fiesta Mercado
Foreign Affairs
G's Gonzalez Gift Shop
Guatemala Mayan Designs
Gueros
House of Mexico Imports
Inca Treasures
Inspirational Art
International Market
J. Anthony's Leather Goods
Julia's Jewelry
La Plaza Imports
La Villa
Little Bit of Texas
Lone Star Souvenirs
Lorenza's
Magali's Silver International
Market General Store
Martin's Curios
Maruka's

Mexican Old Time Photos
More Plants Company
Nanny's Nook
Noah's Art Heavenly Safari
Olmeca Imports
Plaza Flowery
Pura Vida
Qué Lindo Es Jalisco
Ranchero Grill & Tap
San Antonio Gift Shop
Scentchips
Shainy Designs
Silver Spur Tees
Sweety
Tejano Lou's
TAE
Texas Republic
The Texas General Store
The Treasure Box
Teriyaki Kitchen
Truque Imports
Turqueza
Vero's Café
Yesi's The Lit Dove

Plaza del Mercado:
Casa Rivera
Centro de Artes Gallery
El Mercado Glass Factory Shop
El Merkadito
Frutería Cano
General Market
La Margarita
Los Arcos Gifts
Los Pueblitos
Mi Tierra Café & Bakery
Plaza Taxco
SA Live Studio
The Cowboy Station at the Market
The Mariachi Bar
The Rustic Grape Wine Cellars
San Antonio Tricentennial Celebration Commission
Viva Villa Taquería
Viriana Jewelry & Crafts
Univision Downtown Studio